기초부터 결산까지

재무회계 실무

제1판

박길동 저

최신 회계환경에 맞춰 실무자에게
필요한 주제만 엄선한 실무서

현장에 바로 적용할 수 있는 재무회계의 핵심을 담다!

조세통람

PREFACE

책을 내면서

본서는 기업실무를 전제하고 '기초부터 결산까지'라는 목표하에 집필되었습니다. 전통적인 편제를 배제하고, 실무자에게 필요한 주제들을 중심으로 기술했습니다. 기본 개념과 기업실무에 필요한 주제들을 집중적으로 다루는 것이 백화점식 나열보다 유용할 것으로 판단했기 때문입니다.

본서는 다음과 같이 구성되어 있습니다.

❖ 제1부 기본 개념 : 복식부기 원리, 회계순환과정 및 주요 거래 흐름

제1부는 재무부서를 비롯한 현업부서의 실무자들도 알아야 할 필수 개념을 설명하고 있습니다. 이론적인 측면뿐만 아니라 기업 내 실무 절차를 소개하려 노력하였습니다.

❖ 제2부 재무제표 분석 : 순운전자본, 보상과 레버리지

회사의 거래가 회계처리를 통해 재무제표로 요약된다는 관점에서, 재무제표를 어떻게 해석할 것인가를 다루었습니다. 자금조달 및 자산구성에 대한 위험과 보상의 원리를 설명하고, 개선 방향을 제시하고 있습니다. 제2부는 모든 실무자들이 읽어 보시기를 권합니다.

❖ 제3부 결산 실무 : 법인세회계, 자산손상, 리스, 확정급여채무 등

마지막으로 제3부는 결산 시 이슈가 되는 주제로 구성했습니다. 실무자들이 어렵게 생각하거나 외부 감사 등에서 빈번하게 논의되는 사항들을 선별하였습니다.

책은 말하고자 하는 바를 효과적으로 전달해야 가치가 있습니다. 이러한 이유로 어려운 기준서 표현은 자제하고 직관적으로 다가갈 수 있게 간결한 구어체로 기술했습니다. 이 과정에서 일부 엄정하지 않은 문구가 있을 수 있습니다. 이는 독자들의 가독성과 이해를 위한 과정에서 발생한 것이라 양해해 주시기 바랍니다.

회계환경이 변화함에 따라 다양한 금융상품이 개발되고 있으며, 새로운 거래가 등장하고 있습니다. 그리고 업종별로 유의해야 할 주제도 존재합니다. 좀 더 폭넓게 다양한 주제들을 다루었으면 좋았을 것이라는 아쉬움도 있을 것입니다. 그러나 본서는 실무를 풀어주기 위한 중간 다리의 역할을 목적으로 하고 있음을 양해해 주시기 바랍니다. 기본 개념이 잘 정립되었고 실무에 익숙한 독자들은 직접 규정과 질의회신을 찾아 해석할 수 있을 것이기 때문입니다.

언제나 그렇듯이 집필을 마무리하는 순간에는 아쉬움을 느낍니다. 부족한 부분은 향후 보완해 나갈 것을 약속드립니다. 본서가 출간되기까지 아낌없이 지원해 주신 조세통람사의 서원진 대표님과 임직원을 비롯한 많은 분들께 감사드립니다.

2026년 1월 저자

CONTENTS

PART 01

기본 개념

PART 01

기본 개념

CONTENTS

PART 02

재무제표 분석

PART 03

결산 실무

PART 03

결산 실무

CONTENTS

PART 03

결산 실무

재무회계 실무

PART 03

결산 실무

재무회계 실무

PART 01

기본 개념

Chapter

제 1 장 회계원리

제 1 절 회계의 의의

1. 기업의 언어

(1) 회계정보 이용자

선남선녀(善男善女)가 만나 인연을 맺어갑니다. 첫 만남의 느낌이 중요합니다. 그러나 그 사람의 현재 상황을 알고, 어떻게 살아왔는지를 안다면 이해가 깊어질 것입니다.

회사도 마찬가지입니다. 회사에 대한 이미지도 중요합니다. 그러나 현재 회사의 재무상황과 경영성과가 어떠한지를 파악할 수 있다면 회사를 더 잘 이해할 수 있습니다.

회사에 관심이 있고 더 잘 알고 싶어하는 사람들이 있습니다. 회사의 임직원뿐만 아니라 주주(투자자), 금융기관(채권자), 협력업체, 국세청 등 다양합니다. 주요 이해관계자와 그들의 관심사항은 다음과 같습니다.

정보 이용자	필요 목적
경영진	기업 경영활동에 대한 의사결정
종업원	취업, 근로 계약 조건 협의 등에 대한 의사결정
주주(투자자)	회사에 대한 출자 및 회수, 배당 의사결정
금융기관(채권자)	회사에 대한 자금 대여 및 회수, 이자율 등에 대한 의사결정
협력업체	회사와 거래할 것인가에 대한 의사결정
국세청(정부)	세금을 얼마큼 부과할 것인가에 대한 의사결정

회사는 다양한 이해관계자에게 적절한 정보를 제공해야 하는데, 회계가 그 역할을 담당합니다. 제공되는 정보의 핵심적인 내용은 다음과 같습니다.

구분	세부 내용
재무상태	현 시점(특정 시점) 회사가 보유한 자산, 부채, 자본 상태
경영성과	일정 기간 동안 발생한 수익과 비용, 이익에 대한 정보
현금흐름	일정 기간 현금이 유입되고 유출되는 내역에 대한 정보

(2) 회계정보의 표현

왜 회사의 주요 정보가 재무상태, 경영성과 및 현금흐름에 관한 사항이라고 하는지 그 이유를 생각해 봅시다. 이를 위해서는 먼저 회사의 목적과 목적을 달성하기 위한 활동이 무엇인지를 알아야 합니다.

회사의 목적에 대하여 정통적인 이론은 이윤을 추구한다는 '경제적 목적론'을 지지하고 있습니다. 그러나 최근에는 이윤 이외에도 기업이 사회적 책임을 추구한다는 '목적다원설(企業目的多元說)'이 널리 받아들여지고 있습니다. 그러나 목적다원설도 이윤 추구 자체를 부정하지는 않습니다. 다만, 이윤을 목적 달성에 따른 사회적 보상으로 본다는 관점에 차이가 있을 뿐입니다.

많은 회사들이 사회적 책임을 포괄한 경영 이념을 내세우고 있습니다. 그러한 경영 이념도 '이익과 현금'이 전제되어야 합니다. '인간 중심'을 내세우더라도 손실이 발생하고 현금이 부족하여 계속기업이 불확실해지면 구조조정이 발생합니다. '인간 중심'에 반대되는 명예퇴직 등이 부득이하게 발생합니다. 지속 가능한 경영을 위해서는 반드시 이익과 현금이 뒷받침되어야 합니다.

이러한 관점으로 기업의 경영활동을 단순화시켜 볼까요?

기업의 활동

'돈과 사람 등 자원을 모아, 무엇인가에 투자하여, 이익을 창출한다.'

| 재무제표와 경영 활동의 관계 |

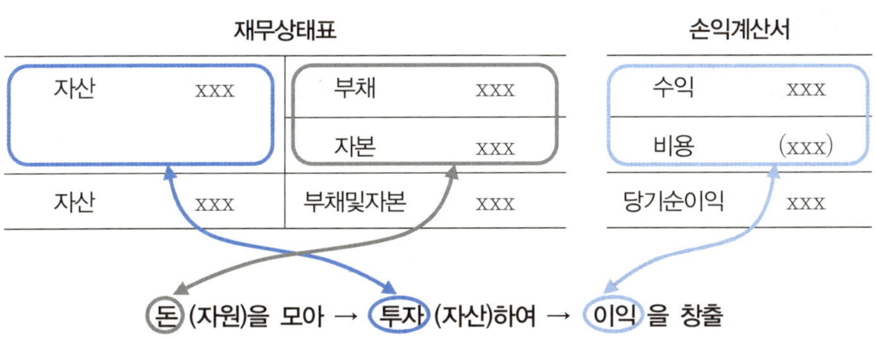

회계는 회사의 경영활동을 수치화하여 체계적으로 보여줍니다.

① **자금의 조달 상황** : 남의 돈과 나의 돈으로 자금을 모은 상태 → 부채와 자본

② **투자 내역** : 사업(영업활동)에 필요한 자산 취득 → 자산

③ **이익을 창출하는 활동** : 자산을 운용한 결과 → 손익계산서(수익과 비용)

회사의 활동은 다양한 거래로 구성됩니다. 회계는 이러한 활동들을 화폐 단위로 측정하여 보고하는 수단입니다. 회사 내 거래들은 회계처리 형태로 표현됩니다. 그리고 이러한 회계정보는 최종적으로 재무제표(재무상태표, 손익계산서, 현금흐름표 등)로 요약됩니다. 즉, '활동(거래) → 회계처리(분개) → 재무제표'라는 흐름으로 표현할 수 있습니다.

재무제표 분석에 대해 생각해 봅시다. 재무제표 분석은 재무제표를 통해 경영활동의 결과를 파악하고, 잘못된 부분들을 개선하는 과정입니다. 재무제표 분석은 단순히 비율 등을 계산하는 과정이 아닙니다. 회사의 경영활동이 재무제표에 어떻게 반영되는지를 먼저 정확하게 이해해야, 재무제표에 대한 분석이 가능합니다. 그러므로 재무제표 분석을 잘 하려면 회계처리(분개)에 지식뿐만 아니라, 이 회계처리가 회사의 어떠한 활동과 관련이 있고 재무제표에 어떻게 드러나는지를 먼저 이해해야 합니다.

거래를 회계처리로 표현하여 재무제표를 준비할 뿐만 아니라, 관련 정보를 제공하고 분석하며 기업을 개선시키는 역할! 이것이 회계실무자의 업무입니다.

지금까지 설명한 내용을 정리합니다.

회계의 의의

1. **회계** : 경영활동으로 발생된 돈의 흐름을 측정하고 기록하여 보고하는 일련의 과정
2. **주요 회계 정보**
   ① 회사의 자원이 조달된 상태 : 부채와 자본
   ② 회사의 자원이 투자된 상태 : 자산
   ③ 회사의 손익 내역 : 수익과 비용
3. **재무제표 분석**
   ① '회사 내 거래 → 회계처리 → 재무제표'
   ② 재무제표 분석은 회사의 거래가 재무제표에 어떻게 나타나는지를 먼저 이해해야 함.

(3) 본서의 목적

회사 내 실무자는 크게 다음과 같이 나뉩니다.

① **현업부서** : 영업부서, 생산부서, 총무부서 등 자신이 주관하는 업무에 대한 회계처리 수행

② **회계부서** : 자기부서가 주관하는 업무뿐만 아니라, 회사의 모든 회계 자료를 검토하고 재무제표를 작성하는 역할

③ **기획부서 및 경영진 등** : 회계정보를 활용하여 영업활동 전반을 관리하고 사업을 개선시키기 위한 전략 수립

본서는 크게 기본 개념, 결산 실무 및 재무제표에 대한 분석으로 구성되어 있습니다. 실무자마다 필요한 부분은 다를 것입니다. 그렇지만 본서를 통하여 회계의 기본 개념과 주요 결산 처리를 깊이 있게 이해하고, 재무제표 분석을 통해 회사를 개선시킬 수 있는 통찰력을 길렀으면 합니다.

2. 회계의 5 요소

재무제표는 재무상태표, 손익계산서, 자본변동표, 현금흐름표 및 주석으로 구성되는데 이 중 재무상태표와 손익계산서가 주요 보고서입니다.

자산은 왼쪽, 부채와 자본은 오른쪽입니다. 그리고 비용은 왼쪽, 수익은 오른쪽에 위치합니다.

재무상태표

자산	×××	부채	×××
		자본	×××

손익계산서

비용	×××	수익	×××

본 절에서는 재무상태표와 손익계산서를 구성하는 자산, 부채, 자본, 비용, 수익에 대해 살펴봅니다.

(1) 자산

자산이란 과거의 거래나 사건의 결과로 발생했고, 현재 기업에 의해 통제되는, 경제적 자원(미래 경제적 효익의 유입)입니다. 자산의 예로는 현금, 매출채권, 재고자산, 토지, 건물, 기계장치 등이 있습니다. 자산은 회사가 조달된 자금으로 사업을 진행하기 위해 필요한 것들입니다.

자산은 과거의 거래나 사건에서 발생한 것입니다. 미래에 발생할 것으로 예상된다면 자산의 요건에 해당하지 않습니다. 예를 들어 회사가 내년에 돈을 많이 벌 것이라고 예상되면 기분은 좋지만, 그 좋은 기분을 자산으로 계상하지는 않습니다.

자산은 회사가 통제해야 합니다. 따라서 회사의 우수한 인재들은 자산이 아닙니다. 통제될 수 있는 사람은 노예인데, 노예는 현대사회에서 인정되지 않기 때문입니다. 공기도 마찬가지입니다. 가치는 있지만, 다른 사람들이 숨을 쉬지 못하도록 통제할 수 없습니다.

자산의 기본 특성 중 하나는 미래에 경제적 효익이 있어야 합니다. 따라서 현재 사용하지 못하는 기계장치가 있다면 효익을 기대할 수 없으므로 자산성에 의심을 받게 됩니다. 매출채권도 거래 상대방이 부실화된 상태라면 자산성에 의심을 받게 됩니다. 따라서 자산의 위치를 유지하려면 항상 미래 경제적 효익이 있는지를 증명해야 합니다.

(2) 부채

부채란 과거의 거래나 사건의 결과로 발생했고, 미래에 기업이 자산을 이전하거나 용역을 제공하는 현재의 의무(미래 경제적 효익의 유출)입니다. 부채의 예로는 매입채무, 차입금, 사채 등이 있습니다.

부채는 과거의 거래나 사건에서 발생합니다. 따라서 내년에 어떠한 거래가 발생하여 현금이 지출될 것으로 예상되더라도 (원인행위가 발생하지 않았기 때문에) 부채를 인식하지 않습니다. 일어난 일이 아니기 때문입니다.

부채는 확정된 금액만을 대상으로 하지는 않습니다. 예를 들어 12월에 재품을 판매하였는데, 향후 3년간 AS의무가 존재한다고 가정해봅시다. 만일, 그 의무로 지출될 금액이 100원으로 추정된다면 동 금액은 판매시점에 부채로 인식합니다. AS의 원인행위인 판매가 이미 발생하였기에 미래 지출액을 추정하여 비용으로 처리하는 것입니다.

결산 시 과거에 발생한 거래에 대한 부채가 모두 완전하게 표시되고 있는지 유의해야 합니다. 예를 들어 소송이 발생했거나 특정 상황이 발생되면 현금이 지출될 수 있는 약정이 있다면, 지출할 것으로 예상되는 현금(또는 다른 자산의 이전)을 추정하여 부채로 계상해야 합니다.

(3) 자본

자본은 자산에서 부채를 차감한 잔여 금액으로 정의됩니다. 일반기업회계기준은 자본의 표시방법을 구체적으로 규정하고 있으나, K-IFRS는 명시적인 내용이 별로 없습니다. 따라서 실무상 구체적인 계정과목은 일반기업회계기준 능을 준용하고 있습니다.

(4) 수익

수익은 회계기간 동안 영업활동으로 발생한 경제적 효익의 증가로 정의됩니다. 수익의 예로는 매출액, 이자수익, 배당금수익 등이 있습니다. 수익은 자산을 증가시키거나 부채를 감소시켜, 결과적으로 순자산을 증가하게 합니다.

실무적으로 어떠한 시점에(또는 어느 기간 동안에) 수익을 인식할 것이냐가 주요 이슈입니다. 그리고 금액을 어떻게 표시할 것인가(총액 Vs 순액, 영업수익 Vs 영업외수익)가 주된 관심사항입니다. 일반적으로 회사는 동일한 이익이더라도, 매출이 더 크고 영업이익으로 표시되는 것을 선호합니다.

이익(Income)은 주주에 의한 자본납입 이외에 주주지분의 증가를 가져오는 순자산증가인 반면, 수익은 기업의 경상적인 활동을 통해 발생된 경제적 효익의 증가분을 의미합니다. 이익은 수익뿐만 아니라 차익을 포함하기 때문에 더 포괄적인 개념입니다.

(5) 비용

비용은 회계기간 동안 영업활동의 결과 발생한 경제적 효익의 감소로 정의됩니다. 비용의 예로는 매출원가, 이자비용, 급여 등이 있습니다. 비용은 자산을 감소시키거나 부채를 증가시켜, 결과적으로 순자산을 감소하게 합니다.

실무적으로 비용은 어느 시점에 인식할 것인가와 어떻게 표시(영업비용 Vs 영업외비용)할 것인가가 관심사항입니다. 영업이익이 큰 회사가 시장에서 높게 평가되기 때문에, 비용이 영업외비용으로 표시되는 것을 선호하고 있습니다. 비용 중 일부 항목은 수익인식 시점에 대응하여 인식하기도 하지만, 일상적인 관리비는 발생한 시점에 인식하고 있습니다.

3. 복식부기

(1) 거래의 표시

회계에서의 거래(Transaction)란 자산, 부채, 자본의 증가 또는 감소를 일으키는 사건(Events)을 말합니다. 거래가 발생하면 이를 식별하여 장부에 기록하는 것이 회계처리(분개)입니다. 회계상의 거래는 회사에서 발생하는 거래와 대부분 일치하지만, 반드시 그렇지는 않습니다.

자산, 부채, 자본에 영향을 미치지 않는 거래는 회계상 인식하지 않습니다.

예를 들어, 종업원과 연봉 계약을 체결하는 시점에는 회계처리가 발생하지 않습니다. 이러한 거래를 미이행계약이라고 합니다. 미이행계약은 권리와 의무가 동시에 발생하는 형태입니다. 종업원은 일을 할 의무와 급여를 받을 권리가 있습니다. 회사는 노동을 제공

받을 권리와 급여를 지급할 의무가 있습니다.

종업원이 연봉계약을 실시하는 시점에는 회계처리가 없지만, 노동을 제공하게 되면 회계처리가 발생합니다. 일을 하기 시작하면 회사는 급여를 지급해야 하는 의무(부채)가 발생합니다.

(차변) 급여(비용) ××× (대변) 부채(미지급급여) ×××

이와 같이 미이행계약은 실제 계약 내용이 실행되는 시점에 거래로 인식됩니다. 미이행계약으로는 공급계약이나 매입계약 등이 있습니다.

미이행계약은 일반적으로 회계처리 대상이 아니지만, 불리하게 계약이 체결되어 회사의 경제적 효익이 유출될 우려가 있다면 보수적인 관점에서 부채를 인식하게 됩니다. 예를 들어 100원을 받고 공사를 해 주기로 했는데, 원가가 80원에서 120원으로 갑자기 올랐다고 가정해봅시다. 그렇다면 공사는 안 했지만 20원의 손실이 예상됩니다. 이런 경우 즉시 20원의 부채를 인식하게 됩니다.

반대로 회계에서만 인식하는 거래가 있습니다. 실제 현업에서 발생된 거래는 아니지만 자산, 부채, 자본의 증가 또는 감소를 야기하는 현상이 발생하는 경우입니다. 예를 들어 거래처가 대금을 지급하기 어려울 것으로 예상되면 비용(대손상각비)을 인식합니다. 거래처가 대금을 지급하지 않는 상태가 지속되면 거래는 없지만 매출채권의 자산성에 대한 의구심이 발생하게 됩니다. 이 경우 대손충당금이라는 매출채권에 대한 평가 계정을 통해 자산의 장부금액을 조정하게 됩니다.

(차변) 대손상각비(비용) ××× (대변) 대손충당금(자산의 평가계정) ×××

이와 같이 실제 거래는 발생하지 않았더라도 자산, 부채, 자본, 수익, 비용에 영향을 미치게 되면 회계상 거래로 인식합니다.

(2) 거래의 결합

회계상의 거래는 자산의 증가 및 감소, 부채의 증가 및 감소, 자본의 증가 및 감소, 수익의 발생, 비용의 발생으로 구성됩니다. 이를 '거래의 8요소'라고 합니다. 거래요소의 결합은 거래원인과 결과를 설명합니다. 예를 들어, 매출(수익)이 발생하면 자산(매출채권)이 증가합니다.

그런데 위의 설명을 암기할 필요는 없습니다. 앞서 살펴본 재무상태표와 손익계산서 항목과 위치만 기억하시면 됩니다. 왼쪽과 오른쪽에 표시되는 내용만 잘 외우시기를 바랍니다. 자산과 비용은 왼쪽, 부채 및 자본과 수익은 오른쪽, 이것이 가장 중요합니다.

재무상태표			
자산	×××	부채	×××
		자본	×××

손익계산서			
비용	×××	수익	×××

회계처리는 항상 대변과 차변의 결합으로 이루어집니다. 따라서 전체 회계처리의 차변 합계와 대변합계는 항상 일치합니다. 이를 대차평균의 원리(Principle of equilibrium)라고 합니다. 복식부기는 거래의 이중성에 따라 항상 동일한 금액을 차변과 대변에 동시에 기입하므로, 대차평균의 원리가 적용됩니다.

거래가 발생하면 이를 '자산, 부채, 자본, 수익, 비용'이라는 요소로 분석하여 복식부기 방식으로 기록합니다. 유능한 실무자는 거래를 잘 파악하여 자산, 부채, 자본, 수익, 비용에 미치는 영향을 정확하게 분석하는 분들이지요.

회계처리는 대변과 차변으로 이루어져 있고, 실제 장부기록은 전산화되어 처리되므로 결과물을 놓고 대차평균을 점검하는 것은 의미가 없습니다. 그렇지만 거래를 분석하는 단계에서는 대차평균의 원리를 항상 전제해야 합니다.

(3) 평가계정

자산과 비용은 왼쪽, 부채와 자본 및 수익은 오른쪽이라고 했습니다. 대손충당금이나 감가상각누계액 등의 계정은 헛갈립니다. 앞서 거래처가 대금을 지연하여 회수가능성이 감소하면 다음의 회계처리를 실시한다고 하였습니다.

(차변) 대손상각비(비용) ××× (대변) 대손충당금(평가계정) ×××

이때 대손충당금은 매출채권이라는 자산을 평가하는 계정입니다. 자산의 가치가 하락했음을 표시하는 것이므로 자산의 평가계정 성격이라고 보시면 됩니다. 자산은 왼쪽에 있습니다. 대손충당금은 (−)자산 성격이므로 오른쪽에 위치합니다.

구분	금 액
매출채권	10,000
대손충당금	(1,000)
순장부금액	9,000

매출채권의 평가계정인 대손충당금은 매출채권 아래에 표시합니다. 매출채권과 대손충당금의 합계는 9,000원인데, 이를 순장부금액이라 표현합니다. 10,000원을 받을 권리가 있으나 여러 가지 사정으로 실제 받을 수 있는 금액은 9,000원일 것 같다는 합리적인 기대를 나타내는 것이지요.

매출채권 자체를 직접 1,000원만큼 감소시키는 것이 편하지 않겠느냐라는 생각을 하실 수도 있습니다. 그러나 매출채권 자체가 9,000원으로 표시되면, 9,000원만 관리하면 된다는 착각을 할 수 있습니다. 그러나 회사가 수령할 권리는 10,000원이며, 이 사실 자체는 변하지 않았습니다. 다만 회수가능성으로 회사의 소중한 자산이 1,000원만큼 가치가 하락했다고 평가하고 있는 것이지요. 회사는 10,000원의 채권을 회수하기 위해 노력해야 하고, 관리 활동을 통해 대손충당금을 최소화해야 합니다.

그러나 만일 거래처가 파산되어 더 이상 채권을 회수할 가능성이 사라진다면 채권 자체를 없애 버립니다. 관리할 필요가 없기 때문입니다. 채권의 꼬리표(평가계정)도 같이 제거하는 과정을 제각이라고 합니다.

(차변) 대손충당금 1,000 (대변) 매출채권 1,000

평가계정의 또 다른 사례로 감가상각누계액이 있습니다. 만일 기계장치를 10,000원(내용연수 : 5년)을 취득하고 1년이 경과하면 다음의 회계처리를 실시합니다.

(차변) 감가상각비(비용) 2,000 (대변) 감가상각누계액(평가계정) 2,000

그리고 다음과 같이 표시합니다.

구분	금 액
기계장치	10,000
감가상각누계액	(2,000)
순장부금액	8,000

자산뿐만 아니라 부채도 평가계정이 있습니다. 예를 들어, 사채할인발행차금은 사채의 평가계정입니다.

평가계정의 위치는 혼동하기 쉽습니다. 본 계정의 (−)평가라면 그 반대 방향, (+)평가라면 동일한 방향에 위치합니다.

지금까지 복식부기 개념을 살펴보았습니다. 복식부기는 어떠한 거래가 발생하면 오른쪽과 왼쪽 즉, 복식으로 기록하는 개념입니다. **회계는 거래가 발생하면 관련 거래를 잘 분석하여 자산, 부채, 자본, 비용, 수익 개념에 따라 표시하는 것이 핵심입니다.**

예제 01

복식부기 원리

MD의 거래는 다음과 같음.

① 1월 2일에 기계장치를 1,000원에 구매하기로 계약함.
② 2월 1일에 기계장치가 공장에 도착하였고 이상이 없음을 검수 완료함.
③ 2월 20일에 은행에서 1,000원을 차입함.
④ 3월 1일에 기계장치 대금을 지급함.
⑤ 7월 1일에 차입금을 상환함.
⑥ 7월 31일에 기계장치에 대한 상각비 200원을 인식함.
⑦ 8월 1일에 홍수가 발생하여 기계장치가 훼손되어 사용하기 어려움. 고철 값은 100원으로 예상됨.
⑧ 8월 10일에 100원을 받고 기계장치를 처분함.

요구사항 ▼ 회계처리를 예시하시오.

① 매입하기로 하는 계약만 실시했습니다. 실제 매입을 해야 기계장치(자산)도 보유하고, 관련 대금을 지급할 의무(부채)도 발생합니다. 계약 자체는 서로 권리와 의무에 대한 확인 단계이며 자산, 부채, 자본, 수익, 비용에 영향을 미치지는 않습니다. 미이행계약이라는 표현이 기억나시지요?

② 기계장치를 취득하였으므로 자산을 인식합니다. 만일, 대금을 지불하지 않았다면 관련 채무가 발생할 것입니다.

(차변) 기계장치(자산) 1,000 (대변) 미지급금(부채) 1,000

③ 은행에서 1,000원을 차입하였습니다. 회사 내에 돈(자산)이 1,000원 증가하고, 향후 지급할 의무(부채)가 발생합니다.

(차변) 현금 1,000 (대변) 차입금(부채) 1,000

④ 구매처에 대금을 지급하였습니다. 돈(자산)은 감소하였고, 관련 부채도 감소했습니다.

(차변) 미지급금(부채) 1,000 (대변) 현금(자산) 1,000

⑤ 차입금을 상환하였습니다. 돈(자산)은 감소하였고, 관련 부채도 감소했습니다.

(차변) 차입금(부채) 1,000 (대변) 현금(자산) 1,000

⑥ 기계장치에 대한 상각비는 평가계정을 통해 인식합니다. 기계장치 자체를 직접 200원만큼 제거하는 것이 아니라 평가계정을 사용한 이유는 기계장치의 취득원가는 1,000원이고, 그동안 200원만큼 사용했다는 것을 보여주기 위함입니다.

(차변) 감가상각비(비용) 200 (대변) 감가상각누계액(평가계정) 200

⑦ 8월 1일 현재 기계장치의 순자상부금액은 800원(=1,000원−200원)입니다. 그런데

홍수로 기계장치가 훼손되어 사용하기 어렵습니다. 자산은 미래 경제적 효익이 전제되어야 합니다. 남아 있는 경제적 효익은 100원에 불과합니다. 따라서 700원(=800원-100원)만큼을 감액해야 합니다. 평가를 통한 감액은 손상차손이라는 표현을 사용하고 있습니다.

(차변) 손상차손(비용) 700 (대변) 손상차손누계액(평가계정) 1,000

8월 1일 현재 기계장치에 대한 표시 결과는 다음과 같습니다.

구분	금 액
기계장치	1,000
감가상각누계액	(200)
손상차손누계액	(700)
순장부금액	100

⑧ 기계장치를 처분하였습니다. 이제 더 이상 기계장치에 대한 관리가 필요하지 않습니다. 따라서 기계장치뿐만 아니라 관련 평가계정도 모두 제거합니다.

(차변) 현금(자산) 100 (대변) 기계장치(자산) 1,000
감가상각누계액(평가계정) 200
손상차손누계액(평가계정) 700

(4) 장부기록 과정

회계기록 과정은 다음과 같습니다.

① 거래의 식별 : 자산, 부채, 자본, 수익, 비용에 영향을 미치는 거래를 식별

② 인식 : 장부에 언제 기록할 것인가?

③ 측정 : 얼마의 금액으로 기록할 것인가?

회사 내에는 수많은 거래가 있습니다. 이러한 거래 중 회계처리 대상을 식별하고, 적정 시점에, 적절한 금액으로 기재하는 것이 회계의 주요 과정입니다. 기준서를 읽으실 때 항상 상기 3가지 관점에서 해석하시기를 권고드립니다.

제 2 절 회계기준과 재무제표

재무제표란 회사가 이해관계자에게 재무상태, 경영성과, 현금흐름 등에 관한 정보를 제공하기 위한 보고서를 말합니다. 재무제표는 회사의 거래가 회계처리로 집계되고 회계 순환과정을 거쳐 작성된 최종 산출물이라 할 수 있습니다.

재무제표는 회계기준에 따라 작성하게 되는데, 본 절에서는 회계기준과 재무제표에 대해 살펴봅니다.

1. 회계기준

기업회계기준(GAAP, Generally Accepted Accounting Principles)이란 회사가 다양한 경영 활동을 기록하고 보고하는 데 공통으로 사용하는 기준입니다. 정보이용자들이 회계정보를 보다 쉽게 이해할 수 있도록 모든 회사가 사용하는 공용어 같은 것입니다. 만일 정보가 서로 다른 기준으로 작성된다면, 비교가능성과 신뢰성이 훼손되어 의미가 없어지겠지요. 이를 방지하기 위해 일정한 통일된 기준을 마련한 것입니다.

우리나라의 회계기준은 한국채택국제회계기준(K-IFRS, Korean-International Financial Reporting Standards), 일반기업회계기준 및 중소기업회계기준으로 구분됩니다.

(1) 한국채택국제회계기준

세계에서 보편적으로 적용하는 회계기준은 크게 미국에서 규정한 US-GAAP과 유럽에서 규정한 IFRS로 구분됩니다.

US-GAAP은 상세하고 구체적인 규칙(Rule Base)으로 구성되어 있습니다. 반면 IFRS는 다양한 국가와 시장을 아우르기 위해 보다 원칙 기반(Principle Base)으로 제정되어 있습니다. 다양한 국가가 적용하고 있으므로 (경제 환경이 각각 상이하므로) Detail하게 회계처리를 규정하기는 어렵습니다. 따라서 원칙 중심으로 규정하고, 회사들이 경제 환경을 고려하여 적극적으로 해석하고 적용할 수 있도록 허용한 것입니다.

US-GAAP과 IFRS 간의 Convergence 시도가 지속되고 있으나, 아직까지 완전한 통합은 아직 이루어지지 않고 있습니다.

우리나라는 IFRS 내용 중 일부를 수정하여 적용하고 있는데 이를 K-IFRS라고 합니다. 외부감사법 시행령에서 상장회사와 금융회사는 K-IFRS를 적용하도록 의무화하고 있습니다. 그 외 회사들도 원한다면 K-IFRS를 적용할 수 있는데, 상장회사의 자회사나 상장을 염두에 둔 회사들이 선택하고 있는 상황입니다.

(2) 일반기업회계기준

일반기업회계기준은 K-IFRS를 적용하지 않는 외부감사법 대상 기업들이 적용하는 회계기준입니다. 일반기업회계기준은 K-IFRS와 유사한 기준서 체계를 보이고 있으며, 양 기준은 상당 부분 동일합니다.

다만, 일반기업회계기준은 비상장기업들이 적용하고 있음을 감안하여, 실무상 편의를 고려하고 있다는 특징이 있습니다. 일반기업회계기준과 K-IFRS의 주요 차이를 비교하면 다음과 같습니다.

구분	K-IFRS	K-GAAP
기준 성격	원칙중심 회계	규칙(규제)중심 회계
재무제표	연결재무제표 중심	개별재무제표 중심
평가 기준	공정가치 회계 확대 적용	제한적인 공정가치 회계 적용
주석 등 공시사항	공시 항목(주석)의 확대	상대적으로 적은 공시 항목
제정 주체	각국의 협업을 통해 제정	독자적인 기준 제정

K-IFRS가 원칙중심 회계라고 하지만 사실상 회사가 임의적으로 해석하고 적용할 수 있는 내용은 많지 않습니다. K-IFRS의 방대한 체계를 하나씩 좇아가다 보면 결국 선택 적용 사항이 아닌 경우가 많기 때문입니다.

US-GAAP과 IFRS 모두 연결재무제표 중심입니다. 과거부터 우리나라는 개별재무제표 중심으로 회계처리해 왔고 지금도 개별재무제표에 더 초점을 맞추는 경향이 있습니다. 그러나 K-IFRS 도입 이후로는 연결재무제표의 중요성과 활용이 더욱더 강조되고 있습니다.

리스나 금융상품 등 일부 주제와 세부적인 일부 회계처리를 제외한다면 K-IFRS와 일반기업회계기준의 기본 체계는 상당부분 동일합니다. 본서에서는 양 기준이 상이하다면 구분하여 설명하고 있습니다.

(3) 중소기업회계기준

중소기업회계기준은 외부감사법 대상이 아닌 주식회사를 대상으로 한 회계처리와 재무보고에 관한 기준입니다. 일반기업회계기준과 내용의 일관성을 기초로 하되, 회계처리의 단순화와 법인세법 등과의 조화를 고려하고 있습니다.

중소기업회계기준은 대상 회사들의 규모와 단순한 거래를 전제하고, 실무상 편의를 적극 고려하여 제정된 것이 특징입니다.

2. 재무제표

재무제표는 재무상태표, 손익계산서(또는 포괄손익계산서), 현금흐름표, 자본변동표 및 주석으로 구성됩니다. 본 절에서는 각 재무제표의 양식과 그 구성 내용을 살펴보겠습니다. 다양한 기업들의 실제 재무제표는 전자공시시스템(https : //dart.fss.or.kr)을 통해 확인하시기 바랍니다.

(1) 재무상태표

재무상태표(Statement of financial position)는 특정 시점(예를 들어 12월 31일 현재 시점)의 재무상태를 나타내는 보고서입니다. 재무상태표는 회사가 무엇을 보유하고 있으며, 자금을 어떻게 조달하였는지를 보여줍니다. 회계기준에 따라 구체적으로 표시하는 방법은 다소 차이가 있지만 일반적인 재무상태표는 다음과 같습니다.

자 산	금 액	부 채	금 액
유동자산	×××	유동부채	×××
현금및현금성자산	×××	매입채무	×××
매출채권	×××	단기차입금	×××
재고자산	×××	…	
…		비유동부채	×××
비유동자산	×××	퇴직급여부채	×××
투자자산	×××	…	
유형자산	×××	부채 총계	×××
무형자산	×××	자본	×××
…		자본금	×××
		자본잉여금	×××
		이익잉여금	×××
		기타자본항목	×××
		자본총계	×××
자산 총계	×××	부채와 자본 총계	×××

비유동성항목을 먼저 표시하고 유동성항목을 아래에 표시하는 회사도 있지만, 재무상태표는 유동성배열에 따라 표시하는 것이 일반적입니다.

현금성자산 등 유동자산을 충분히 가지고 있고, 단기차입금 등 유동부채의 비중이 작을수록 좋게 평가됩니다. 유동비율이 악화되면 향후 계속기업에 문제가 발생할 수 있기 때문입니다.

유동자산의 분류 기준은 다음과 같습니다.

① 기업의 정상영업주기 내에 실현될 것으로 예상하거나, 정상영업주기 내에 판매하거나 소비할 의도
② 주로 단기매매 목적으로 보유
③ 보고기간 후 12개월 이내에 실현될 것으로 예상

그 밖의 모든 자산은 비유동자산으로 분류합니다.

정상영업주기는 영입활동을 위해 자산을 취득한 시점부터 그 자산이 현금및현금성자산으로 실현되는 시점까지 소요되는 기간입니다. 정상영업주기가 명확하지 않는 경우에는 1년을 기준으로 합니다. 정상영업주기 내에 실현되는 매출채권이나 재고자산은 1년 이내에 실현되지 않더라도 유동자산으로 분류하고 있습니다.

한편, 유동부채의 분류기준은 다음과 같습니다.

① 정상영업주기 내에 결제될 것으로 예상
② 주로 단기매매 목적으로 보유
③ 보고기간 후 12개월 이내에 결제하기로 되어 있음.
④ 보고기간 말 현재 보고기간 후 적어도 12개월 이상 부채의 결제를 연기할 수 있는 권리를 가지고 있지 아니함.

회사가 3년 후에 지급하기로 약정하여 사채를 발행하더라도, 채권자가 어떠한 상황에서는 3년 이내에 상환을 요청할 수 있고 그 상황이 1년 이내에 발생할 가능성이 있다면 유동부채로 분류해야 합니다.

(2) 손익계산서

손익계산서(Income statement 또는 Profit Loss statement)는 일정 기간(예를 들어 1월 1일부터 12월 31일까지) 동안에 창출한 이익과 그 구성요소(수익, 비용)에 대한 정보를 제공하는 보고서입니다. 손익계산서는 회사의 경영성과를 나타냅니다.

계정과목	금 액
매출	×××
제품매출	×××
상품매출	×××
…	×××
매출원가	×××
제품원가	×××
상품원가	×××
…	×××
매출총이익	×××
판매비와관리비	×××
급여	×××
퇴직급여	×××
…	×××
영업이익	×××
영업외수익	×××
이자수익	×××
…	×××
영업외비용	×××
이자비용	×××
…	×××
법인세차감전순이익	×××
법인세비용	×××
당기순이익	×××
기타포괄손익	×××
총포괄손익	×××

이익의 질(Quality of Earnings)에 대한 두 가지 지표는 다음과 같습니다.

① 반복이고 지속적인 이익

② 현금을 수반하는 이익

반복적이고 지속적으로 발생할 수 있는 이익은 영업이익입니다. 따라서 일반적인 경우 회사들은 영업외수익으로 분류하기보다는 영업이익으로 분류하는 것을 선호합니다.

한편, 동일한 이익을 기록하더라도 매출의 규모가 클수록 좋아합니다. 예를 들어 1,000원의 상품을 구매하여 1,200원에 판매하였다고 가정해 봅시다. 이때 회사의 영업활동이 단순한 중개업이라면 200원의 수수료이익만 표시합니다. 그러나 상품매출이 영업활동이라면 1,200원의 매출과 1,000원의 매출원가를 각각 표시합니다. 관련 내용은 〈제3장〉 〈제1절〉에서 살펴보겠습니다.

K-IFRS는 당기에 실현된 손익뿐만 아니라 미실현손익 개념인 기타포괄손익까지 포함하도록 규정하고 있습니다. 그래서 명칭도 포괄손익계산서라고 부릅니다. 손익계산서와 더불어 아래와 같은 정보를 추가로 보여줍니다.

계정과목	금 액
당기순이익	×××
기타포괄손익	×××
총포괄손익	×××

실무상 손익계산서와 포괄손익계산서를 하나의 보고서로 보여주는 경우가 많습니다.

(3) 자본변동표

자본변동표는 재무상태표상 자본 항목이 기초부터 기말까지 어떻게 변동되었는지를 자세하게 표시한 보고서입니다.

구분	자본금	자본잉여금	이익잉여금	기타자본항목	합 계
기초 자본	×××	×××	×××	×××	×××
당기순이익			×××		×××
유상증자	×××	×××			×××
배당			×××		×××
기타포괄손익				×××	×××
기말 자본	×××	×××	×××	×××	×××

(4) 현금흐름표

현금흐름표의 일반적인 양식은 다음과 같습니다.

계정과목	금 액
영업활동 현금흐름	×××
당기순이익	×××
비현금항목	×××
영업활동으로 인한 자산부채의 변동	×××
…	×××
투자활동 현금흐름	×××
유형자산의 취득	×××
투자주식의 처분	×××
…	×××
재무활동 현금흐름	×××
유상증자	×××
단기차입	×××
…	×××
현금의 증감	×××
기초 현금	×××
기말 현금	×××

재무상태표와 손익계산서는 회계시스템을 통해서 산출되지만, 현금흐름표가 시스템을 통해 산출되는 경우가 거의 없습니다. 따라서 현금흐름표는 각종 재무자료를 통해 회계실무자가 직접 작성하게 되는데, 회사 내 주요 회계처리를 모두 이해해야 가능합니다. 그리고 현금흐름표는 다른 재무제표 및 주석과 일관성이 있게 작성되므로, 현금흐름표를 정확하게 작성하는 실무자는 회사의 결산과정에 능통한다는 의미도 됩니다.

재무상태표와 손익계산서는 발생주의에 따라 작성됩니다. 그러나 현금흐름표는 기초현금과 기말현금의 변동, 즉 현금주의에 따라 작성됩니다. 재무상태표와 손익계산서는 회사의 회계정책에 따라 모습이 달라지지만, 현금흐름표는 회계정책의 영향을 받지 않습니다. 예를 들어, 회사가 감가상각방법을 정률법으로 하느냐 또는 정액법으로 하느냐에 따라 자본총계와 당기순이익은 다르지만, 현금흐름표에 미치는 영향은 없습니다. 따라서 현금흐름표는 발생주의에 따라 작성된 재무지표를 보완하는 역할을 합니다.

현금흐름표를 제대로 작성하고 분석할 수 있다면, 회사의 경제적 실질을 정확하게 파악할 수 있게 됩니다. 따라서 현금흐름표에 대한 깊이 있는 공부를 권합니다.

(5) 주석

주석(Footnote)은 재무제표 본문의 정보에 추가하여 재무제표의 전반적인 이해를 위하여 필요한 양적 정보뿐만 아니라 질적 정보를 제공합니다. 주석으로 나타내는 정보는 반드시 재무제표의 구성 요소여야 하거나 계량화할 필요가 없으므로 서술형으로 기재할 수 있습니다. 그리고 주석은 재무제표의 본문에 제시된 항목을 자세하게 설명하고 있습니다. 필수적으로 공시해야 하는 주석은 다음과 같습니다.

① 재무제표 작성기준 및 회계처리에 적용한 회계정책(예를 들어, 감가상각 정책이 정액법인지 정률법인지 여부)

② 재무제표 본문에 표시되지 않는 사항으로 재무제표를 이해하는 데 필요한 추가정보(예를 들어, 보고기간 이후의 후속사건, 계류 중인 소송사건)

③ 보고된 수치에 대한 추가적인 세부 사항(예를 들어, 사업부문별 보고)

(6) 이익잉여금처분계산서

이익잉여금처분계산서는 필수적인 재무제표는 아니지만, 필수적인 공시 사항입니다. 회사의 이익잉여금이 어떻게 변동되었는지를 보여줍니다.

구분	금 액
미처분이익잉여금	×××
전기이월이익잉여금	×××
당기순이익	×××
…	×××
임의적립금의 이입액	×××
이익잉여금의 처분	×××
배당금	×××
차기이월이익잉여금	×××

(7) 영업이익 : 개정 K-IFRS 제1118호

영업이익 개념은 IFRS에서 정의된 개념은 아닙니다. 그러나 우리나라에서 영업손익은 기업들의 성과 측정, 이용자들의 투자의사결정 및 관련 법규 등에서 중요하게 사용되고 있습니다. 이러한 이유로 현재 K-IFRS는 일반기업회계기준을 준용하여 영업이익을 표시하도록 규정하고 있습니다.

2027년부터 적용될 K-IFRS 제1118호는 영업손익 표시에 대한 개정된 내용을 포함하고 있습니다. 새로운 기준은 손익계산서에 포함된 수익과 비용을 영업, 투자, 재무, 법인세, 중단영업 중 하나의 범주로 분류하도록 규정하고 있습니다.

투자로 지정된 항목은 다음과 같습니다.

① 관계기업, 공동기업, 비연결종속기업에 대한 투자로 인한 자산

② 현금및현금성자산

③ 개별적 그리고 기업이 보유하는 다른 자원과 독립적으로 수익을 창출하는 자산

재무로 지정된 항목은 다음과 같습니다.

① 자금조달과 관련된 부채에서 발생하는 모든 수익과 비용

② 기타부채에서 발생하는 이자비용과 이자율 변동 효과

현재 기준서와 변경될 기준서를 비교하면 다음과 같습니다.

손익계산서(현행 K-IFRS 제1001호)		손익계산서(K-IFRS 제1118호)	
매출액	200	매출액	200
매출원가	(120)	매출원가	(120)
매출총이익	80	매출총이익	80
판매비와관리비	(60)	판매비와관리비	(55)
종업원급여	(30)	종업원급여	(30)
퇴직급여(*1)	(10)	퇴직급여(*4)	(8)
충당부채전입액(*2)	(5)	충당부채전입액(*5)	(4)
지급수수료(*3)	(5)	지급수수료(*6)	(3)
감가상각비	(10)	감가상각비	(10)
영업이익	20	유형자산처분이익	20
외화환산이익	5	유형자산손상차손	(15)
외화환산손실	(5)	외화환산이익(영업)	5
유형자산처분이익	20	영업이익	35
유형자산손상차손	(15)	외화환산손실(투자)	(5)
지분법이익	5	지분법이익	5
배당금수익	5	배당금수익	5
이자비용	(10)	투자자산 취득비용	(2)
법인세비용	(5)	재무손익및법인세차감전이익	38

손익계산서(현행 K-IFRS 제1001호)		손익계산서(K-IFRS 제1118호)	
당기순이익	20	이자비용(*7)	(13)
		법인세비용	(5)
		당기순이익	20

(*1) 순확정급여부채의 순이자 2원 포함(現, 영업손익에 포함)
(*2) 시간 경과로 인한 충당부채 현재가치 할인에 대한 이자비용 1원 포함(現, 영업손익에 포함)
(*3) 투자자산 관련 취득비용(비용 인식) 2원 포함(現, 영업손익에 포함)
(*4) 8원=10원-2원(순확정급여부채의 순이자 → 재무 범주)
(*5) 4원=5원-1원(충당부채 현재가치 할인에 대한 이자비용 → 재무 범주)
(*6) 3원=5원-2원(투자자산 관련 취득비용 → 투자 범주)
(*7) 13원=10원+2원(순확정급여부채의 순이자)+1(충당부채 이자비용)

3. 연결재무제표

회사의 재무제표는 개별 실체를 중심으로 작성할 수도 있고, 지배력을 보유하는 피투자기업(종속기업)을 포함한 경제적 실체를 중심으로 작성할 수도 있습니다.

일반기업회계기준에서의 구분 기준은 다음과 같습니다.

① **개별재무제표** : 종속기업주식 및 관계기업주식을 투자주식으로 보아 지분법을 적용하고 개별 실체의 자산, 부채, 수익, 비용을 중심으로 작성하는 재무제표

② **연결재무제표** : 관계기업주식에 대해서는 지분법을 적용하고 회사와 종속기업의 자산, 부채, 수익, 비용을 모두 합산하는 형태의 재무제표

반면, K-IFRS는 다음과 같이 구분하고 있습니다.

① **별도재무제표** : 종속기업주식 및 관계기업주식에 대해 원가법, 지분법 또는 공정가치법을 적용하는 투자주식으로 분류하고 개별 실체의 자산, 부채, 수익, 비용을 중심으로 작성하는 재무제표

② **연결재무제표** : 관계기업주식에 대해서는 지분법을 적용하고, 회사와 종속기업의 자산, 부채, 수익, 비용을 모두 합산하는 형태로 작성하는 재무제표

③ **개별재무제표** : 종속기업이 없으며 관계기업만 있는 경우, 관계기업주식에 대해 지분법을 적용한 재무제표

지분법과 연결재무제표는 모두 사업결합 개념을 통하여 작성됩니다. 사업결합에 따른 회계처리로는 지분법 및 연결결산 이외에도 합병과 영업양수도 등이 있습니다. 사업결합과 연결재무제표는 〈제6장〉〈제2절〉을 참조하시기 바랍니다.

4. 재무제표 작성 기준

재무제표 작성 시 대원칙은 다음과 같습니다.

① **발생기준** : 거래나 그 밖의 사건의 영향을 현금이나 현금성자산의 수취나 지급시점이 아니라, 당해 거래 또는 경제적 사건이 발생한 기간에 인식

② **계속기업** : 기업이 지속적으로 영업을 계속할 것이며, 경영활동을 청산하거나 중요하게 축소할 의도가 없음.

현금주의는 현금을 수취한 때에 수익으로 인식하고 현금을 지출한 때에 비용으로 인식하는 방법입니다. 반면 발생주의는 경제적 사건이 발생한 회계기간에 수익 · 비용을 인식하는 방법입니다. 예를 들어 2001년에 제품을 인도하고 1,000원에 대한 수취권리가 발생하였으나, 실제 현금을 수취한 시점은 2002년이라고 가정해봅시다. 이때 발생주의에 따른 수익인식 시점은 판매한 사건이 발생한 2001년이지만, 현금주의에 따른 수익인식 시점은 현금을 수령한 시점인 2002년입니다.

회사의 재무제표는 계속하여 영업을 할 것임을 전제하고 작성됩니다. 만일 계속기업이 전제되지 않는다면, 모든 자산은 당장 회사를 청산 시 회수할 수 있는 금액으로 기재해야 할 것입니다. 정상적인 경우에는 1,000원을 받고 팔 수 있는 재고이지만, 청산된다면 떨이로 500원만 받고 팔아야 할 수도 있습니다. 계속기업이 전제되므로 재고자산은 1,000원으로 표시됩니다.

(1) 재무상태표 작성기준

① **구분표시** : 재무상태표 항목을 적절히 구분하여 이해하기 쉽도록 해야 합니다.

② **총액주의** : 자산 · 부채 · 자본은 순액으로 표기하지 않고 총액으로 기재합니다. 회계기준에서 예외로 규정하지 않으면 총액으로 기재합니다. 총액으로 기재해야 거래와 관련된 모든 정보가 기술되기 때문입니다.

③ **1년기준** : 자산과 부채는 결산일 현재 1년 또는 영업주기를 기준으로 구분해야 합니다.

④ **유동성 배열법** : 자산 · 부채는 환급성이 빠른 순서로 배열합니다.

⑤ **잉여금구분의 원칙** : 잉여금은 주주와의 거래인 자본잉여금과 영업활동의 결과인 이익잉여금으로 구분하여 표시합니다.

⑥ **미결산항목 및 비망계정** : 가지급금, 가수금 등의 미결산계정은 그 내용을 나타내는 적절한 계정과목으로 표시해야 합니다.

(2) 손익계산서 작성기준

① **발생주의** : 수익과 비용은 발생한 기간에 인식

② **실현주의** : 수익은 실현시기를 기준으로 계상

③ **수익 · 비용 대응의 원칙** : 매출과 연관된 비용은 관련 수익이 인식된 기간에 인식

④ **총액주의** : 수익과 비용은 총액으로 기재

⑤ **구분표시** : 손익은 매출총손익, 영업손익, 법인세비용차감전순손익, 당기순손익으로 구분하여 표시

회계학이 발달하고 정교해져서 회계이론과 개념체계를 간략하게 요약하기 어렵습니다. 그럼에도 직관적인 이해를 위하여 본 절에서는 단순화하여 설명하고 있음을 양해바랍니다.

제 3 절 계정과목

회계처리와 재무제표를 보면 수많은 계정과목으로 구성되어 있습니다. 계정과목 명칭을 보면 회계에 대한 어려움을 느끼게 됩니다. 그러나 실무자에게 가장 중요한 능력은 거래를 자산, 부채, 자본, 수익, 비용 개념에 따라 분석하는 것입니다. 계정과목은 거래 성격을 쉽게 이해하기 위하여 성격이 동일하거나 유사한 항목들을 묶어 놓은 것이라는 관점에서 접근하시기 바랍니다.

예를 들어 100원을 지급하고 토지를 취득하였다고 가정해 봅시다. 이때 보고서에 자산 취득, 땅 취득, 토지 취득 등 다양하게 표현할 수 있을 것입니다. 자산으로 표시하면 너무 포괄적입니다. 취득한 대상이 무엇인지 정보이용자가 파악하기 어렵습니다. 땅이라고 해도 됩니다만, 다소 품격이 없어 보입니다. 그래서 토지라는 용어를 가장 일반적으로 사용하고 있습니다.

계정과목보다는 자산, 부채, 자본, 수익, 비용 중 어떠한 분류에 해당하느냐에 집중하시기 바랍니다. 그리고 이러한 계정과목은 이러한 거래를 표현하는 명칭이라는 전제하에 조금씩 익숙해지시기 바랍니다.

계정과목에 대한 명확한 Guide를 기준서가 제시하고 있다면 그에 따라 표시하면 됩니다. 그러나 명확하지 않다면 정보이용자를 고려하여 회사가 회계정책으로 수립하고 일관되게 적용하게 됩니다. 따라서 같은 계정과목이라도 회사마다 다소 다르게 사용할 수 있음을 감안하시기 바랍니다.

1. 자산의 분류

재무제표에 자산을 구체적으로 표현하는 방법은 다양합니다. K-IFRS는 유동자산 및 비유동자산으로 분류하고 세부 계정과목은 그 아래에 배열하고 있습니다. 반면, 일반기업회계기준은 유동자산이나 비유동자산 밑에 중분류를 두고 있습니다. 다만 K-IFRS 이용자도 일반기업회계기준의 중분류 명칭을 널리 이용하고 있으므로 관심을 가질 필요가 있습니다.

자산의 일반적인 분류는 다음과 같습니다.

대분류	중분류	소분류
유동 자산	당좌자산	현금성자산, 매출채권, 대여금, 미수금, 선급금 등
	재고자산	원재료, 재공품, 제품, 상품 등
비유동 자산	투자자산	투자주식, 투자부동산, 장기금융상품 등
	유형자산	토지, 건물, 구축물, 기계장치, 건설중인자산 등
	무형자산	소프트웨어, 영업권 등
	기타비유동자산	임차보증금, 이연법인세자산 등

① **당좌자산** : 1년 또는 정상영업기간 이내에 현금화될 수 있는 자산
② **재고자산** : 제조나 판매 목적으로 보유하는 자산
③ **투자자산** : 투자 목적으로 보유하는 자산
④ **유형자산** : 영업활동 목적으로 보유하는 물리적 실체가 있는 자산
⑤ **무형자산** : 영업활동 목적으로 보유하는 물리적 실체가 없는 자산

(1) 유동성 분류

유동자산의 비중이 작다면 향후 자금 지출에 문제가 있을 가능성이 있습니다. 유동자산은 주요 분류 기준은 다음과 같습니다.

① 기업의 정상영업주기 내에 판매하거나 소비할 의도
② 12개월 이내에 현금화

(2) 자산 계정과목

계정과목은 회사마다 다소 다르게 사용하고 있습니다. 일반적인 유동자산에 대한 계정과목 정책을 요약하면 다음과 같습니다.

계정과목	세부 내용
현금및현금성자산	• 현금 또는 현금과 동일하게 인정되는 자산 • 은행이 발행한 수표, 당좌예금, 보통예금 • 취득 시점에 만기가 3개월 이내인 거래비용이나 가치변동이 미미한 금융자산
단기금융상품	• 만기가 1년 이내인 정기예금, 정기적금 등
단기매매증권	• 단기간에 반복적이고 대량으로 거래하는 투자주식
매출채권	• 주된 영업활동인 재화의 판매나 서비스 제공 이후 받을 금액 • 매출채권은 외상매출금과 받을 어음으로 구성 • 과거에는 종이로 된 실물어음이었으나, 최근에는 종이어음을 거의 사용하지 않고 전자어음으로 대체됨.

계정과목	세부 내용
대손충당금	• 채권에 대한 평가계정 • (−)자산으로 이해하고 회계처리를 이해하시기 바랍니다.
단기대여금	• 금전소비대차계약에 따라 타인에게 빌려준 돈 • 대여금은 특수관계자와의 거래로 발생하는 경우가 많으므로, 공시 및 세무 이슈가 제기될 수 있음.
미수금	• 주된 영업활동이 아닌 자산을 처분한 후 미회수한 금액 • 예를 들어 투자주식을 처분하고 미회수한 금액
미수수익	• 이자수익이나 배당금수익 중 아직 현금으로 회수하지 못한 금액
선급금	• 재고자산을 취득하기 선급한 금액 • 유형자산을 취득하기 위한 착수금이나 중도금은 건설중인자산으로 분류
선급비용	• 보험료, 지급임차료 등 선지급하였으나 기간이 미경과된 금액
가지급금	• 현금 등이 지급되었으나 출처가 불분명하여 일시적으로 기재한 항목 • 반드시 성격을 파악하여 본 계정으로 대체해야 함.
부가세대급금	• 매입 과정에서 지출한 부가가치세 세액 • 익분기에 부가가치세 신고 시 회수
당기법인세자산 (선급법인세)	• 납부해야 할 법인세액보다 더 많이 지급한 법인세 • 법인세 신고 이후 회수
전도금	• 사용처나 지출액이 확정되지 않은 상태에서 먼저 지급한 출장비나 지점 운영비 • 전도금은 결산 과정에서 비용으로 대체하고, 잔액은 현금성자산으로 분류
재고자산	• 판매목적으로 보유하는 자산

비유동자산은 다음과 같습니다.

계정과목	세부 내용
장기금융상품	• 장기 적금이나 예금
장기대여금	• 대여금 중 만기가 1년을 초과하는 금액
투자주식 등	• K-IFRS와 일반기업회계기준상의 계정과목이 상이함. • K-IFRS는 공정가치측정금융자산(FVOCI, FVPL), 관계기업투자, 종속기업투자 및 공동기업투자로 분류 • 일반기업회계기준은 매도가능증권, 만기보유증권, 지분법적용투자주식으로 분류
투자부동산	• 매매를 통해 시세차익을 목적으로 하거나 임대하고 있는 부동산(토지 및 건물 등)
토지	• 영업활동에 사용하는 대지, 임야, 전답 등
건물	• 영업활동에 사용하는 사무실, 공장, 창고 등과 부속설비

계정과목	세부 내용
구축물	• 토지 위에 정착한 건물 이외의 교량, 궤도, 갱도, 토목설비 또는 공작물 등
차량운반구	• 업무용으로 사용하는 자동차, 오토바이 등
기계장치	• 제조나 생산활동을 위해 사용하는 설비
비품	• 영업활동에 사용하는 사무사용품 등
건설중인자산	• 유형자산을 본래의 용도에 사용하기 이전에 지출한 원가 • 의도했던 용도로 사용하게 되면 건설중인자산에서 본 계정으로 대체하고 상각을 개시
영업권	• 사업결합으로 발생한 금액 • 영업권은 발생요인이 특별하고, 후속조치도 엄격함(〈제6장〉과 〈제7장〉 참조).
개발비	• 연구개발 과정에서 무형자산으로 인식된 내부창출자산 • 개발비는 회계상 매우 제한적으로 인정되는 자산임(〈제6장〉 참조).
소프트웨어	• 전산프로그램, 라이선스 사용권
임차보증금	• 타인의 부동산에 임대차계약을 실시하고 지급하는 보증금
전신전화가입권	• 전신 또는 전화를 소유하고 사용하는 권리로 지급한 보증금

2. 부채의 분류

부채는 일반적인 분류는 다음과 같습니다.

분 류	세부 내용
유동부채	매입채무, 단기차입금, 미지급금, 선수금, 예수금, 미지급비용, 당기법인세부채, 미지급배당금, 유동성장기부채, 선수수익 등
비유동부채	사채, 장기차입금, 임차보증금, 퇴직부채, 충당부채 등

(1) 유동성 분류

유동부채의 주요 분류기준은 다음과 같습니다.

① 정상영업주기 내에 결제될 것으로 예상

② 보고기간 후 12개월 이내에 결제

만일, 결산일 현재 보고기간 후 적어도 12개월 이상 부채의 결제를 연기할 수 있는 권리를 가지고 있지 않다면 유동부채로 분류됩니다.

(2) 부채 계정과목

먼저 유동부채는 다음과 같습니다.

계정과목	세부 내용
매입채무	• 주된 영업활동 과정에서 원재료나 상품 등을 취득하고, 지급하지 아니한 금액 • 외상매입금과 지급어음으로 구성
미지급금	• 주된 영업활동과 관련된 상거래 외의 거래로 발생한 채무
미지급비용	• 기일이 도래하지 아니하여 발생한 미지급이자 등
부가세예수금	• 상품이나 제품 등을 판매하거나 용역을 제공하고, 거래 상대방으로부터 수령한 부가가치세 • 동 부가가치세예수금은 익분기에 신고 시 납부
가수금	• 현금이 유입되었으나, 세부 내역이 확인되지 아니하여 임시로 사용한 계정 • 반드시 성격을 파악하여 본 계정으로 대체해야 함.
계약부채와 선수금	• 계약부채는 K-IFRS상(즉, 미래매출과 관련하여 약정에 따라) 받은 금액에 국한됨. • 그러나 선수금은 이행의무 없이 받은 보증금이나, 계약 전에 수령한 대금도 포함됨(선수금은 회계적으로 '정의'가 있다기보다는 그냥 먼저 받은 금액을 의미).
선수수익	• 선수수익은 선수이자, 선수임대료, 선수할인료 등과 같이 일정한 계약에 따라 제공하는 선수금액으로서 시간이 경과하면 수익으로 대체됨.
단기차입금	• 금융기관으로부터 차입한 부채로서 1년 이내에 상환할 금액
유동성장기부채	• 차입 시점에는 1년을 초과하였으나, 결산일 현재 1년 이내에 상환할 금액
미지급배당금	• 이익잉여금 처분 결의가 이루어졌으나, 미지급된 금액

그리고 비유동성부채는 다음과 같습니다.

계정과목	세부 내용
장기차입금	• 금융기관으로부터 차입한 부채로서, 결산일 현재 만기가 1년 초과인 금액 • 1년 초과 기한이 있더라도 어떠한 상황에서는 지급해야 한다면 즉, 무조건적인 권리가 없다면 유동성 분류를 검토해야 함.
사채	• 회사채를 발행하여 조달한 자금의 상환의무 • 1년 초과 기한이 있더라도 어떠한 상황에서는 지급해야 한다면, 즉 무조건적인 권리가 없다면 유동성 분류를 검토해야 함.
임대보증금	• 임차인으로부터 수령한 보증금으로 계약 만료 시 상환할 금액 • 1년 이내에 지출될 금액은 유동성으로 분류

계정과목	세부 내용
퇴직급여부채	• 현재 근무하는 임직원의 퇴직 시 지급할 것으로 예상되는 채무 • K-IFRS와 일반기업회계기준의 내용에 차이가 있음(〈제8장〉 참조).
충당부채	• 과거사건의 결과로 발생한 현재의무로서, 향후 지출할 신뢰성 있게 추정된 부채 • AS 충당부채, 복구충당부채 등 • 1년 이내에 지출될 금액은 유동성으로 분류 • 충당부채는 〈제8장〉 참조

(3) 계정과목의 대칭구조

동일한 거래라 하더라도 본인과 거래상대방은 반대로 대칭됩니다. 그 내용을 요약하면 다음과 같습니다.

구분	본 인	상대방
매출 거래	매출채권(자산)	매입채무(부채)
유형자산 매각	미수금(자산)	미지급금(부채)
사무실 임차	임차보증금(자산)	임대보증금(부채)
재고자산 선급 지급	선급금(자산)	선수금(부채)

3. 자본의 분류

(1) 자본의 분류

자본은 자산에서 부채를 차감한 잔여 금액으로 정의됩니다. K-IFRS는 자본에 대한 회계처리를 자세하게 규정하고 있지 않습니다. 이러한 이유로 일반기업회계기준 등을 참조하여 계정과목을 사용하고 있습니다.

자본의 변동은 크게 '소유주의 출자와 소유주에 대한 배분' 그리고 '포괄이익' 등에 대한 정보로 구분됩니다.

① 소유주와의 거래

- 소유주의 출자 : 현금, 재화 및 용역의 투자, 또는 부채의 전환 등
- 소유주에 대한 배분 : 현금배당 또는 자기주식 취득 등

② 포괄이익

– 당기순손익의 변동

– 기타포괄손익의 변동

자본의 중분류와 소분류는 다음과 같습니다.

중분류	소분류
자본금	보통주 자본금, 우선주 자본금
자본잉여금	주식발행초과금, 감자차익, 자기주식처분이익 등
이익잉여금	이익준비금, 법정적립금, 임의적립금, 차기이월이잉금 등
자본조정	주식할인발행차금, 감자차손, 자기주식, 자기주식처분손실 등
기타포괄손익누계액	해외사업환산차이, 주식평가손익, 지분법자본변동 등

① **자본금** : 회사가 발행한 주식의 액면금액

② **자본잉여금** : 주주와의 자본거래에서 발생한 잉여금

③ **이익잉여금** : 영업활동 등의 거래로 발생한 잉여금

④ **기타포괄손익누계액** : 거래가 종결되지 아니한 상태의 평가손익으로, 거래가 완결되면 잉여금으로 귀속됩니다.

(2) 자본 계정과목

주요 자본 계정은 다음과 같습니다.

계정과목	세부 내용
자본금	• 주식의 액면금액
주식발행초과금	• 주식 발행금액이 액면금액보다 큰 경우 그 차액 • 만일, 액면금액이 발행금액보다 작다면 주식할인발행차금으로 계상
감자차익	• 자본금을 감자할 때 지급하는 금액과 액면금액의 차이 • 만일, 감자 시 지급한 금액이 감소된 주식의 액면금액보다 크다면 감자차손이 발생함.
자기주식처분손익	• 자기주식을 처분하여 발생한 손익
이익준비금	• 현금 배당액의 일정비율(1/10)을 적립한 금액 • 자본금의 1/2에 달할 경우 더 이상 적립의무 없음
적립금	• 회사가 이익잉여금을 특정 용도에 사용하기 위하여 적립한 금액
기타포괄손익누계액	• 환율변동효과, 투자주식 등의 평가로 발생한 평가차익 • 기타포괄손익누계액은 관련 거래가 종결되는 시점에 잉여금으로 대체되지만, 당기손익 경유 여부는 계정과목별로 상이함.

4. 수익의 분류

(1) 수익인식기준

수익인식기준은 크게 인도기준과 진행기준으로 구분할 수 있습니다. 수익인식기준은 매우 중요하며, 개별 거래에 대한 종합적인 검토가 요구되는 사항입니다. 일반적인 수익인식기준을 제시하면 다음과 같습니다.

구분	세부 내용
재화의 판매	• 인도기준 • 최종 고객이 재화를 확인한 시점(검수 시점)
용역의 제공	• 진행기준 • 용역이 제공되는 기간과 용역에 투입되는 원가 등을 고려하여 결정
할부 판매	• 재화를 인도한 시점
상품권 판매	• 상품권 판매는 선수금을 인식하는 거래 • 수익인식은 상품권을 활용하여 재화나 용역이 제공된 시점
시용 판매	• 시용 판매는 주문을 받지 않고 상품 등을 고객에게 인도하여 고객이 그 상품을 사용하여 보고 매입하겠다는 의사를 표시하면 거래가 이루어짐. • 시용 판매는 고객이 매입의사를 밝히는 시점에 수익을 인식
설치조건부 판매	• 설치 후 검수가 이루어진 시점
위탁 판매	• 위탁판매는 판매자가 직접 재고를 갖지 않고 공급업체 상품을 대신 판매하는 방식 • 위탁판매는 재고가 이동된 시점이 아니라 최종 고객이 검수한 시점 • 위탁판매처가 보유하는 재고는 회사의 소유임.

(2) 수익의 분류

수익이 매출액 등 영업수익에 해당하는지 또는 영업외수익에 해당하는지는 실무상 주요 논점입니다. 일반기업회계기준은 회사의 주된 영업활동에 해당하면 영업수익이라고 규정하고 있습니다. 주된 영업활동에 대한 판단은 회사의 상황에 대한 종합적인 검토가 필요합니다.

① 회사의 정관, 사업자등록 사항
② 회사의 사업목적과 사업계획
③ 전체 수익에서 차지하는 비중
④ 해당 수익의 지속성 여부

예를 들어 회사의 주 목적이 제조업이라면 임대수익은 영업외수익에 해당하며, 부동산 임대업이라면 매출로 분류됩니다. 용역을 제공하고 수령한 수익도 주된 활동에 해당하면 용역매출로 인식하지만, 그렇지 않다면 수수료수익(영업외수익)으로 인식하게 됩니다.

(3) 수익 계정과목

주요 수익 계정과목은 다음과 같습니다.

계정과목	세부 내용
상품매출	• 유통기업이 만들어진 재화를 판매하여 인식한 수익
제품매출	• 제조기업이 재화를 가공하여 판매한 후 인식한 수익
공사매출	• 건설업 등 수주사업에서 발생한 수익
용역매출	• 인적 용역 등을 제공하여 인식한 수익
이자수익	• 금융상품이나 대여금 등에서 발생한 수익
배당금수익	• 주식 등에 투자하고 수령한 배당금
유형자산처분손익	• 유형자산을 처분하여 발생한 손익
외환차손익	• 환율이 변동하여 발생한 수익
외화환산손익	• 기말에 환율 변동을 반영하여 평가함으로써 발생한 손익
자산수증이익	• 무상으로 자산을 수령하여 인식한 수익 • 주주가 제공한 경우 K-IFRS는 자본손익으로 분류

5. 비용의 분류

(1) 비용의 인식기준

비용의 주요 인식시점은 다음과 같습니다.

구분	세부 내용
수익에 대응	• 수익창출에 대응되는 기간에 비용으로 인식
기간 배분	• 수익과 직접 연관성은 없으나 일정기간 동안 수익창출에 기여한 원가 (예 : 감가상각비)
발생 시점	• 미래 경제적 효익과 직접 연관성이 적은 지출 • 일반관리비, 광고선전비, 소모품비 등

(2) 비용의 배분

회사가 비용을 인식하더라도 즉시 손익에 반영되는 것은 아닙니다. 비용의 목적과 성격을 파악한 후 회계처리해야 합니다. 어떠한 유형자산이 제조활동, 관리활동, 연구활동에 각각 50%, 20%, 30%만큼 사용되었다고 가정해봅시다. 이 경우 유형자산에 대한 감가상각비는 각 활동별로 배분되고, 배분된 원가는 각 활동의 성격에 따라 비용으로 인식되는 시점이 상이해집니다. 그 과정을 살펴보면 다음과 같습니다.

① 먼저 1년 후 유형자산에 대한 감가상각비 100원을 인식

② 그리고 감가상각비 100원은 각 활동별로 다음과 같이 배분

- 감가상각비 100원 중 50%는 제조원가로 대체(동 금액은 재고자산으로 대체되어, 판매되는 시점에 비용화)
- 30%는 연구비 또는 개발비로 대체됨(연구비는 발생된 시점에 비용으로 분류되고, 개발비로 대체되었다면 무형자산상각비를 인식하는 시점에 비용화)
- 나머지 잔액은 20%는 판매비와관리비로 분류되고 발생된 기간에 비용으로 인식

감가상각비뿐만 아니라 인건비, 수도광열비, 지급수수료, 운반비, 교육훈련비, 차량유지비 등 상당 부분의 비용 항목은 활동별로 구분되어 매출원가, 판매비와관리비, 연구개발비로 분류될 수 있습니다. 이러한 이유로 대부분의 회계시스템은 Code로 발생 원천을 구분하고 있습니다. 그리고 원가의 배분과정은 회계시스템의 특성에 따라 자동(또는 수동)으로 이루어지고 있습니다.

비용은 크게 매출원가, 판매비와관리비, 영업외비용으로 분류되는데 그에 대한 일반기업회계기준의 내용은 다음과 같습니다. 어떠한 분류로 귀속되는지에 따라 매출총이익과 영업수익이 달라지므로 유의해야 합니다.

① 매출원가는 제품, 상품 등의 매출액에 대응되는 원가로서 판매된 제품이나 상품 등에 대한 제조원가 또는 매입원가로 분류

② 판매비와관리비는 제품, 상품, 용역 등의 판매활동과 기업의 관리활동에서 발생하는 비용으로서 매출원가에 속하지 아니하는 모든 영업비용

③ 영업외비용은 기업의 주된 영업활동이 아닌 활동으로부터 발생한 비용과 차손으로서 중단사업손익에 해당하지 않는 것

(3) 비용 계정과목

주요 비용 계정과목은 다음과 같습니다.

계정과목	세부 내용
상품매출원가	• 상품매출에 대응되는 원가
제품매출원가	• 제품매출에 대응되는 원가
공사매출원가	• 공사매출에 대응되는 원가
급여	• 임직원의 근로 제공 대가
복리후생비	• 임직원에게 제공된 복리후생 • 식대, 경조사, 건강보험료 회사부담분 등
여비교통비	• 업무과정에서 발생한 여비, 교통비, 출장비
접대비	• 고객이나 거래처를 접대하기 위한 지출
감가상각비	• 유형자산을 기간에 따라 배분한 원가
통신비	• 전화, 인터넷, 팩스, 우편 요금 등
수도광열비	• 수도요금, 전기요금, 가스요금 등
세금과공과	• 재산세 등
광고선전비	• 판매촉진을 위해 지출하는 광고, 홍보활동비 등
보험료	• 화재보험, 운전자보험 등
차량유지비	• 유류대, 주차비용, 수선비용 등
수선비	• 건물, 기계장치 등에 대한 수리비용
지급임차료	• 사무실이나 설비 등에 대한 임차료
대손상각비	• 채권에 대한 회수가능성을 통해 산출된 미회수 추정액의 변동
도서인쇄비	• 신문, 도서 구입비 등
교육훈련비	• 직무능력 향상을 위한 교육 등

영업외비용으로 분류되는 주요 계정과목은 다음과 같습니다.

계정과목	세부 내용
이자비용	• 차입금 및 사채에 대한 자금조달비용
기부금	• 업무와 관련 없이 기증하는 금전이나 현물
재해손실	• 화재, 홍수 등 천재지변이나 재해 손실

제 2 장 회계순환과정

제 1 절 결산수정분개

1. 결산수정분개의 필요성

결산수정분개의 주된 목적은 현재 회사의 회계시스템을 효율적으로 운영하기 위한 것입니다. 먼저 현업부서의 업무처리와 회계기록 과정을 살펴보겠습니다.

(1) 현업부서의 업무

일반적인 회계처리는 회계부서가 아닌 해당 업무를 수행하는 현업부서에서 실시합니다. 예를 들어 영업부서는 매출에 대한 회계처리를 하고, 생산부서는 공장에서 발생된 거래에 대해 회계처리를 합니다. 물론 회계부서도 현업부서로서 회계처리를 합니다. 부서 내 일상적인 경비나, 세무조사 등 주관 부서로서 실시한 업무에 대한 것이지요. 따라서 기중 거래에 대한 회계처리는 회계부서 외의 현업부서에서 기안한 비중이 절대적입니다.

기중거래에 대한 회계처리는 거래 발생에 대한 증빙을 만드는 것이 주된 목적이며, 회계에 대한 전문적인 지식보다는 거래의 사실관계와 정당성을 입증하는 데 집중하게 됩니다. 그렇다면 회계부서의 주요 역할은 무엇일까요?

① 회계처리 및 전표를 작성하는 과정을 표준화하고 회사 내 정책을 마련

② 현업부서에서 작성한 자료 검증과 현업부서에서 실시한 회계처리를 회계원칙 관점에서 검토하고 조정

③ 기중 거래와는 관련이 없지만, 마감 시 결산 과정에서 필요한 회계처리 실시

다음 예제를 통해 회계부서의 역할에 대해 살펴봅시다.

예제 01

MD의 회계처리는 다음과 같다.

- 일상적인 지출(식대, 접대비, 소모품비, 운반비 등)은 현업부서가 실시함.
- 업무의 편의를 위하여 현업부서는 일상경비를 현금주의에 따라 회계처리함.
- 자산 취득 및 등록 업무는 관재부서가 담당함.
- 회사 내 전체 회계처리에 대한 일차적인 Monitoring은 회계부서가 수행함.
- 기말 시점에 유형자산에 대한 상각비는 회계부서가 실시함.

요구사항 ▼ 회계부서의 업무범위에 대하여 검토하시오.

MD의 회계부서는 다음의 업무를 하게 됩니다.

① 회계부서에서 발생한 일상 지출에 대한 회계처리

② 기중에 현업부서가 현금주의로 작성한 회계처리를 발생주의로 조정

③ 결산 시점에 감가상각비에 대한 회계처리 실시

④ 전표(회계처리, 관련 증빙 및 승인 내역이 포함된 문서) 검토

①은 회계부서가 자기 부서에서 발생한 일상 지출에 대한 주관부서로 실시한 업무입니다. 그리고 ②는 기중에 현업부서가 실시한 회계처리를 원칙에 맞게 수정하는 절차이며, ③은 기중에 반영되지 않았지만 필수적인, 자산에 대한 조정을 실시하는 과정입니다. 여기서 ②와 ③이 결산수정분개에 해당합니다. ③은 회사의 정책에 따라 회계부서가 아닌 관재부서가 담당할 수도 있을 것입니다. 회사에서 이루어지는 실무는 유사하지만 일률적으로 동일한 모습을 보이고 있지는 않습니다. 각 회사의 정책에 따라 다소 차이를 보입니다.

(2) 회계처리의 효율성

결산수정분개는 회계시스템을 효율적으로 운영하는 과정에서 발생합니다. 예를 들어 감가상각비는 시간이 지나면서 누적됩니다. 따라서 회계원리에 부합하는 회계처리를 한다면 매일 감가상각비를 인식하는 것이 적절할 수 있습니다. 그러나 결산 시점에 회계기간 동안 인식될 상각비를 일시에 인식하는 것이 효율적입니다.

만일 회계시스템이 자동으로 상각비를 계산하고, 관련 전표가 주기적으로 자동 생성된다면 감가상각비 회계처리는 필요하지 않을 수도 있습니다. 이와 같이 결산수정분개는 회계시스템의 특성에 영향을 받습니다.

결산수정분개는 오류를 수정한다는 개념이 아닙니다. 회사 내 업무흐름과 ERP의 특성을 고려하여 효율적인 회계업무가 이루어지는 과정에서 발생한다고 이해하시는 것이 적절합니다.

2. 결산과 결산수정분개

(1) 결산수정분개의 성격

결산이란 기말에 모든 장부를 정리하여 재무상태와 경영성과를 정확하게 파악하는 절차를 말합니다. 그리고 결산수정분개는 기중에 반영되어 있는 회계처리를 수정하거나, 기중에 반영되지 않은 경제적 사건을 반영하는 절차입니다.

결산수정분개를 입력하면 현재 장부에 반영된 정보가 목표 값(Should Be)으로 변경됩니다. 따라서 결산수정분개를 정확하게 산출하려면 목표 값에 대한 분석이 선행되어야 합니다.

결산수정분개 산정 절차

1. 현재 상태에 대한 파악
2. 목표 값(Should Be) 분석
3. 결산수정분개 산출

다음 예제를 통해 결산수정분개의 성격을 살펴봅시다.

예제 02 **결산수정분개 산정**

- MD는 결산 전 매출채권과 대손충당금을 각각 1,000원과 50원을 계상하고 있음.
- 매출채권에 대한 회수가능성을 분석한 결과 회수되지 않을 것으로 예상되는 금액은 80원임.

요구사항 ▼ 결산수정분개를 제시하시오.

MD는 현재 대손충당금을 50원 계상하고 있으나, 회수하지 못할 것으로 예상되는 금액(Should Be)은 80원입니다. 따라서 대손충당금 30원(=80원－50원)이 추가로 계상됩니다.

(차변) 대손상각비	30	(대변) 대손충당금	30

결산수정분개를 입력하였더니 재무제표에 80원의 적절한 대손충당금이 계상되는 것이 아닙니다. 먼저, 미회수 예상액인 80원을 계산하고, 현재 장부금액인 50원과의 차액을 반영한 것입니다. 따라서 **차이조정에 해당하는 결산수정분개가 아닌, 현재 장부상태(현황)와 재무제표에 인식될 금액(Should Be)이 무엇인지에 초점**을 맞추어야 합니다.

(2) 기중회계처리와 결산수정분개의 관계

회사마다 기중회계처리와 결산수정분개의 형태는 다소 상이합니다. 영업활동과 ERP 특성 등을 고려하여 정책적(Business Rule)으로 결정하기 때문입니다.

예제 03 기중회계처리와 결산수정분개의 관계

- A사, B사, C사는 2001년 7월 1일에 1년간의 자동차 보험에 가입하면서 12,000원의 현금을 납부함.
- A사는 기중에 보험료 계정으로 12,000원을 회계처리함.
- B사는 기중에 선급비용 계정으로 12,000원을 회계처리함.
- C사는 기중에 선급비용 계정으로 12,000원을 회계처리함. C사의 ERP는 보험료 기간을 입력하면 전산상 기간 경과를 반영하여 비용전표가 자동 생성됨.

요구사항 ▼ A사, B사, C사의 기중 회계처리와 결산수정분개를 제시하시오.

먼저 거래가 재무제표에 어떻게 반영되어야 하는지를 파악해 봅시다.

① **재무상태표** : 보험가입으로 인한 잔여 효과(2002년 1월~6월까지의 효익) 6,000원이 남아 있으므로, 해당 금액을 선급비용(자산)으로 인식

② **손익계산서** : 2001년 7월~12월까지 6개월의 기간이 경과하였으므로 대응되는 보험료(비용) 6,000원 인식

▶▶ A사 : 거래 시점에 비용으로 회계처리

① 기중 회계처리

(차변) 보험료	12,000	(대변) 현금	12,000

② 결산수정분개

수정 전에는 비용 12,000원을 인식하고 있으므로, 자산을 6,000원 증가시켜 주고 비용을 6,000원 감소시킵니다.

(차변) 선급비용	6,000	(대변) 보험료	6,000

▶▶ B사 : 거래 시점에 자산으로 인식

① 기중 회계처리

(차변) 선급비용	12,000	(대변) 현금	12,000

② 결산수정분개

수정 전에는 자산 12,000원을 인식하고 있으므로, 자산을 6,000원 감소시켜 주고 비용을 6,000원만큼 증가시킵니다.

(차변) 보험료	6,000	(대변) 선급비용	6,000

▶▶ C사 : ERP가 선급비용을 기간에 따라 자동 전표를 생성

① 기중 회계처리

(차변) 선급비용	12,000	(대변) 현금	12,000

② ERP의 자동 분개

C사의 경우 ERP를 통해 다음 회계처리가 자동으로 반영됩니다.

(차변) 보험료	6,000	(대변) 선급비용	6,000

따라서 C사의 경우 결산수정분개는 발생하지 않습니다.

〈예제 3〉을 살펴보면 회사의 환경에 따라 기중 회계처리와 결산수정분개가 다르다는 것을 알 수 있습니다. 재무제표에 표시될 금액은 동일하지만, 기중 회계처리가 다르기 때문입니다.

기중 회계처리와 결산수정분개

① 기중 회계처리는 회사마다 영업활동과 ERP 특성 등을 고려하여 정책적(Business Rule)으로 결정됩니다.
② 결산수정분개는 수정 전 상태를 목표 값으로 변환시켜주는 역할을 합니다. 따라서 기중 회계처리가 다르다면 결산수정분개의 형태는 달라집니다.
③ 결산수정분개를 정확하게 하기 위해서는 먼저 목표 값(Should Be)이 파악되어야 합니다.

(3) 기초재수정분개

기초재수정분개란 전기말 결산수정분개를 통해 발생한 선급비용 등의 손익결산 계정(선급비용, 미수수익, 선수수익, 미지급비용)에 대해 다음 회계기간 초에 반대분개(취소분개, 역분개)를 하여, 계정잔액을 없애는 것을 의미합니다.

기초재수정분개를 실시하면 전기말에 결산수정분개를 통해 발생주의로 전환되었던 회

계처리가 다시 현금주의로 전환되며, 기초재수정분개를 하는 이유는 기중 회계처리를 단순하게 하기 위함입니다. 물론, 기초재수정분개도 회사의 회계시스템이나 관행에 따라 다양한 모습을 보이고 있습니다.

예를 들어, 〈예제 2〉에서 B사의 회계부서는 다음의 기초재수정분개를 실시하게 됩니다.

(차변) 선급비용	6,000	(대변) 보험료	6,000

요약하면 현업부서는 현금주의에 따라 회계처리를 실시하고, 회계부서는 결산 시점에 결산수정분개를 하여 발생주의로 전환하게 됩니다. 그리고 익년도 초에 회계부서는 기초재수정분개를 통해 현금주의로 전환시키고, 기말에 다시 결산수정분개를 통해 발생주의로 전환시킵니다. 이와 같이 회계처리하는 것이 회사 전체의 회계처리 측면에서 효율적이기 때문입니다.

예제 04 회계처리의 효율성

- MD는 2001년 4월 초에 10,000원의 금융상품을 취득하였음.
- 동 금융상품에 대한 이자율은 12%이며, 2002년 3월 말에 1,200원의 현금을 수취하기로 약정함.
- 이자인식에 대한 회계처리는 자금팀이 담당함.

요구사항 ▼ 자금부서의 이자수익에 인식에 대한 회계처리를 검토하시오.

만일, 자금부서가 발생주의에 따라 회계처리를 한다면, 매일 미수수익을 인식하다가 2002년 3월 말에 미수수익을 현금으로 대체하는 것이 이론에 부합할 것입니다. 그러나 매일 발생주의에 따른 회계처리를 실시하는 것은 비효율적입니다. 게다가 회계실무자가 아닌 현업부서에게 회계원리에 따른 복잡한 회계처리를 실시하라고 요구하기도 어렵습니다.

자금부서에서는 현금을 수령한 시점에 이자수익을 인식하고, 회계부서가 결산수정분개와 기초재수정분개를 통해 발생주의로 회계처리를 전환시키는 것이 훨씬 효율적이고 오류 발생 가능성이 낮습니다.

회계처리를 예시하면 다음과 같습니다.

① 2001년 결산수정분개, 회계부서

(차변) 미수수익	600	(대변) 이자수익	600

② 2002년 기초재수정분개, 회계부서

(차변) 이자수익	600	(대변) 미수수익	600

③ 2002년 이자수취 회계처리, 자금부서

(차변) 현금 1,200 (대변) 이자수익 1,200

상기와 같이 회계처리가 이루어질 경우 2001년과 2002년에 재무제표에 계상될 금액은 다음과 같습니다.

구분	2001년	2002년
손익계산서(이자수익)	600	600
재무상태표(미수수익)	600	-

결산수정분개와 기초재수정분개는 회계시스템에 발생한 오류를 수정하는 것이 아니며, 회계시스템을 효율적으로 운영하는 과정에서 발생합니다. 회사의 ERP와 정책이 다르다면 결산수정분개와 기초재수정분개는 달라지게 됩니다. 만일, MD의 회계시스템이 금융상품에 대한 정보(금액, 이자율, 기간)를 입력할 경우 자동으로 기간마다 이자수익에 대한 회계처리를 생성한다면, 결산수정분개나 기초재수정분개의 형태도 달라질 것입니다.

3. 결산수정분개의 유형

결산수정분개가 이루어지는 이유는 다음과 같습니다.

① **자산 조정** : 회계기간 말에 남아 있는 경제적 효익의 금액으로 조정

② **부채 조정** : 회계기간 말에 부담해야 하는 의무를 나타내는 금액으로 조정

③ **수익 조정** : 회계기간 동안에 인식되어야 하는 수익금액으로 조정

④ **비용 조정** : 수익에 대응되는 비용 인식

결산수정분개의 형태는 회사마다 다르지만, 일반적으로 내용은 다음과 같습니다.

구분	결산수정분개 내용	비 고
재고자산과 매출원가	• 재고자산에 대해 실지재고조사법을 적용할 경우, 매입계정의 대체 • 원가흐름에 따른 재고자산 확정	〈제2장〉 〈제3장〉
손익 결산[1]	• **선급비용** : 당기에 지출하고 비용처리한 금액 중 결산일 현재 기간이 도래하지 아니한 금액 계산 • **미수수익** : 당기에 대금을 수취하지 않았으나, 수익인식시점이 도래한 금액 • **선수수익** : 당기에 수취하여 수익으로 인식하였으나, 수익인시점이 도래하지 아니한 금액 계산	〈제2장〉

1) 선급비용과 선수수익 조정은 '이연 조정', 미수수익과 미지급비용 조정은 '발생 조정'이라 표현합니다.

구분	결산수정분개 내용	비 고
손익 결산	• **미지급비용** : 당기에 대금을 지급하지 않았으나, 비용을 인식해야 하는 금액	〈제2장〉
법인세	• 당기법인세와 이연법인세 계산	〈제5장〉
자산과 부채의 평가	• **재고자산** : 순실현가치 평가 • **유형자산, 무형자산** : 손상차손 인식 • 정부보조금 인식 및 대체 • **금융자산** : 평가손익 인식 • **외화표시 자산과 부채** : 환율변동효과 인식 • **대손충당금** : 채권에 대한 회수가능성 평가를 통해 미회수될 금액을 추정 • **리스부채** : 리스부채에 대한 상각표 작성 및 이자비용 인식 • **퇴직급여부채** : 퇴직급여추계액(일반)이나 계리평가(K-IFRS) 내역을 반영하여 부채 금액 확정 • **충당부채** : 향후 예상되는 지출액 추정 • **이연법인세** : 이연법인세자산의 실현가능성 검토	〈제7장〉 〈제7장〉 〈제6장〉 〈제3장 〈제3장〉 〈제7장〉 〈제8장〉 〈제8장〉 〈제8장〉 〈제5장〉
자산원가 배분	• **유형자산, 무형자산 등** : 상각비 인식	〈제3장〉
유동성 대체	• 비유동성자산과 비유동성부채 중 만기가 1년 이내로 도래한 금액으로 유동성으로 대체	〈제3장〉

한편, 결산수정분개 중 일부는 회계시스템에 설정된 기준에 따라 자동으로 반영되는데, 대표적인 항목은 재고자산에 대한 기록방법과 감가상각비가 있습니다. 회사의 회계환경에 따라 결산수정분개도 달라지듯이, 자동으로 생성되는 결산수정분개도 회사마다 상이합니다.

4. 손익 정리에 대한 결산수정분개

손익 정리에 대한 결산수정분개 과정은 다음과 같습니다.

① 기중 회계처리만 반영된 상태의 자산, 부채, 수익, 비용을 파악

② 회계원리 관점에서 인식될 자산, 부채, 수익, 비용 추정

③ 상기 차이를 결산수정분개로 조정

(1) 선급비용

회계기간 중에 현금을 지출하며 비용을 인식하였으나, 기간이 도래하지 않은 금액을 자산으로 대체합니다. 예를 들어 2001년 1월 초에 향후 3년간의 화재보험료 12,000원을 지출하고 비용으로 처리한 경우 회계처리는 다음과 같습니다.

① 기중 회계처리

(차변) 보험료	12,000	(대변) 현금	12,000

② 결산수정분개

기중 회계처리를 통해 현재 장부는 비용을 12,000원만큼 인식하고 있습니다. 그러나 기말 시점에서는 2년간의 보험 기간이 남아 있기 때문에 자산은 8,000원이며, 비용은 4,000원입니다. 따라서 결산수정분개로 자산을 8,000원 증가시키고, 비용을 8,000원만큼 감소시키게 됩니다.

(차변) 선급보험료	8,000	(대변) 보험료	8,000

(2) 미수수익

회계기간 중에 대금을 수취하지 않았으나, 수익인식기준이 도래한 금액은 자산으로 인식해야 합니다. 예를 들어 2001년 7월 초에 정기예금에 10,000원을 가입하였고, 이자는 2002년 6월 밀에 1,000원반큼 수취하기로 약정되었다고 가정해 봅시다. 이 경우 2001년에는 현금이 유입되지 않기 때문에 기중 회계처리는 발생하지 않습니다. 그러나 2001년 기말 시점에는 6개월만큼의 이자수익이 발생한 상태이므로, 다음의 결산수정분개를 실시합니다.

(차변) 미수수익	500	(대변) 이자수익	500

(3) 선수수익

회계기간 중에 현금을 수취하여 수익으로 인식하였으나, 수익인시점이 도래하지 아니한 금액은 선수수익으로 대체합니다. 예를 들어 2001년 7월 초에 향후 1년간 구독서비스를 제공하는 대가로 12,000원을 수령하였다면 회계처리는 다음과 같습니다.

① 기중 회계처리

(차변) 현금	12,000	(대변) 수익(매출)	12,000

② 결산수정분개

기중 회계처리가 반영된 장부는 수익을 12,000원만큼 인식하고 있으나, 2001년 중에 회사가 서비스를 제공한 기간은 6개월에 불과합니다. 즉, 2002년에 6개월간의 구독 제공 서비스를 제공할 의무는 아직 남아 있습니다. 따라서 결산수정분개를 통해 부채를 6,000원 증가시키고, 수익을 6,000원만큼 감소시킵니다.

(차변) 수익(매출)	6,000	(대변) 선수수익	6,000

(4) 미지급비용

회계기간 중에 대금을 지급하지 않아 비용을 인식하지 않았으나, 비용을 인식해야 하는 금액은 미지급비용으로 인식해야 합니다. 예를 들어 2001년 7월 초에 10,000원을 차입하고, 1,000원의 이자비용은 2002년 6월 말에 지급하기로 약정했다고 가정해 봅시다. 이 경우 2001년에는 현금이 유출되지 않았기에 기중 회계처리는 발생하지 않습니다. 그러나 2001년 기말 시점에는 6개월만큼의 이자비용이 발생하였으므로 다음의 결산수정분개를 반영하게 됩니다.

(차변) 이자비용	500	(대변) 미지급비용	500

제 2 절 회계순환과정 : 개요

과거 수작업으로 결산하는 환경에서는 원장과 시산표 작성 및 마감절차가 필수적이었습니다. 그러나 현재 회계실무는 대부분의 과정이 전산화되어 수작업으로 이루어지는 업무는 많지 않습니다. 그러나 회계처리가 재무제표로 이어지는 과정을 정확하게 파악하려면 회계순환과정에 대한 이해는 필수적입니다.

1. 회계순환과정

회계순환과정(Accounting Cycle)이란 회계처리(기중 거래를 반영한 회계처리와 결산수정분개까지 모두 포함)부터 시작하여 재무제표가 작성되기 이전까지의 모든 과정을 말합니다. 회계순환과정이 마무리되면 재무상태 계정 잔액만 남게 되고, 동 금액은 차기 재무상태표를 작성하기 위한 기초잔액으로 이월됩니다.

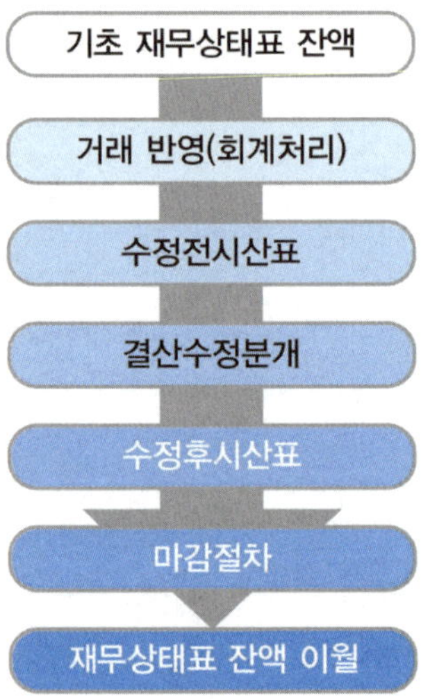

회계순환과정을 요약하면 2001년 재무상태표에서 출발하여, 2002년 재무상태표를 작성하기까지의 과정입니다. 그리고 재무상태표를 제외한 손익계산서, 자본변동표 및 현금흐름표는 결산과정에서 생성된 재무정보를 토대로 별도로 작성하게 됩니다.

회계순환과정

전기에 이월된 재무상태표 계정에 회계기간 중 발생한 회계처리를 반영하여 시산표를 작성하고, 마감과정을 통하여 재무상태표 계정을 차기로 이월하는 과정

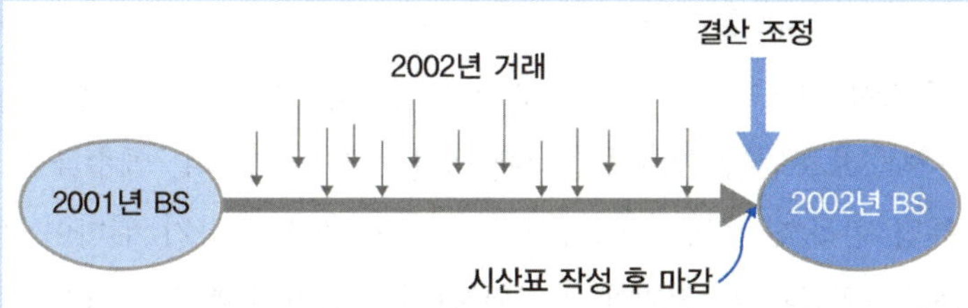

2. 장부의 종류

(1) 분개장과 전표

분개장은 거래가 발생한 순서대로 각 거래를 순서대로 기록한 것으로서 거래의 날짜, 계정과목, 설명(적요), 차변과 대변 금액으로 구성됩니다. 분개장은 회계처리를 모두 집계한 기록인데, 그 내용을 예시하면 다음과 같습니다.

일자	계정과목	차변	대변	적 요
01-02	매입	10,000		A사로부터 상품 50개 구매
01-02	매입채무		10,000	
01-02	식대	500		야근 식대
01-02	현금		500	
……				

한편, 전표는 하나의 거래에 대해 회계처리뿐만 아니라 관련 증빙 및 승인 내역을 문서화한 것으로서, 거래의 증거 자료로 활용됩니다.

(2) 전기, 원장 및 시산표

원장(Ledger)은 분개(회계처리)한 내용을 계정과목별로 일목요연하게 파악하기 위한 장부입니다. 그리고 분개(회계처리)의 내용을 계정과목별 원장에 옮겨 쓰는 과정을 전기(Posting)라고 합니다.

예를 들어, A사에게 매출 10,000원이 발생한 경우 회계처리는 다음과 같습니다.

(차변) 현금 10,000 (대변) 매출 10,000

그리고 원장에 전기한 결과는 다음과 같습니다.

현금		매출	
매출 10,000			현금 10,000

보조원장은 원장에 나타낼 수 없는 세부 기록입니다. 거래처나 품목 등을 특정화하여 집계한 장부입니다. 보조원장은 특정 업체에 대한 거래 내역이나, 예수금 등 계정 구성이 복잡할 경우 특정 항목의 잔액(재산세나 원천세 등) 등을 확인하기 위하여 활용됩니다.

예를 들어 매출채권 원장은 전기에 이월된 잔액에 당기에 매출된 내역과, 회수금액 및 잔액으로 구성됩니다. 이 중 A라는 거래처에 대한 1년간 세부 거래 내역은 거래처를 기준으로 산출한 보조원장을 통하여 확인할 수 있습니다.

매출채권(원장)

전기이월	×××	1/01 A 채권 회수	×××
		2/01 A 채권 회수	×××
1/01 A 매출	×××	3/10 C 채권 회수	×××
1/10 B 매출	×××	.....	×××
2/01 A 매출	×××		
3/10 C 매출	×××		
.....	×××	차기이월	×××

매출처원장(보조부)

전기이월	×××	1/01 채권 회수	×××
		2/01 채권 회수	×××
1/01 매출	×××	.....	×××
2/01 매출	×××		
.....	×××	차기이월	×××

현재 회계장부는 대부분 전산화되어 있습니다. 따라서 회계처리만 입력하면 전산처리과정을 통해 자동으로 전기되고 원장과 보조부가 생성됩니다.

이런 자료가 생성될 수 있는 이유는 회계시스템에 자료 입력 시 회계처리뿐만 아니라 거래처, 여신 한도, 회수 예정일, 품목, 단가 등 여러 정보를 같이 등록하기 때문입니다. 일부 ERP의 경우 여러 보고서가 자동으로 생성된다고 광고하는데, 그만큼 실무자가 입력해야 하는 자료가 많다는 의미도 됩니다.

3. 시산표와 마감

시산표(Trial Balance, TB)는 특정 시점에서 모든 계정의 잔액을 나열한 목록표인데, 분개(회계처리)와 전기가 올바르게 이루어졌는지를 검증하기 위하여 작성됩니다. 시산표는 작성방법에 따라 합계시산표, 합계잔액시산표, 잔액시산표로 구분되는데, 본서에서는 실무상 가장 많이 활용하는 합계전액시산표를 중심으로 설명합니다.

시산표는 결산조정분개 이전에 작성되는 수성전시산표와 결산조정분개 이후에 작성되는 수정후시산표로 구분됩니다. 수정전시산표를 작성하는 이유는 어떠한 결산조정분개가 필요한지를 파악하기 위함이고, 수정후시산표는 (재무상태표와 손익계산서를 작성하기 이전인) 마감 이전에 재무정보를 다시 한 번 확인하기 위한 절차로 활용됩니다.

회계시스템이 전산화된 환경에서는 회계처리만 입력되면 시산표는 자동으로 작성됩니다. 한편, 회사마다 결산조정분개 List가 사전에 마련되어 작성되고 있습니다. 이러한 이유로 시산표의 중요성은 과거 수작업 결산보다 활용도가 미미합니다.

마감(Closing)은 수익계정과 비용계정의 잔액을 0원으로 만드는 과정입니다. 마감은 손익계산서 계정에 한정되며, 재무상태표 계정은 이월됩니다.

① **손익계산서 계정** : 수익계정과 비용계정을 집합손익을 통해 마감하고(0원으로 만들고), 그 차액은 이익잉여금으로 대체

② **재무상태표 계정** : 자산, 부채, 자본 잔액을 다음 회계기간의 기초 금액으로 이월

합계잔액시산표와 마감절차는 〈예제 10~12〉를 통해서 자세하게 살펴보겠습니다.

마감 후 재무제표 작성

마감과정이 완료되면 손익계산서 계정은 마감 후 모두 제거되고, 재무상태표 계정만 차기로 이월됩니다. 그러나 손익계산서 계정은 집합손익 과정을 거쳐 모두 제거되므로, 손익계산서는 마감 후에 별도의 보고서 작성 과정을 통해 생성됩니다.

제조업을 영위한다면 먼저 원가계산 과정을 통해 기말 원재료, 재공품, 당기 생산된 제품이 확정된 이후 매출원가(손익계정)가 확정됩니다. 결국 마감 과정은 '원가계산 마감(재고자산 확정) → 손익계정 마감(이익잉여금 확정) → 재무상태표 확정'의 순서로 진행됩니다.

4. 재고자산과 매출원가에 대한 기록 및 결산

원재료, 상품, 재공품, 제품 즉, 재고자산과 매출원가에 대한 기록과 결산 과정은 실무상 어려움을 느끼는 분야입니다. 그 이유는 실무상으로 어떠한 업종을 영위하느냐와 어떠한 ERP를 적용하는지에 따라 기록과 결산이 다양한 형태로 이루어지기 때문입니다.

재고자산의 수량과 금액을 결정하는 기본적인 방법은 실지재고조사법과 계속기록법이 있는데, 관련 내용을 상세하게 살펴보겠습니다.

(1) 실지재고조사법

재고자산의 취득 및 판매 시점에는 재고자산과 매출원가를 인식하지 않고, 기말에 재고자산을 결정한 이후 매출원가를 인식하는 방법입니다. 실지재고조사법(Periodic Inventory System)은 기중에 취득한 재고자산을 매입(임시계정)으로 기록합니다. 이때 매입은 손익계정이라기보다는 일종의 임시계정으로서 결산 과정에서 본 계정으로 대체되며, 재무제표에 표시되지는 않습니다.

결산 시 결산수정분개로 기초 재고자산과 매입계정을 매출원가로 대체하고, 원가흐름에 대한 가정(선입선출법이나 이동평균법 등)에 따라 확정된 재고자산을 매출원가에서 차감합니다.

재고자산 취득 시의 회계처리는 다음과 같습니다.

(차변)	매입	×××	(대변)	현금	×××

그리고 결산수정분개는 다음과 같이 이루어집니다.

(차변)	매출원가	×××	(대변)	재고자산(기초)	×××
	(*) 기초 재고자산을 매출원가로 대체				
(차변)	매출원가	×××	(대변)	매입	×××
	(*) 기중 매입 금액을 매출원가로 대체				
(차변)	재고자산(기말)	×××	(대변)	매출원가	×××
	(*) 기말에 확정된 재고자산 금액만큼 매출원가를 차감				

결산수정분개를 통해 알 수 있듯이 실지재고조사법은 '매출원가=기초재고자산+기중매입액−기말재고자산'이라는 등식을 이용하여 회계처리하는 방법입니다.

예제 05 실지재고조사법

- MD는 2001년 초에 설립됨.
- 2001년 거래 요약
  - 4월 1일에 15개의 재고자산을 150원에 취득함.
  - 10월 1일에 10개의 재고자산을 200원에 판매함.
  - 실사 결과 재고자산은 50원임.
- 2002년 거래 요약
  - 3월 1일에 15개의 재고자산을 150원에 취득함.
  - 9월 1일에 10개의 재고자산을 400원에 판매함.
  - 실사 결과 재고자산은 200원임.
- 모든 매출과 매입 거래는 현금 정산을 가정함.

요구사항 ▼ 실지재고조사법에 따라 2001년과 2002년의 회계처리를 예시하시오.

실지재고조사법에서는 기중에 매출원가를 인식하지 않고, 매입한 금액만 임시계정인 '매입' 계정과목으로 인식합니다. 그리고 기말에는 기초재고자산과 기중 매입액을 모두 매출원가로 대체하고, 원가흐름의 가정에 대한 회계정책(선입선출법이나 이동평균법 등)을 통해 확정된 재고자산만큼 매출원가를 차감합니다.

▶▶ 2001년

① 기중 회계처리

(차변) 매입	150	(대변) 현금	150
(차변) 현금	200	(대변) 매출	200

② 결산 회계처리

(차변) 매출원가	150	(대변) 매입	150
(차변) 재고자산(기말)	50	(대변) 매출원가	50

▶▶ 2002년

① 기중 회계처리

(차변) 매입	300	(대변) 현금	300
(차변) 현금	400	(대변) 매출	400

② 결산 회계처리

(차변) 매출원가	50	(대변) 재고자산(기초)	50
(차변) 매출원가	300	(대변) 매입	300
(차변) 재고자산(기말)	200	(대변) 매출원가	200

실지재고조사법을 적용하여 계산된 매출, 매출원가, 재고자산은 다음과 같습니다.

구분	2001년	2002년
매출	200	400
매출원가	100	150
재고자산	50	200

(2) 계속기록법

계속기록법(Perpetual Inventory System)은 재고자산을 취득하는 시점에 재고자산을 직접 인식하고, 판매하는 시점마다 매출에 대응하는 매출원가를 기록하는 방법입니다. 계속기록법을 적용하기 위해서는 판매된 재고자산의 원가를 적시에 파악할 수 있다는 전제가 필요합니다.

계속기록법을 적용하는 경우 평가손실 등 다른 사항이 없다면, 별도의 결산과정을 필요로 하지 않습니다. 즉, 계속기록법은 재고실사과정이 없더라도 매출원가를 산출할 수 있습니다. 그러나 재고자산에 대한 실물 관리를 위하여 정책적으로 실사를 주기적으로 실시하고 있습니다.

① 재고자산 취득

(차변) 재고자산	×××	(대변) 현금(또는 매입채무)	×××

② 매출 및 매출원가 인식

매출을 인식하는 시점에 매출회계처리뿐만 아니라, 재고자산을 매출원가로 대체하는 회계처리를 동시에 반영합니다.

(차변) 현금(또는 매출채권)	×××	(대변) 매출	×××
(차변) 매출원가	×××	(대변) 재고자산	×××

(*) 매출에 대응되는 매출원가 인식

예제 06 계속기록법

- MD사는 2001년 초에 설립됨.
- 2001년 거래 요약
  - 4월 1일에 15개의 재고자산을 150원에 취득함.
  - 10월 1일에 10개의 재고자산을 200원에 판매함.
  - 판매된 재고자산의 원가는 100원임.
- 2002년 거래 요약
  - 3월 1일에 15개의 재고자산을 150원에 취득함.
  - 9월 1일에 10개의 재고자산을 400원에 판매함.
  - 판매된 재고자산의 원가는 150원임.
- 모든 매출과 매입 거래는 현금 정산을 가정함.

요구사항 ▼ 계속기록법에 따라 2001년과 2002년의 회계처리를 예시하시오.

계속기록법은 취득시점에 재고자산을 직접 기록하고, 매출 시점(출고 시점)마다 반출된 재고자산에 대한 원가를 매번 기록하는 방법입니다.

▶▶ 2001년

(차변)	재고자산	150	(대변)	현금	150
(차변)	현금	200	(대변)	매출	200
(차변)	매출원가	100	(대변)	재고자산	100

▶▶ 2002년

(차변)	재고자산	300	(대변)	현금	300
(차변)	현금	400	(대변)	매출	400
(차변)	매출원가	150	(대변)	재고자산	150

계속기록법을 적용하여 계산한 매출, 매출원가, 재고자산은 다음과 같습니다.

구분	2001년	2002년
매출	200	400
매출원가	100	150
재고자산	50	200

(3) 실무 적용 사례

실지재고조사법은 결산 시점에만 매출원가와 재고자산 금액을 파악할 수 있으나, 계속기록법은 기중에도 실시간으로 매출원가와 재고자산에 대한 정보를 제공합니다. 그러므로 회계정보의 적시성 측면에서는 계속기록법이 우수합니다. 그러나 매출이 발생할 때마다 원가계산을 실시할 수 없으므로, 과거에는 개별 재고자산을 관리할 필요성이 있는 일부 고가품목에 한정되어 계속기록법이 사용되어 왔습니다.

그러나 ERP의 발달로 장부 기록과 계산이 수월해짐에 따라 계속기록법을 적용하는 회사들이 증가하고 있습니다. 다만, 원가계산을 실시간으로 수행하기는 불가능하므로, 주기적으로 원가계산을 실시하며 원가흐름에 대한 몇몇 가정을 전제하는 것이 일반적입니다. 다양한 ERP가 있으나 실무에서 자주 발견되는 사례는 다음과 같습니다.

① 월 결산을 전제하고 이동평균법을 적용하여 원가 결산
② 기중에 원가 회계처리가 이루어지지 않더라도, 재고자산의 입출고 관리(수불관리)는 별도로 집계하여 실시간으로 자재소요계획에 반영
③ 표준원가를 도입한 경우, 출고 시점에는 실제 단위당 실제 매출원가가 아니라 설정한 표준단가로 매출원가 계산(결산 시 실제 원가와의 차이는 결산수정분개로 조정)

실무상 소품목을 대량으로 거래하는 업종의 경우 실지재고조사법을 적용하고 있는 사례가 많습니다. 반면, 품목이 다양하거나 제조업을 영위하는 기업들은 계속기록법을 사용하는 경우가 일반적입니다. 회사의 규모의 크거나 회계관리에 관심이 많을수록, 계속기록법을 기반으로 한 고도의 ERP를 사용하고 있습니다.

예제 07 표준원가를 적용한 계속기록법

- MD사는 2001년 초에 설립됨.
- 2001년 거래 요약
  - 4월 1일에 15개의 재고자산을 150원에 취득함.
  - 10월 1일에 10개의 재고자산을 200원에 판매함.
  - 계속기록법을 적용하기 위한 재고의 표준단가는 10원이었으며, 결산 시 실제 집계된 판매된 재고자산의 원가는 총 100원임.
- 2002년 거래 요약
  - 3월 1일에 15개의 재고자산을 150원에 취득함.
  - 9월 1일에 10개의 재고자산을 400원에 판매함.
  - 계속기록법을 적용하기 위한 재고의 표준단가는 20원임.

- 계속기록법을 적용하기 위한 재고의 표준단가는 20원이었으며, 결산 시 실제 집계된 판매된 재고자산의 원가는 총 100원임.
• 모든 매출과 매입 거래는 현금 정산을 가정함.

요구사항 ▼ 기중에는 표준원가를 전제한 계속기록법에 따라 회계처리를 수행하시오.

표준원가를 적용하여 계속기록법을 사용할 경우, 기중에는 표준원가를 적용하여 매출원가를 집계하고 기말에 표준원가와 실제 재고자산의 차이를 결산수정분개로 반영하게 됩니다.

▶▶ 2001년

(차변)	재고자산	150	(대변)	현금	150
(차변)	현금	200	(대변)	매출	200
(차변)	매출원가	100	(대변)	재고자산	100

(*) 매출에 대한 원가 인식(=10원×10개)

2001년의 경우 표준원가와 실제 원가가 동일하므로, 별도의 결산수정분개는 발생하지 않습니다.

▶▶ 2002년

(차변)	매출	300	(대변)	현금	300
(차변)	현금	400	(대변)	매출	400
(차변)	매출원가	200	(대변)	재고자산	200

(*) 매출에 대한 원가 인식(=20원×10개)

2002년의 경우 실제 매출원가와 기말재고자산은 각각 150원과 200원이지만, 표준원가를 적용하였을 경우에는 매출원가와 기말재고자산이 각각 200원과 150원으로 계산됩니다. 따라서 50원을 결산수정분개로 반영하여 표준원가를 실제원가로 전환시키게 됩니다.

(차변)	재고자산	50	(대변)	매출원가	50

표준원가를 적용하여 계산한 매출, 매출원가, 재고자산은 다음과 같습니다.

구분	2001년	2002년
매출	200	400
매출원가	100	150
재고자산	50	200

재고자산 기록방법

1. 재고자산에 대한 장부기록은 이론과 실무상 차이가 큽니다. 개념을 명확하게 정립해야 합니다.
2. 실무상 ERP의 특성에 따라 실지재고조사법, 계속기록법, 이동평균법을 전제한 계속기록법, 표준원가를 적용하는 계속기록법 등 적용 방법이 다양합니다.
3. 그러나 결과적으로 산출되는 재무제표에 표시될 매출원가와 재고자산 금액은 동일합니다. 회사의 재고자산 기록방법과 ERP의 특징을 파악한 후, 회계처리를 이해하시기 바랍니다.

5. 제품원가계산

유통업을 영위하는 재고자산과 매출원가에 대한 회계처리가 단순합니다. 반면, 제조업을 영위하는 회사는 원재료를 공정에 투입한 이후에도 여러 공정을 거치게 되며, 그 과정에서 인건비와 각종 부대 원가를 투입합니다. 따라서 제품원가계산은 상품보다 복잡할 수밖에 없습니다.

원가계산에 대한 상세한 내용은 여기서 언급하기는 어렵습니다. 본 절에서는 회계순환과정 측면에 한정하여 설명하고 있으므로, 자세한 내용은 원가계산 교재를 참조하시기 바랍니다.

(1) 재고자산과 원가의 분류

재고자산의 종류는 다음과 같습니다.

① **원재료**(raw materials) : 제품생산에 소비할 목적으로 구입한 모든 재화로서 원료, 재료, 매입부분품 및 미착원재료 등을 포함합니다.

② **재공품**(work in process) : 제품 또는 반제품 제조를 위하여 재공과정에 있는 재고자산으로서, 아직 판매 또는 저장가능한 상태에 이르지 아니한 것입니다.

③ **반제품**(Semi-finished goods) : 제품이 둘 이상의 공정을 거쳐서 완성될 때 전체 공정 중 한 공정의 작업을 마치고 다음 공정으로의 이행단계에 있는 미완성품을 말합니다. 전체 공정의 제조작업을 끝마친 최종 생산품인 제품과 구별되고 그대로 판매하거나 저장할 수 있다는 점에서 재공품과 차이가 있습니다.

④ **제품** : 기업이 정상적인 영업순환과정에서 판매를 목적으로 제조 · 생산하여 보유 중인 완성품으로 주된 영업 목적에 관련된 것입니다.

⑤ **상품** : 상품은 미착상품, 시송품 등을 포함하며 판매 목적으로 구입한 일체의 매입물품을 의미합니다.

유통회사는 상품만을 보유하고 있으나, 제조업을 영위하는 회사는 원재료, 재공품, 반제품, 제품 등 다양한 형태의 재고자산을 보유하게 됩니다.

제품을 생산하기 위하여 투입되는 원가는 크게 다음과 같이 구분됩니다.

① **직접재료비** : 생산활동에 원재료로서 특정제품이나 특정공정 등에 직접 추적할 수 있는 원가로서, 추적할 수 없는 간접재료비는 제조간접비로 분류합니다.

② **직접노무비** : 생산활동에 종사하는 인건비로서 특정제품이나 특정공정 등에 직접 추적할 수 있는 원가로서, 추적할 수 없는 간접노무비는 제조간접비로 분류합니다.

③ **제조간접비** : 생산과정에서 발생하는 감가상각비, 외주가공비, 보험료 등의 제조경비 등으로서 직접재료비와 직접노무비를 제외한 모든 제조원가로 구성됩니다.

원가의 흐름을 손익계산서의 관계를 그림으로 표현하면 다음과 같습니다.

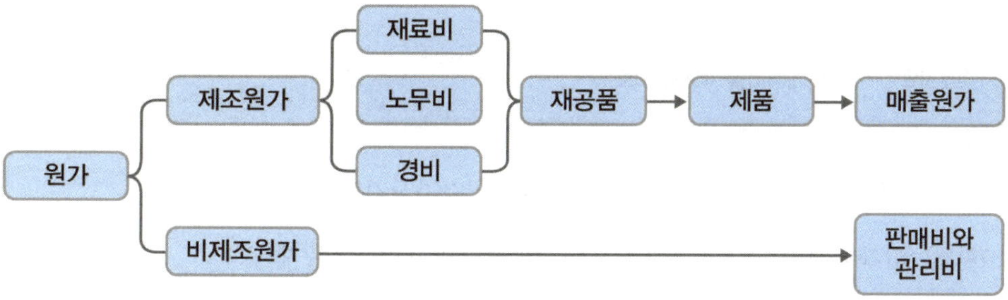

(2) 경비의 배분

회사에서 발생한 원가는 제조나 생산활동과 관련된 제조원가와, 판매관리활동으로 발생한 비제조원가로 구분됩니다.

이때 일부 원가는 제조 및 비제조활동에서 모두 발생하는데, 이러한 경우에는 합리적인 기준을 통해 배분됩니다. 예를 들어 건물의 감가상각비는 생산활동과 관리활동에서 사용되는 면적기준에 따라 배분할 수 있습니다. 그리고 공장 관리와 영업활동을 동시에 수행하는 직원이 있다면, 업무 시간을 기준으로 인건비를 제조원가와 판매비와관리비로 배분할 수 있을 것입니다.

공동으로 사용되는 자산의 경우 먼저 전체 관점에서 회계처리를 실시하고, 그 중 일부를 제조원가로 분류하는 것이 일반적입니다. 예를 들어 건물의 전체 층수 중 60%는 생산활동에 사용한다고 가정해봅시다. 이 경우 감가상각비를 먼저 100원만큼 인식하고, 인식된 감가상각비 중 60%는 제조경비로 대체하여, 판매비와관리비는 40원만 기록되도록 하는 것입니다.

(차변)	감가상각비	100	(대변)	감가상각누계액	100
(차변)	제조간접비	60	(대변)	감가상각비	60

일반적으로 회사의 ERP는 자산 Code에 따라 제조원가와 비제조원가를 구분하고 있으며, 공동으로 사용하는 자산의 경우에도 배분 기준을 전산상 입력하여 관리하는 경우가 많습니다. 만일 전산으로 구축하지 않았다면, 별도의 Excel File로 관련 내역을 계산하고 회계처리로 반영하게 됩니다.

예제 08 원가의 배분

- MD의 사옥은 10층으로 구성됨.
- 관리활동에 사용하는 공간은 2층, 연구활동에 사용하는 공간은 3층이며, 그 외의 공간은 모두 생산활동에 사용하고 있음.
- 2001년에 발생한 건물의 감가상각비는 1,000원임.

요구사항 ▼ 회계처리를 예시하시오.

자산이 여러 용도에 사용할 경우 먼저 전체 감가상각비를 계산합니다.

(차변)	감가상각비	1,000	(대변)	감가상각누계액	1,000

그리고 건물의 용도에 따라 전체 원가를 배분합니다.

(차변)	경상개발비	300	(대변)	감가상각비	800
	제조간접비	500			

따라서 판매비와관리비에는 200원의 감가상각비만 표시됩니다.

(3) 제조원가명세서

제품제조를 위하여 공정에 투입된 생산요소와 재공품계정의 증감을 일목요연하게 파악할 수 있도록 제조원가명세서를 작성하는데, 그 양식은 다음과 같습니다.

과목	금액	
Ⅰ. 직접재료비		×××
1. 기초재료비	×××	
2. 당기매입액	×××	
계	×××	
기말원재료재고	(×××)	

과목	금액	
Ⅱ. 직접노무비		×××
1. 기본급	×××	
2. 상여금	×××	
3. 퇴직급여	×××	
Ⅲ. 제조간접비		×××
1. 전력비	×××	
2. 감가상각비	×××	
3. 운반비	×××	
4. 외주가공비	×××	
…	×××	
Ⅳ. 당기총제조원가		×××
Ⅴ. 기초재공품원가		×××
합계		×××
Ⅵ. 기말재공품원가		(×××)
Ⅶ. 당기제품제조원가		×××

다음 예제로 제품원가계산 과정을 살펴봅시다.

예제 09 제품원가계산

- MD의 회계기간 중 거래는 다음과 같음.
  - 기초현금은 1,500원임.
  - 당기에 매입한 원재료는 550원임.
  - 생산공정에 투입된 원재료는 550원임.
  - 총인건비는 500원이며, 이 중 직접노무비는 300원이고 간접노무비는 50원임.
  - 총보험료는 100원이며, 이 중 60원은 생산공정과 관련된 것임.
  - 기초재공품은 200원이며, 기말재공품은 300원임.
- MD는 계속기록법을 적용하고 있음.
- 상기 거래는 모두 현금 정산됨.

요구사항 ▼

1. 회계처리를 예시하시오.
2. 계정원장을 작성하시오.
3. 제조원가명세서를 작성하시오.

▶▶ 회계처리

① 원재료 취득

(차변)	원재료	550	(대변)	현금	550

② 급여 지급

(차변)	급여	500	(대변)	현금	500

③ 보험료 지급

(차변)	보험료	100	(대변)	현금	100

④ 원재료 투입

(차변)	직접재료비	550	(대변)	원재료	550

⑤ 급여 대체

(차변)	직접노무비	300	(대변)	급여	350
	제조간접비(간접노무비)	50			

⑥ 제조경비 대체

(차변)	제조간접비(보험료)	60	(대변)	보험료	60

⑦ 재공품 대체

(차변)	재공품	960	(대변)	직접재료비	550
				직접노무비	300
				제조간접비	110

⑧ 제품 대체

(차변)	제품	860	(대변)	재공품	860

▶▶ 계정원장

예시된 계정원장은 앞서 설명한 회계처리가 번호로 연결되어 있습니다. 그리고 마감과정에서 인식하게 되는 집합손익은 파란색으로 표시하였고, 재무상태표 계정을 차기로 이월하는 과정은 바탕색으로 나타냈습니다.

급여

차변	금액	대변	금액
② 현금	500	⑥ 직접노무비	300
		⑥ 간접노무비	50
		집합손익	150

원재료

차변	금액	대변	금액
① 매입	550	⑤ 직접재료비	550

보험료

차변	금액	대변	금액
③ 현금	100	⑤ 제조경비	60
		집합손익	40

현금

차변	금액	대변	금액
전기이월	1,500	① 원재료매입	550
		② 급여지급	500
		③ 보험료 지급	100
		차기이월	350

직접재료비

차변	금액	대변	금액
④ 원재료	550	재공품	550

직접노무비

차변	금액	대변	금액
⑥ 직접노무비	300	재공품	300

제조간접비

차변	금액	대변	금액
⑥ 간접노무비	50	재공품	110
⑤ 보험료	60		

재공품

차변	금액	대변	금액
전기이월	200	⑧ 제품	860
⑦ 직접재료비	550		
⑦ 직접노무비	300		
⑦ 제조간접비	110	차기이월	300

▶▶ 제조원가명세서

과목	금액	
Ⅰ. 직접재료비		550
Ⅱ. 직접노무비		300
Ⅲ. 제조간접비		110
1. 간접노무비	50	
2. 보험료	60	
Ⅳ. 당기총제조원가		960
Ⅴ. 기초재공품원가		200
합계		1,160
Ⅵ. 기말재공품원가		(300)
Ⅶ. 당기제품제조원가		860

제 3 절 회계순환과정 : 사례 분석

실무에서는 회계처리만 입력하면 ERP를 통해 분개장, 계정원장, 합계잔액시산표, 마감, 이월시산표 등이 자동으로 생성됩니다. 그러나 앞서 말씀드렸듯이 **회계정보가 어떻게 집계되고 마감되어 재무제표가 생성되는지에 대한 이해는 필수**입니다! 번거롭더라도 본 절을 통해 회계순환과정을 꼼꼼하게 살펴보기 바랍니다.

회계순환과정에 대한 사례는 다음과 같이 구성되어 있습니다.

① 〈예제 10〉과 〈예제 11〉 : 실지재고조사법을 적용하고 있는 도매업의 설립 시점과 그 이후 회계연도의 회계순환과정
- 회계처리 : 기중 회계처리, 결산수정분개 및 마감분개
- 계정별원장
- 합계잔액시산표 및 이월시산표
- 재무제표 작성 : 재무상태표 및 손익계산서

② 〈예제 12〉 : 계속기록법을 적용하고 있는 제조기업의 회계순환과정
- 회계처리 : 기중 회계처리, 원가결산을 포함한 결산수정분개 및 마감분개
- 계정별원장
- 합계잔액시산표 및 이월시산표
- 재무제표 작성 : 제조원가계산서, 재무상태표 및 손익계산서

1. 실지재고조사법을 적용하는 도매업의 설립 회계연도

다음 예제를 통해 실지재고조사법을 적용하는 회사의 회계순환과정을 살펴보겠습니다.

예제 10 회계순환과정 : 설립연도

- MD는 2001년에 도매업을 위하여 설립됨.
- 2001년 회계기간 중 거래는 다음과 같음.
  - 4월 1일에 자본금 1,000원이 입금됨.
  - 5월 1일에 단가가 10원인 재고자산을 15개 취득함.
  - 6월 1일에 재고자산 10개를 200원에 판매함.
- MD는 실지재고조사법을 적용하고 있으며, 실사 결과 재고는 50원임.
- 상기 거래는 현금 정산됨.

요구사항 ▼

1. 회계처리를 예시하시오.
2. 손익마감 과정을 예시하시오.
3. 계정원장과 수정후합계잔액시산표를 작성하시오.
4. 이월시산표를 작성하시오.
5. 재무상태표와 손익계산서를 작성하시오.

▶▶ 회계처리

① 4월 1일 : 자본금 납입

(차변) 현금	1,000	(대변) 자본금	1,000

② 5월 1일 : 재고자산 취득

(차변) 매입	150	(대변) 현금	150

③ 6월 1일 : 매출

(차변) 현금	200	(대변) 매출	200

④ 결산수정분개

수정전시산표를 살펴보며 필요한 결산수정분개를 확인하게 됩니다. 본 예제에서는 재고자산에 대한 결산수정분개가 이루어집니다.

(차변) 매출원가	150	(대변) 매입	150

(*) 기중에 인식한 매입 금액을 매출원가로 대체

(차변) 재고자산(기말)	50	(대변) 매출원가	50

(*) 기말에 확정된 재고자산만큼 매출원가를 차감 조정

⑤ 손익계산서 계정 마감

결산수정분개를 실시한 이후 수정후시산표를 작성합니다. 이후 장부를 마감하면서 집합손익이 이익잉여금으로 대체됩니다.

(차변) 매출	200	(대변) 집합손익	200

(*) 매출 계정 마감

(차변) 집합손익	100	(대변) 매출원가	100

(*) 매출원가 계정 마감

(차변) 집합손익	100	(대변) 이익잉여금	100

(*) 수익과 비용의 차액은 이익잉여금으로 대체

▶▶ 계정원장

아래 예시된 계정원장은 앞서 설명한 회계처리가 번호로 연결되어 있습니다. 마감을 통해 이익잉여금으로 대체되는 과정은 파란색, 재무상태표 계정을 차기로 이월하는 과정은 바탕색으로 표시했습니다.

현금

차변		대변	
① 자본금	1,000	② 매입	150
③ 매출	200	차기이월	1,050

매출원가

차변		대변	
④ 결산	150	④ 결산	50
		집합손익	100

자본금

차변		대변	
차기이월	1,000	① 현금	1,000

재고자산

차변		대변	
④ 결산	50	차기이월	50

매출

차변		대변	
집합손익	200	③ 현금	200

집합손익

차변		대변	
매출원가	100	매출	200
이익잉여금	100		

매입

차변		대변	
② 매입	150	④ 결산	150

이익잉여금

차변		대변	
차기이월	100	집합손익	100

▶▶ 수정후합계잔액시산표

수정후합계잔액시산표는 기중 회계처리와 결산수정분개까지 반영된 것이며, 계정과목별 증감내역과 잔액을 표시하고 있습니다. 이익잉여금은 손익마감 후 대체되므로, 수정후합계시산표에는 나타나지 않습니다.

| 합계잔액시산표 |

차변		계정과목	대변	
잔액	합계		합계	잔액
1,050	1,200	현금	150	
50	50	재고		
		자본금	1,000	1,000
		매출	200	200
100	150	매출원가	50	
	150	매입	150	
1,200	1,550	합계	1,550	1,200

▶▶ 이월시산표

손익계정은 마감되었으므로 이월액시산표에 나타나지 않습니다. 수정후합계잔액시산표에 표시된 재무상태표 계정과 집합손익과정에서 대체된 이익잉여금 계정만이 나타납니다. 즉, 마감 이후에는 재무상태표 계정 잔액만 남아 차기로 이월됩니다.

| 결산 후 이월시산표 |

차변		계정과목	대변	
잔액	합계		합계	잔액
1,050	1,050	현금		
50	50	재고		
		자본금	1,000	1,000
		이익잉여금	100	100
		매출		
		매출원가		
		매입		
1,100	1,100	합계	1,100	1,100

▶▶ 재무제표

재무상태표는 이월시산표상 잔액을 토대로 작성됩니다. 반면, 손익계산서는 이월된 잔액이 없으므로 집합손익 과정을 참조하여 별도로 작성하게 됩니다. 물론 실무상으로는 모든 재무제표가 자동으로 생성됩니다. 재무상태표 계정만 집계되어 이월된다는 특성으로 인하여 손익 계정은 임시계정이며, 재무상태표 계정은 영구계정이라 표현하기도 합니다.

참고로 현대 재무회계 이론은 재무상태표 중심입니다. 따라서 복잡한 거래가 있다면 다음의 접근방법을 권고드립니다.

① 특정 시점의 재무성과를 나타내는 Stock 개념의 재무상태표를 중심으로 파악

② 회계기간 동안에 임시적으로 존재하는 Flow 개념인 손익계산서는, 재무상태표의 증감 과정이라는 개념으로 접근

2001년의 재무상태표와 손익계산서는 다음과 같습니다.

재무상태표

현금	1,050	자본금	1,000
재고	50	이익잉여금	100
합계	1,100	합계	1,100

손익계산서(1)

매출	200
매출원가	100
당기순이익	100

손익계산서(2)

매출원가	100	매출	200
당기순이익	100		

실무상 손익계산서 보고양식은 (1)의 형식이지만, 본서에서는 복식부기 개념에 보다 더 부합하고 직관적인 이해에 도움이 되는 (2) 형식을 빈번하게 선택하고 있습니다.

한편, 손익계산서상 표시되는 영업이익이나 당기순이익은 계정과목이 아니라, 손익 정산 결과 확정된 순손익을 손익계산서라는 보고서를 작성하는 과정에서 표현한 명칭입니다.

2. 실지재고조사법을 적용하는 도매업의 연속되는 회계연도

〈예제 10〉은 설립연도의 회계순환과정을 다루었는데, 〈예제 11〉은 그 다음 회계연도를 예시하고 있습니다. 본 예제를 통해 회계순환과정의 연속성을 살펴보시기 바랍니다.

예제 11 회계순환과정의 연속성

- MD의 2002년 회계기간 중 거래는 다음과 같음.
  - 1월 1일에 기계장치를 400원에 취득함.
  - 7월 1일에 단가가 20원인 재고자산을 15개 취득함.
  - 8월 1일에 재고자산 10개를 400원에 판매함.
- 기계장치의 내용연수는 4년이며, 2002년에 100원의 상각비를 인식함.
- MD사는 실지재고조사법을 적용하고 있으며, 실사 결과 재고자산은 200원임.
- 상기 거래는 현금 정산됨.

요구사항 ▼

1. 회계처리를 예시하시오.
2. 손익마감 과정을 예시하시오.
3. 계정원장과 수정후합계잔액시산표를 작성하시오.
4. 결산 이후 이월산표를 작성하시오.
5. 재무상태표와 손익계산서를 작성하시오.

▶▶ 회계처리

① 1월 1일 : 기계장치 취득

(차변) 기계장치	400	(대변) 현금	400

② 7월 1일 : 재고자산 취득

(차변) 매입	300	(대변) 현금	300

③ 8월 1일 : 매출

(차변) 현금	400	(대변) 매출	400

④ 재고자산에 대한 결산수정분개

(차변) 매출원가	50	(대변) 재고자산(기초)	50

(*) 기초 재고자산 금액을 매출원가로 대체

(차변) 매출원가	300	(대변) 매입	300

(*) 기중에 인식한 매입 금액을 매출원가로 대체

(차변) 재고자산(기말)	200	(대변) 매출원가	200

(*) 기말에 확정된 재고자산만큼 매출원가를 차감 조정

⑤ 감가상각비에 대한 결산수정분개

(차변) 감가상각비	100	(대변) 감가상각누계액	100

⑥ 손익계산서 계정 마감

수정후시산표를 작성한 이후 장부 마감 과정에서 집합손익을 통한 이익잉여금 인식 과정이 이루어지는데, 이 과정은 다음과 같습니다.

(차변) 매출	400	(대변) 집합손익	400

(*) 매출 계정 마감

(차변) 집합손익	150	(대변) 매출원가	150

(*) 매출원가 계정 마감

(차변) 집합손익	100	(대변) 감가상각비	100

(*) 감가상각비 계정 마감

(차변) 집합손익	100	(대변) 이익잉여금	100

(*) 수익과 비용의 차액을 이익잉여금으로 대체

▶▶ 계정원장

예시된 계정원장은 앞서 설명한 회계처리가 번호로 연결되어 있습니다. 마감을 통해 이익잉여금으로 대체되는 과정은 파란색, 재무상태표 계정을 차기로 이월하는 과정은 바탕색으로 표시했습니다. 집합손익을 통해 집계된 순이익은 150원이며, 동 순이익은 기초 이익잉여금 100원에 가산됩니다.

현금

전기이월	1,050	① 기계장치	400
③ 8/1 매출	400	② 매입	300
		차기이월	750

기계장치

① 취득	400	차기이월	400

상각누계액

차기이월	100	⑤ 결산	100

매입

② 매입	300	④ 결산	300

감가상각비

⑤ 결산	100	집합손익	100

재고자산

전기이월	50	④ 결산	50
④ 결산	200	차기이월	200

집합손익

매출원가	150	매출	400
상각비	100		
이익잉여금	150		

매출

집합손익	400	③ 8/1 현금	400

이익잉여금

차기이월	250	전기이월	100
		집합손익	150

매출원가

④ 결산	50	④ 결산	200
④ 결산	300	집합손익	150

자본금

차기이월	1,000	전기이월	1,000

▶▶ 수정후합계잔액시산표

수정후합계잔액시산표는 기중 회계처리와 결산수정분개까지 반영된 것이며, 계정과목별 증감내역과 잔액을 표시하고 있습니다. 이익잉여금은 손익마감 후 대체되므로, 수정후합계시산표에는 나타나지 않습니다.

| 합계잔액시산표 |

차변		계정과목	대변	
잔액	합계		합계	잔액
750	1,450	현금	700	
200	250	재고	50	
400	400	기계장치		
		상각누계액	100	100
		자본금	1,000	1,000
		이익잉여금	100	100

차변		계정과목	대변	
잔액	합계		합계	잔액
		매출	400	400
150	350	매출원가	200	
100	100	감가상각비		
	300	매입	300	
1,600	2,850	합계	2,850	1,600

▶▶ 이월시산표

손익계정은 마감되었으므로 이월액시산표에 나타나지 않습니다. 수정후합계잔액시산표에 표시된 재무상태표 계정과 집합손익과정에서 대체된 이익잉여금 계정만이 나타납니다. 즉, 마감 이후에는 재무상태표 계정 잔액만 남아 차기로 이월됩니다.

❙ 결산 후 이월시산표 ❙

차변		계정과목	대변	
잔액	합계		합계	잔액
750	750	현금		
200	250	재고		
400	400	기계장치		
		상각누계액	100	100
		자본금	1,000	1,000
		이익잉여금	250	250
		매출		
		매출원가		
		매입		
1,350	1,350	합계	1,350	1,350

▶▶ 재무제표

재무상태표는 이월시산표상 잔액을 토대로 작성되며, 손익계산서는 집합손익 과정을 참조하여 별도의 보고서로 작성합니다. 물론 현재 회계시스템은 모든 재무제표를 자동으로 생성되도록 설계되어 있으므로, 실무상 수작업은 발생하지 않습니다.

2002년의 재무상태표와 손익계산서는 다음과 같습니다.

재무상태표

현금	750	자본금	1,000
재고	200	이익잉여금	250
기계장치	400		
상각누계액	(100)		
합계	1,250	합계	1,250

손익계산서(1)

매출	400
매출원가	150
감가상각비	100
당기순이익	150

손익계산서(2)

매출원가	150	매출	400
감가상각비	100		
당기순이익	150		

3. 계속기록법을 적용하는 제조업의 회계순환과정

〈예제 10〉과 〈예제 11〉을 통해 실지재고조사법을 적용하는 도매업을 살펴보았습니다. 본 절에서는 계속기록법을 적용하는 제조업을 분석합니다.

계속기록법을 적용하면 취득 시점에 재고자산을 직접 인식하고, 판매 시에 대응되는 매출원가를 회계처리합니다. 본 예제는 제조업이므로 원가계산에 대한 회계처리가 발생하게 됩니다. 다소 복잡하게 느껴지시겠지만, 재고자산에 대한 기록방법의 차이와 원가계산 측면에 초점을 맞추어 살펴보시기 바랍니다.

예제 12 회계순환과정 : 제조업

- MD의 2001년 회계기간 중 거래는 다음과 같음.
  - 1월 1일에 원재료를 600원에 매입함.
  - 12월 30일에 급여를 500원 지급함.
  - 12월 30일에 보험료를 100원 지급함.
- 제조공정에 대한 정보는 다음과 같음.
  - 1월 1일부터 12월 30일까지 생산공정에 투입된 원재료는 550원임.
  - 급여 중 300원과 50원은 각각 직접노무비와 간접노무비로 투입됨.
  - 보험료 중 60원은 제조 공정과 관련된 것임.
- 12월 31일에 제품을 인도하고 1,200원을 수취함. 한편, 매출에 대응하는 매출원가는 710원임.
- 현금, 원재료, 재공품, 제품의 변동 내역은 다음과 같음.

구분	기초	기말	변동
현금	500	500	–
원재료	100	150	50
재공품	200	300	100
제품	250	400	150

- MD는 계속기록법을 적용하고 있음.
- 상기 거래는 현금 정산됨.

요구사항 ▼

1. 회계처리를 예시하시오.
2. 제조원가명세서를 제시하시오.
3. 손익마감 과정을 예시하시오.
4. 계정원장과 수정후합계잔액시산표를 작성하시오.
5. 재무상태표와 손익계산서를 작성하시오.

제조업의 경우 원가결산 과정이 완료한 후, 손익 계정(매출원가)이 확정됩니다. 그리고 손익 계정이 마감된 후에 재무상태표 계정(이익잉여금)이 확정됩니다. 즉, 표현하면 '제조원가명세서 → 손익계산서 → 재무상태표' 순서로 결산절차가 진행됩니다.

▶▶ 회계처리

① 1월 1일 : 원재료 매입

(차변) 원재료	600	(대변) 현금	400

② 12월 30일 : 급여 지급

(차변) 현금	500	(대변) 현금	500

③ 12월 30일 : 보험료 지출

(차변) 보험료	100	(대변) 현금	100

④ 원재료 투입

(차변) 재료비	550	(대변) 원재료	550

⑤ 급여 배분

(차변) 직접노무비	300	(대변) 급여	350
제조간접비	50		

⑥ 보험료 배분

(차변) 제조간접비	100	(대변) 보험료	60

⑦ 재공품 대체

(차변) 재공품	960	(대변) 재료비	550
		(대변) 직접노무비	300
		(대변) 제조간접비(*)	110

(*) 50원+60원

⑧ 제품 대체

(차변) 제품	860	(대변) 재공품	860

⑨ 12월 31일 : 매출 발생

(차변) 현금	1,200	(대변) 매출	1,200

⑩ 매출원가 인식

(차변) 매출원가	710	(대변) 제품	710

⑪ 손익계정 마감

(차변) 매출	1,200	(대변) 집합손익	1,200

(*) 매출 계정 마감

(차변) 집합손익	710	(대변) 매출원가	710

(*) 매출 계정 마감

(차변) 집합손익	150	(대변) 급여	150

(*) 매출원가 계정 마감

(차변) 집합손익	40	(대변) 감가상각비	40

(*) 보험료 계정 마감

(차변) 집합손익	300	(대변) 이익잉여금	300

(*) 수익과 비용의 차액은 이익잉여금으로 대체

▶▶ 계정원장

예시된 계정원장은 앞서 회계처리가 번호로 연결되어 있습니다. 그리고 마감과정에서 인식하게 되는 집합손익은 파란색으로, 재무상태표 계정을 차기로 이월하는 과정은 바탕색으로 표현했습니다. 집합손익을 통해 집계된 순이익은 300원이며, 동 순이익은 기초 이익잉여금 50원에 가산됩니다.

현금

차변	금액	대변	금액
전기이월	500	① 원재료	600
④ 매출	1,200	② 급여	500
		③ 보험료	100
		차기이월	500

재공품

차변	금액	대변	금액
전기이월	200	⑧ 제품	860
⑦ 재료비	550		
⑦ 노무비	300		
⑦ 제조간접비	110	차기이월	300

원재료

차변	금액	대변	금액
전기이월	100	④ 직접재료비	550
① 매입	600	차기이월	150

제품

차변	금액	대변	금액
전기이월	250	⑨ 매출원가	710
⑧ 재공품	860	차기이월	400

급여

차변	금액	대변	금액
② 현금	500	⑤ 직접노무비	300
		⑤ 제조간접비	50
		집합손익	150

매출원가

차변	금액	대변	금액
⑨ 제품	710	집합손익	710

보험료

차변	금액	대변	금액
③ 현금	100	⑥ 제조간접비	60
		집합손익	40

매출

차변	금액	대변	금액
집합손익	1,200	⑨ 현금	1,200

직접재료비

차변	금액	대변	금액
④ 원재료	550	재공품	550

집합손익

차변	금액	대변	금액
매출원가	710	매출	1,200
급여	150		
보험료	40		
이익잉여금	300		

직접노무비

차변	금액	대변	금액
⑤ 급여	300	재공품	300

이익잉여금

차변	금액	대변	금액
차기이월	350	전기이월	50
		집합손익	300

제조간접비

차변	금액	대변	금액
⑤ 급여	50	재공품	110
⑥ 보험료	60		

자본금

차변	금액	대변	금액
차기이월	1,000	전기이월	1,000

▶▶ 수정후합계잔액시산표

수정후합계잔액시산표는 기중 회계처리와 결산수정분개까지 반영된 것이며, 계정과목별 증감내역과 잔액을 표시하고 있습니다. 이익잉여금은 손익마감 후 대체되므로, 수정후합계시산표에는 나타나지 않습니다.

차변		계정과목	대변	
잔액	합계		합계	잔액
500	1,700	현금	1,200	
150	700	원재료	550	
300	1,160	재공품	860	
400	1,110	제품	710	
		자본금	1,000	1,000
		이익잉여금	50	50
		매출	1,200	1,200
710	710	매출원가		
150	500	급여	350	
40	100	보험료	60	
2,250	5,980	합계	5,980	2,250

▶▶ 제조원가명세서

과목	금액	
Ⅰ. 직접재료비		550
1. 기초	100	
2. 매입	600	
3. 기말	(150)	
Ⅱ. 직접노무비		300
Ⅲ. 제조간접비		110
1. 간접노무비	50	
2. 보험료	60	
Ⅳ. 당기총제조원가		960
Ⅴ. 기초재공품원가		200
합계		1,160
Ⅵ. 기말재공품원가		(300)
Ⅶ. 당기제품제조원가		860

▶▶ 재무제표

| 재무상태표 |

과목	기말	기초	과목	기말	기초
현금	500	500	자본금	1,000	1,000
원재료	150	100	이익잉여금	350	50
재공품	300	200			
제품	400	250			
합계	1,350	1,050	합계	1,350	1,050

| 손익계산서 |

과목	금액	
매출		1,200
매출원가		710
1. 기초 제품	250	
2. 당기제품제조원가	860	
3. 기말	(400)	
매출총이익		490
판매비와관리비		190
1. 급여	150	
2. 보험료	40	
당기순이익		300

제 3 장 주요 거래 흐름

제 1 절 매출과 매입

1. 수익인식기준

앞서 〈제1장〉에서 소개한 수익인식기준은 다음과 같습니다.

구분	세부 내용
재화의 판매	• 인도기준 • 최종 고객이 재화를 확인한 시점(검수 시점)
용역의 제공	• 진행기준 • 용역이 제공되는 기간과 용역에 투입되는 원가 등을 고려하여 결정
할부 판매	• 재화를 인도한 시점
상품권 판매	• 상품권 판매는 선수금을 인식하는 거래 • 수익인식은 상품권을 활용하여 재화나 용역이 제공된 시점
시용 판매	• 시용 판매는 주문을 받지 않고 상품 등을 고객에게 인도하여 고객이 그 상품을 사용하여 보고 매입하겠다는 의사를 표시한 후 거래가 이루어짐. • 시용 판매는 고객이 매입의사를 밝히는 시점에 수익을 인식
설치조건부 판매	• 설치 후 검수가 이루어진 시점
위탁 판매	• 위탁판매는 판매자가 직접 재고를 갖지 않고 공급업체 상품을 대신 판매하는 방식 • 위탁판매는 재고가 이동된 시점이 아니라 최종 고객이 검수한 시점 • 위탁판매처가 보유하는 재고는 회사의 소유임.

수익인식기준은 재무제표에 영향이 큰 회계정책 중 하나입니다. 회사 내 개별 거래에 대한 적정한 수익인식기준을 판단하려면 계약 및 제반 상황에 대한 상세 분석이 필요합니다. 다소 어려운 표현이 있지만 중요성을 감안하여 기준서의 내용을 숙지하시기 바랍니다.

참고로 웹 검색을 통해 '업종별 수익인식기준' 등 그동안 논의되었던 자료들을 쉽게 찾아 볼 수 있습니다. 관심 있는 분들은 참조하시기 바랍니다.

(1) 일반기업회계기준

일반기업회계기준은 실현기준과 가득 요건을 충족하면 수익을 인식하도록 규정하고 있습니다. 그 내용을 소개하면 다음과 같습니다.

① 실현기준

- 수익은 실현되었거나(realized) 또는 실현가능한(realizable) 시점에서 인식
- 수익은 제품, 상품 또는 기타 자산이 현금 또는 현금청구권과 교환되는 시점에서 실현
- 수익이 실현가능하다는 것은 수익의 발생과정에서 수취 또는 보유한 자산이 일정액의 현금 또는 현금청구권으로 즉시 전환될 수 있음을 의미

② 가득기준

- 수익은 그 가득과정이 완료되는 시점에 인식
- 수익창출활동은 재화의 생산 또는 인도, 용역의 제공 등으로 나타나며, 수익창출에 따른 경제적 효익을 이용할 수 있다고 주장하기에 충분한 정도의 활동을 수행하였을 때 가득과정이 완료

(2) K-IFRS

K-IFRS는 수익인식의 5단계 모형은 모든 유형의 수익에 적용할 수 있도록 설계되었습니다. 수익인식의 단계별 내용은 다음과 같습니다.

① 1단계 : 고객과의 계약 식별

- 고객을 정의하고, 고객과의 계약을 식별하는 것이 수익인식의 출발점
- 계약이란 둘 이상의 당사자들 사이에 집행 가능한(enforceable) 권리와 의무가 생기게 하는 합의
- 계약은 서면, 구두 혹은 그 밖의 사업 관행 등 여러 가지 형태로 존재

② 2단계 : 수행의무 식별

- 계약을 통해 고객에게 재화나 용역을 이전하기로 하는 약속은 명시적일 수도 있고, 사업 관행 등을 통해 암묵적일 수도 있음.
- 기업이 고객에게 이전하기로 약속한 재화나 용역이 구별(distinct)된다면, 그 약속은 수행의무이고 별도로 회계처리하는 회계단위임.
- 고객이 재화나 용역 그 자체에서나 쉽게 구할 수 있는 다른 자원과 함께하여 효익을 얻을 수 있고, 그 약속을 계약 내의 다른 약속과 별도로 식별할 수 있다면 재화나 용역은 구별됨.

③ 3단계 : 거래가격 산정

- 거래가격은 기업이 고객에게 약속한 재화나 용역을 이전하고 그 대가로 기업이 받을 것으로 예상하는 금액
- 거래가격은 여러 요소에 의해 계약에서 명시된 금액과 다르게 산정될 수 있음.

④ 4단계 : 거래가격을 계약 내 수행의무에 배분

- 거래가격(3단계)은 계약에서 약속한 각 구별되는 재화나 용역(2단계)의 상대적 개별 판매가격을 기준으로 배분됨.
- 개별 판매가격을 관측할 수 없다면 추정함.
- 거래가격에 계약의 일부분에만 관련되는 할인액이나 변동대가가 포함된다면 해당 금액을 일부 수행의무에만 배분 가능함.

⑤ 5단계 : 수행의무를 이행할 때(또는 기간에 걸쳐 이행하는 대로) 수익을 인식

- 약속한 재화나 용역을 고객에게 이전하여 수행의무를 이행할 때(또는 이행하는 대로) 수익을 인식함.
- 기간에 걸쳐 이행하는 수행의무에 대한 수익은 그 수행의무의 진행률을 적절하게 측정하는 방법을 선택하여 기간에 걸쳐 인식함.

2. 상품매매

(1) 매출과 매입 거래

상품매매거래가 발생하면 판매자는 매출을, 구매자는 매입(재고자산)을 인식하게 됩니다. 다음 예제를 상품매매에 대한 회계처리를 살펴봅니다.

예제 01
상품매매

MD(판매자)와 MM(구매자)의 거래는 다음과 같음.

① 1월 2일에 상호 간에 25,000원의 구매계약을 체결함.
② 2월 1일에 MD는 20,000원의 상품을 출고하여 운반업체에 전달함.
③ 2월 2일에 MM은 상품을 검수완료하고 창고에 저장함. 동 일자로 세금계산서를 발행하고, MM은 3월 2일자로 4월 1일이 만기인 전자어음을 발행하기로 함.
④ 3월 2일에 MD는 전자어음을 발행함.
⑤ 4월 1일에 20,000원의 현금을 결제함.
⑥ 6월 30일에 MD와 MM은 7월 1일에 5,000원의 상품을 거래하기로 하고, 6월 30일자로 세금계산서를 교부함.

요구사항 ▼ 회계처리를 예시하시오.

MD와 MM의 회계처리는 다음과 같습니다.

날 짜	MD(판매자)			MM(구매자)		
1월 2일		회계처리 없음			회계처리 없음	
2월 1일		회계처리 없음			회계처리 없음	
2월 2일	(차변)	외상매출금	20,000	(차변)	매입(또는 재고자산)	20,000
	(대변)	매출	20,000	(대변)	외상매입금	20,000
3월 2일	(차변)	받을어음	20,000	(차변)	외상매입금	20,000
	(대변)	외상매출금	20,000	(대변)	지급어음	20,000
4월 1일	(차변)	현금	20,000	(차변)	지급어음	20,000
	(대변)	받을어음	20,000	(대변)	현금	20,000
6월 30일		회계처리 없음			회계처리 없음	

① 1월 2일에 매매계약을 체결했습니다. 실제로 거래를 해야 재고자산도 보유하고, 관련 대금을 지급할 의무(부채)도 발생합니다. 계약 자체는 서로 권리와 의무에 대한 확인 단계이며 자산, 부채, 자본, 수익, 비용에 영향을 미치지는 않습니다. 이를 미이행계약이라고 합니다.

② 2월 1일에 상품을 출고하였습니다. 그러나 MD가 수익을 인식할 시점은 MM이 검수를 완료한 시점입니다. 만일, MM이 요구한 규격이 아니거나 불량인 경우에는 반품을 할 것이기 때문입니다. 즉, 검수가 종료되어야 MD의 수행의무가 완료되고, 수익을 인식할 수 있습니다.

MM은 도착한 상품을 확인하고 자신이 요청한 규격과 일치해야 재고자산으로 등록합니다. 검수 전까지 자산에 대한 위험과 효익이 이전된 것이 아닙니다. 내 것이 아닙니다.

③ 검수가 완료된 2월 2일에 MD와 MM은 매출과 매입을 기록합니다. MM이 실지재고조사법을 적용한다면 매입으로 처리할 것이며, 계속기록법을 적용한다면 재고자산이라는 계정과목에 직접 기록하게 됩니다.

④ 매출채권은 외상매출금과 받을어음으로 구성됩니다. 과거에는 어음을 실제 종이로 이루어진 실물로 주고받았지만, 요즘은 전자상으로만 주고받습니다. 외상매출금으로 기록하였다가 어음수령 시점에 받을어음으로 대체합니다. 매입채무는 외상매입금과 지급어음으로 구성됩니다. 외상매입금으로 기록하였다가 어음발행 시점에 지급어음으로 대체합니다.

재무상태표에는 세부 계정을 묶어 매출채권과 매입채무만 표시됩니다.

⑤ 4월 1일에 현금을 지급하고 수령한 내역을 반영합니다.

⑥ 경제적실질을 반영하는 것이 회계입니다. 다만, 상호 간에 어떠한 거래를 했다고 증빙하는 것이 세금계산서이므로, 세금계산서가 발행된 것을 보고 회계처리 대상 여부를 검토할 수는 있을 것입니다. 세금계산서는 발행되었으나 실제 경제적 거래가 발생하지 않았다면 회계처리는 없습니다.

(2) 거래 관련 지출

상품을 매매하는 과정에 매매대금 외에 추가로 발생되는 운반비, 수술, 보관료, 하역비 등이 지출될 경우 회계처리는 다음과 같습니다.

① 구매자가 부담한다면 상품의 원가로 처리(재고자산을 취득하기 위한 직접 관련 지출에 해당)

② 판매자가 부담한다면 판매를 위한 비용으로 보아 판매비와관리비로 분류

(3) 매출할인 등

판매자는 다음 사항을 매출액에서 차감처리합니다.

① **매출에누리** : 판매한 재화에 파손이나 결함이 발견되어 감액한 금액

② **매출환입** : 파손이나 결함이 있는 재화를 반품받은 금액

③ **매출할인** : 구매자가 대금을 조기에 지급하여 감액한 금액[2)]

---

2) 협의된 일정보다 조기에 지급하여 할인한 금액은 변동대가에 해당하므로 매출에서 차감합니다. 반대로 지급이 지연되어 추가로 받은 금액도 변동대가에 해당하므로 매출에 가산합니다.

④ **판매장려금** : 정가에 판매하였으나, 구매액을 고려하여 나중에 되돌려 준 금액[3)]

이에 대응되게 구매자도 다음을 매입액에서 차감처리합니다.

① **매입에누리** : 구매자가 재화를 구입한 후 재화의 파손이나 결함을 발견하여 감액한 금액

② **매입환출** : 파손이나 결함이 있는 재화를 반품한 금액

③ **매입할인** : 구매자가 매입대금을 일정기간 내에 지급할 경우 감액받은 금액

④ **리베이트(Rebate)** : 정가에 구입한 후, 판매자로부터 되돌려 받은 금액

예제 02 매출액과 매입액 조정

MD(판매자)와 MM(구매자)의 거래는 다음과 같음.

① 1월 2일에 MD는 MM에 물품을 20,000원 판매하고 검수가 완료됨. 이 과정에서 발생한 운반비 1,000원은 MD가 부담함.

② 2월 1일에 MD는 MM에 물품을 20,000원 판매하고 검수가 완료됨. 이 과정에서 발생한 운반비 1,000원은 MM이 부담함.

③ 2월 2일에 MM은 상품에 대한 하자를 발견하고 1,000원을 할인하기로 협의함.

④ 2월 3일에 MM은 상품 중 일부가 파손됨을 발견하고 반납하며, 상호 간에 10,000원의 거래를 취소함.

⑤ 2월 10일에 MM사는 매입대금을 전액 지불하였는데, 약정된 기일보다 조기에 지급하였기에 1,000원을 면제받음.

요구사항 ▼

1. MM이 실지재고조사법을 적용하다고 전제하고, 양 사의 회계처리를 예시하시오.
2. MM이 취득한 재고자산 금액과 MD가 매출로 계상할 금액을 계산하시오.

MD와 MM의 회계처리는 다음과 같습니다.

날 짜	MD(판매자)			MM(구매자)		
1월 2일	(차변)	매출채권	20,000	(차변)	매입	20,000
	(대변)	매출	20,000	(대변)	매입채무	20,000
1월 2일	(차변)	운반비(판매비)	1,000		회계처리 없음	
	(대변)	현금	1,000			
2월 1일	(차변)	매출채권	20,000	(차변)	매입	20,000
	(대변)	매출	20,000	(대변)	매입채무	20,000

3) 고객에게 지급한 금액이므로 매출에서 조정됩니다. 만일, 고객이 아닌 제3자에게 지급했다면, 판매비와관리비로 분류합니다.

날 짜	MD(판매자)			MM(구매자)		
2월 1일		회계처리 없음		(차변) (대변)	매입(운반비) 매입채무	1,000 1,000
2월 2일	(차변) (대변)	매출(에누리) 매출채권	1,000 1,000	(차변) (대변)	매입채무 매입(에누리)	1,000 1,000
2월 3일	(차변) (대변)	매출(환입) 매출채권	10,000 10,000	(차변) (대변)	매입채무 매입(환출)	10,000 10,000
2월 10일	(차변) (차변) (대변)	현금 매출(할인) 매출채권	28,000 1,000 29,000	(차변) (대변) (대변)	매입채무 현금 매입(할인)	29,000 28,000 1,000

① 1월 2일에 MD가 부담한 1,000원의 운반비는 판매비(당기비용)로 회계처리합니다.
② 2월 1일에 MM이 부담한 1,000원의 운반비는 상품매입 과정에서 발생한 직접 관련 지출이므로 상품(재고자산)으로 처리됩니다.
③ 2월 2일에 하자로 인해 낮춘 가격은 매출에누리와 매입에누리로 회계처리합니다. 매출이나 매입계정에서 직접 차감하지 않고 구분하는 이유는, 회사의 내부 정보 관리 목적에 따른 것입니다. 재무제표에는 매출에누리나 매입에누리가 표시되지 않고 직접 매출과 재고자산에 가감됩니다.
④ 2월 3일에 반품한 금액은 매출환입과 매입환출로 처리합니다.
⑤ 2월 10일에 조기 결제로 낮춘 금액은 매출할인과 매입할인으로 처리합니다.

MM이 재고자산으로 계상할 금액은 29,000원(=20,000원+1,000원+20,000원-1,000원-10,000원-1,000원)입니다. 그리고 MD의 매출액은 28,000원(=20,000원+20,000원-1,000원-10,000원-1,000원)으로 계산됩니다.

3. 매출채권

(1) 대손 회계처리

외상으로 물품을 판매하는 경우 거래처의 부실화로 회수예상액이 감소할 수 있습니다. 결산 시점에 보유하는 채권 중 향후 회수하지 못할 것으로 예상되는 금액은 대손충당금이라는 계정으로 표시합니다. 대손에 대한 일반적인 회계처리는 본 절에서 살펴보고, 대손을 얼마큼 산정해야 하느냐는 〈제7장〉〈제1절〉에서 살펴봅니다.

대손은 실제 회수하지 못한 금액을 인식하는 절차가 아니라, 회수하지 못할 징후가 있다면 그 예상액이 얼마인지 추정하는 절차입니다. 매출채권의 손상징후로는 다음을 예로 들 수 있습니다.

① 회수 약정 초과

② 신용등급 하락이나 지급능력 상실

③ 거래처의 부도, 파산, 청산 등

거래처가 청산하거나 폐업하여 더 이상 채권을 관리할 의미가 없다면, 해당 매출채권과 대손충당금을 상계하여 장부에서 제거하게 됩니다. 이러한 절차를 제각이라고 하는데, 제각시점은 기준서에 제시되지 않고 있습니다. 내부 관리가 더 이상 의미가 없는 시점에 제각을 하는 것이 실무 관행입니다.

다음 예제로 대손 회계처리를 설명합니다.

예제 03 대손 회계처리

- 2001년 말에 MD는 100,000원의 매출채권을 보유하고 있으며, 3%만큼은 회수가능성이 적다고 예상함.
- 2002년 말에 보유하는 매출채권은 200,000원이며, 2%의 대손율이 예상됨.
- 2003년 말에 보유하는 매출채권은 150,000원이며, 2%의 대손율이 예상됨.
- 2004년 중에 거래처 중 하나인 A사가 청산되어 500원의 채권이 회수불가로 확정되어 제각 처리함.
- 2005년에 A사의 대표이사로부터 100원을 회수함.

요구사항 ▼ 회계처리를 예시하시오.

2001년에는 3,000원(=100,000원×3%)의 대손이 예상됩니다.

(차변) 대손상각비	3,000	(대변) 대손충당금	3,000

대손충당금은 매출채권의 평가계정입니다. (−)자산이라고 이해하시고, 오른쪽에 위치한다고 기억하시면 됩니다.

2002년 말에는 4,000원(=200,000원×2%)의 대손충당금이 계상되어야 하는데, 2001년에 설정한 충당금이 3,000원만큼 있으므로 추가로 1,000원을 계상합니다. 결산일 현재 재무상태표 계정인 대손충당금의 금액을 먼저 확정하고, 전기말 금액과의 차액을 반영합니다.

(차변) 대손상각비	1,000	(대변) 대손충당금	1,000

2003년에는 3,000원(=150,000원×2%)이 계상되어야 하는데, 현재 장부금액은 4,000원입니다. 따라서 1,000원을 줄여줍니다.

(차변) 대손충당금 1,000 (대변) 대손상각비 1,000

2003년에는 연간 총 대손상각비가 (−)1,000원입니다. (−)대손상각비는 비용을 부인하는 금액입니다. 재무제표상 판매비와관리비에 (−)대손상각비 또는 대손충당금환입이라는 계정과목으로 나타납니다. 예를 들어 대손을 제외한 판매비와관비가 300,000원이라고 가정해봅시다. 그렇다면 (−)대손상각비 또는 대손충당금환입으로 (−)1,000원을 표시하여, 판매비와관리비는 299,000원으로 표시됩니다.

제각에 대한 기준서 규정은 없습니다. 실무상 회수불가가 최종 확정되어 더 이상 채권을 관리할 필요가 없다고 판단되는 시점에 관련 채권과 대손충당금을 제거합니다.

(차변) 대손충당금 500 (대변) 매출채권 500

제각을 실시한 이후 회수한 금액은 대손충당금이나 대손상각비로 조정합니다. 결산 시점에 보유하는 채권에 대응되는 대손충당금을 설정하고 손익을 조정하면, 어쨌거나 재무제표에 표시되는 대손충당금과 대손상각비는 동일합니다.4)

(차변) 현금 100 (대변) 대손충당금 100

(2) 매출채권 Factoring

회사가 보유하는 매출채권 중 일부를 금융기관에 이전하고, 현금을 조기에 회수하는 과정을 Factoring이라고 합니다. Factoring 과정에서 거래처가 해당 대금을 금융기관에 지급하지 않았을 경우, 회사가 대지급할 의무가 있다면 금융기관이 구상권을 보유하게 됩니다.

① K-IFRS에서는 구상권이 있다면 매출채권을 담보로 자금을 차입하였다고 보아, 차입금으로 회계처리

② 일반기업회계기준은 실무상 편의를 위하여 구상권 유무와 관계없이 처분 회계처리를 실시

4) 예를 들어 상각채권의 추심이 이루어지기 이전에 대손충당금이 1,000원이고, 기말에 계상해야 할 대손충당금이 1,500원이라고 가정해 봅시다. 만일, 예제와 같이 대손충당금을 100원 조정한다면 결산수정분개로 대손충당금과 대손상각비를 400원만큼 인식하게 될 것입니다. 따라서 재무제표에는 대손충당금 1,500원, 대손상각비는 400원으로 표시됩니다.
반면, (−)대손상각비로 인식했다면 기말에 대손충당금과 대손상각비를 400원만큼 결산조정으로 반영하게 됩니다. 그 결과 재무제표는 대손충당금이 1,500원, 대손상각비는 400원으로 표시됩니다.

예제 04 **매출채권 처분**

- MD는 A사에 대한 채권이 100,000원을 보유하고 있음.
- MD는 동 매출채권을 금융기관에 양도하고 95,000원을 수령함.

요구사항 ▼

1. 구상권 유무에 따라 회계처리를 예시하시오.
2. A사가 금융기관에 100,000원을 지급하지 않았을 경우 일반기업회계기준에 따른 회계처리를 예시하시오(단, 회수가능성은 30%로 평가됨).

일반기업회계기준은 구상권 유무와 관계없이 처분 회계처리를 실시합니다.

(차변)	현금	95,000	(대변)	매출채권	10,000
	매출채권처분손실	5,000			

K-IFRS는 구상권이 없다면 상기 회계처리와 동일합니다. 그러나 구상권이 있다면, 차입거래로 분류합니다. 그리고 5,000원은 선지급한 이자로 해석합니다.

(차변)	현금	95,000	(대변)	단기차입금	10,000
	선급이자	5,000			

금융기관이 구상권을 행사하게 되면 회사는 100,000원을 지급할 의무가 발생하고, 구상채권이 100,000원만큼 생기게 됩니다. 구상채권에 대해서는 적정한 대손충당금을 설정해야 합니다. 일반회계기준에 따른 회계처리는 다음과 같습니다.

(차변)	매출채권	100,000	(대변)	단기차입금	100,000
	대손상각비	70,000		대손충당금	70,000

4. 외화거래

(1) 외화표시 자산과 부채의 환산

결산일 현재 보유하는 외화표시 자산과 부채에 대한 외화환산방법은 다음과 같습니다.

① 화폐성 외화항목은 마감환율로 환산함.

② 역사적원가로 측정하는 비화폐성 외화항목은 거래일의 환율로 환산함. 다만, 자산손상의 사유가 생길 경우에는 순실현가능가치나 회수가능액은 그 가치가 결정된 날의 환율(예 : 보고기간 말의 마감환율)로 환산함.

③ 공정가치로 측정하는 비화폐성 외화항목은 공정가치가 결정된 날의 환율로 환산함.

현물환율은 여러 종류가 있는데 기준서는 특정 환율을 지정하고 있지 않습니다. 따라서 회사는 회계정책으로 특정 환율을 지정하고, 비교가능성을 위하여 일관성 있게 적용하면 됩니다.

참고로 법인세법은 외국환거래규정에 따른 매매기준율 또는 재정된 매매기준율에 의해 계산하도록 규정하고 있습니다. 실무에서는 회계정책을 수립할 때 세법 내용을 참조하여, 가능하면 불필요한 차이를 발생시키지 않고자 노력하고 있습니다. 대표적인 사례는 감가상각방법, 경제적 내용연수, 환율 등입니다. 회계와 세법과 상이하다면 유보를 관리하는 복잡함이 수반되기 때문입니다.

화폐성 항목과 비화폐성 항목은 다음과 같습니다.

① **화폐성 항목** : 현금, 예금, 매출채권과 매입채무, 미수금과 미지급금, 현금으로 지급하는 연금과 그 밖의 종업원급여, 대여금/차입금, 현금으로 상환하는 충당부채, 부채로 인식하는 현금배당, 보증금, 채무증권

② **비화폐성 항목** : 재화와 용역에 대한 선급금, 영업권, 무형자산, 재고자산, 유형자산, 자산을 인도하여 상환하는 충당부채, 지분증권

예제 05 외화환산

- 2001년 12월 8일 : US$ 10의 매입채무가 발생(환율 : 1,200원)
- 2001년 12월 31일 : 환율 1,250원
- 2002년 1월 8일 : 매입채무 상환(환율 : 1,240원)

요구사항 ▼ 회계처리를 예시하시오.

화폐성 항목에 대해서는 결산일의 환율을 적용하여 거래일의 환율과의 차이를 당기손익으로 회계처리합니다. 그리고 결제시점에도 지출액과 장부금액의 차이를 당기손익으로 분류합니다.

① 거래 시점

(차변) 매입	12,000	(대변) 매입채무	12,000

② 결산수정분개

(차변) 외화환산손실(*)	500	(대변) 매입채무	500

(*) US$ 10×(1,250원－1,200원)

③ 채무 상환

(차변) 매입채무	12,500	(대변) 현금	12,400
		외환차익(*)	100

(*) 12,500원－US$ 10×1,240원

(2) 외화표시 선지급 · 선수취 대가

외화 거래와 관련된 선지급 · 선수취 대가에 대한 회계처리는 다음과 같습니다.

① 해외에서 재고자산을 취득하면서 선금을 지급한 경우, 지급한 시점의 환율을 적용하여 선급금을 계상함. 외화선급금은 비화폐성 항목이므로 결산일에 환산을 실시하지 않고, 실제 재고자산을 취득한 시점에는 동 금액을 재고자산으로 대체함.

② 향후 제품을 인도하기로 약정하면서 선수금을 수령한 경우, 수령한 시점의 환율을 적용하여 선수금을 계상함. 그리고 외화선수금은 비화폐성 항목이므로 결산일에 환산을 실시하지 않고, 실제 재화를 인도하는 시점에 장부에 계상되어 있는 선수금을 매출액으로 대체함.

예제 06 외화선수금

- 2001년 12월 8일 : US$ 10을 수령하여 향후 제품 5개(단위당 단가 : US$ 2)를 인도하기로 약정함(환율 : 1,200원).
- 2002년 5월 31일 : 2001년 12월 8일에 체결된 약정에 따라 제품 5개를 인도하고, 추가적으로 제품 5개를 인도함(환율 1,250원).
- 2002년 12월 31일 : 매입채무 상환(환율 : 1,240원)

요구사항 ▼ 회계처리를 예시하시오.

외화선수금과 외화선급금은 비화폐성 항목입니다. 따라서 기말 시점의 환율을 적용하여 환산하지 않고, 처음에 인식된 금액이 매출액과 재고자산으로 대체됩니다.

① 2001년 12월 8일 : 외환선수금 수취

(차변) 현금	6,000	(대변) 선수금	6,000

외화선수금은 비화폐성 항목이므로 2001년 말에 환산하지 않습니다.

② 2002년 5월 31일 : 제품 인도

(차변)	선수금(*1)	6,000	(대변)	매출	12,250
	매출채권(*2)	6,250			

(*1) 외화선수금은 장부금액을 매출액으로 대체
(*2) 매출채권은 인도일 시점의 환율 적용

③ 2002년 12월 31일 : 결산수정분개

(차변)	외화환산손실(*)	100	(대변)	매출채권	100

(*) US$ 10×(1,250원 - 1,240원)

(3) 외화표시 지분증권

외화표시 지분증권에 대한 환율변동효과는 본 자산에 대한 평가손익 분류기준과 동일하게 표시됩니다.

① 공정가치의 변동을 손익으로 인식하는 비화폐성 외화자산(FVPL, 단기매매증권)으로 보유하는 경우 환율변동효과는 당기손익에 반영

② 반면, 공정가치의 변동을 자본으로 인식하는 비화폐성 외화자산(FVOCI, 매도가능증권)으로 보유하는 경우 환율변동효과는 기타포괄손익으로 인식

(4) 무역운송 조건(Incoterms)

K-IFRS 제1115호 '고객과의 계약에서 생기는 수익'은 통제의 이전에 초점을 맞추고 있습니다(K-IFRS가 규정한 동 내용은 상당부분 일반기업회계기준에도 적용될 수 있습니다). 자산에 대한 통제란 자산을 사용하도록 지시하고 효익의 대부분을 획득할 수 있는 능력을 의미합니다. 통제의 이전을 판단하기 위한 지표로 지급청구권, 법적 소유권, 물리적 점유, 유의적인 위험과 보상, 인수를 예로 들고 있습니다.

인코텀즈(Incoterms)는 국제 무역거래에서 매도인과 매수인 간 위험 · 비용 분담 및 소유권 이전 시점을 명확히 규정하는 국제 표준 계약조건입니다. 내용을 요약하면 다음과 같습니다.

그룹	조건	위험(소유권) 이전	수익 인식 시점	운임 및 보험
E	EXW	공장 Pick up 시점	수출자 공장 인도	구매자 부담
F	FCA, FAS, FOB	선적장소 인도 시점	지정 운송인 인도	구매자 부담
C	CFR, CIF, CPT, CIP	선적 완료 시점	선적 시점	판매자 별도 수익인식
D	DAP, DPU, DDP	도착지 인도 완료	도착 후 인도	판매자가 대부분 부담

Intercoms에 대한 회계처리 원칙은 US-GAAP의 ASC 606-10을 참조하여 다음과 같이 정리할 수 있습니다.

① 통제의 이전이 이루어지기 전에 운반활동이 이루어지면, 운반활동은 별도의 수행의무가 아니므로 관련 비용은 수행의무를 이행하기 위한 비용임.

② 통제의 이전이 이루어진 후 운반활동이 이루어진다면, 운송활동을 별도의 수행의무로 보고 비용은 수행의무(운반용역) 인식할 때 인식

Incoterms는 전형적인 내용을 담고 있으나, 거래 상황에 따라 추가 약정이 부여되는 경우도 많습니다. 추가 약정이 부가되어 표준 약정과 수익인식 시점이 달라질 수 있으므로 분석에 주의를 요합니다.

가장 일반적인 무역조건인 FOB와 관련된 사례를 살펴봅시다.

예제 07 FOB(Free on Board) 조건

- 운송조건은 FOB조건임.
- 재화는 화장지이며, 고객의 검수 및 인수는 실질적이지 아니함.
- FOB조건은 재화를 선적하는 시점에 재화의 이전에 대한 판매자의 의무가 이행됨. 구매자는 선적 후 발생하는 모든 비용과 손실을 부담하며, 법적 소유권은 재화가 운송업체에게 이전되는 시점에 구매자에게도 이전됨. 판매자가 선적시점에 선하증권을 구매자에게 제공하고, 구매자는 이를 이용하여 운송 중인 물품을 제3자에게 판매할 수 있음.

요구사항 ▼

1. 수익인식시점을 판단하시오.
2. 과거의 사업 관행상 회사는 운송 중 파손이 발송하면 고객에게 추가적인 비용 없이 재화를 교체하고 있다. 이 경우 수익인식시점을 판단하시오.
3. 인코텀즈 외 별도 약정에 따라 고객이 검수 후에 지급청구권을 보유하게 되며, 검수 후에 법적 소유권이 이전된다고 협의하였을 경우 수익인식시점을 판단하시오.

▶▶ 고객의 검수 및 인수가 실질적이지 아니한 경우

재화에 대한 통제를 판단하는 지표에 따른 분석은 다음과 같음.

① **지급청구권** : 제조회사는 고객이 선하증권(Bill of Landing)을 받는 시점에 지급청구권이 발생함.

② **법적 소유권** : 고객은 재화가 운송업체에 이전되는 시점에 소유권을 보유하며, 운송계약에서 재화에 대한 권리는 적법한 선하증권의 보유자에게 있음.

③ **물리적 점유** : 고객이 물리적 점유를 하지 아니함.

④ **유의적인 위험과 보상** : 선적시점에 유의적인 위험과 보상이 고객에게 이전됨.

⑤ **인수** : 해당 사항 없음.

따라서 선적시점에 통제가 이전되므로, 동 시점에 수익을 인식하는 것이 적절합니다.

▶▶ 관행으로 파손에 대해 보상하는 경우

통제 이전을 보여주는 다른 지표는 종전 내용과 동일합니다. 다만, 사업관행에 따라 재화의 운송 중 파손에 대한 교체는 별도의 수행의무로 식별됩니다. 동 수행의무에 대해서도 거래대가가 배분되어야 하며, 해당 수행의무를 이행하는 시점에 수익을 인식하게 됩니다.

▶▶ 고객의 검수 및 인수가 실질적인 경우

고객의 검수 및 인수가 실질적이며, 그 이후 지급청구권과 법적 소유권이 이전됩니다. 즉, 수익인식시점은 검수완료시점입니다.

CIF 조건을 전제로 한 사례를 살펴봅시다.

예제 08 **CIF(Cost, Insurance and Freights) 조건**

- 운송조건은 CIF조건이며, 고객의 검수 · 인수는 실질적이지 아니함.
- CIF조건은 판매자가 재화가 고객의 도착항까지 운반하는 데 필요한 원가와 운임을 부담함. 선적 후 발생하는 사건에 따른 재화의 손실위험은 선적시점에 판매자에게서 구매자로 이전됨. 판매자는 운송기간 중 구매가가 부담할 손실위험에 대비하여 보험계약을 체결하며 보험료도 판매자가 지불함.
- 판매자가 선적시점에 선하증권을 구매자에게 제공하며 이를 이용 구매자는 운송 중인 물품을 제3자에게 판매할 수 있음.

요구사항 ▼

1. 수익인식시점을 판단하시오.
2. 계약상 고객의 검수요건을 충족하지 못할 경우 재화를 교체해야 하며, 검수 이후 대금을 지급함. 이와 같이 고객의 검수 및 인수가 실질적인 경우, 수익인식시점을 판단하시오.

▶▶ 일반적인 CIF 조건인 경우

재화에 대한 통제를 판단하는 지표에 대한 분석은 다음과 같습니다.

① **지급청구권** : 판매자는 고객이 선하증권(Bill of Landing)을 받는 시점에 지급청구권이 발생함.

② **법적 소유권** : 고객은 재화가 운송업체에 이전되는 시점에 소유권을 보유하고, 운송계약에서 재화에 대한 권리는 적법한 선하증권의 보유자에게 있음.
③ **물리적 점유** : 고객이 물리적 점유를 하는 것은 아님.
④ **유의적인 위험과 보상** : 선적시점에 재화에 대한 유의적인 위험과 보상은 고객에게 이전됨. 운송 중 손실 발생 시 보험사에게 보상을 청구할 수 있음.
⑤ **인수** : 해당 사항 없음.

선적시점에 재화에 대한 통제가 이전되므로, 동 시점에 수익을 인식하는 것이 적절합니다.

▶▶ 추가 약정이 있는 경우

재화에 대한 통제를 판단하는 지표와 관련하여 다음과 같이 분석할 수 있습니다.
① **지급청구권** : 고객의 검수완료시점에 지급청구권이 발생함.
② **법적 소유권** : 고객은 재화가 운송업체에 이전되는 시점에 소유권을 보유하므로, 운송계약에서 재화에 대한 권리는 적법한 선하증권의 보유자에게 있음.
③ **물리적 점유** : 고객이 물리적 점유를 하는 것은 아님.
④ **유의적인 위험과 보상** : 무역운송조건에 따르면 선적시점에 재화에 대한 유의적인 위험과 보상은 고객에게 이전됨. 그러나 판매자는 고객의 검수가 통과되지 않을 경우에 대한 유의적인 위험을 보유함.
⑤ **인수** : 인수가 실질적이라면 선적시점에는 검수가 이루어지지 않은 상태임.

고객이 설비에 대한 검수를 완료한 시점에 통제가 이전되므로, 동 시점에 수익을 인식하는 것이 적절합니다.

5. 총액과 본인 : 본인과 대리인

(1) 수행의무와 주요 판단 지표

매출액과 매출원가를 각각 인식할 것인가 또는 순액을 수수료로 인식할 것인가에 대한 주제가 '본인과 대리인'입니다. 일반적인 회사는 매출규모에 큰 관심을 가집니다. 그리고 영업부서의 성과평가도 대부분 매출액 총액을 우선 지표로 하고 있습니다. 동일한 순이익이더라도 매출액이 크게 표시되는 것을 선호합니다. 이러한 이유로 '본인과 대리인' 이슈는 실무상 빈번하게 제기되고 있습니다.

예제 09 본인과 대리인

- 상황 1
  - A사는 고객이 항공기 예약을 요청하면, 항공사와 900원에 티켓을 구매하기로 협의함.
  - 항공사와 협의 후 A사는 고객에게 1,000원을 수령한 후, 항공사에게 900원을 지급함.
- 상황 2
  - B사는 항공사와 협의하여 좌석 10개를 개당 9,000원에 예약함.
  - B사는 하와이에 있는 호텔과 협의하여 숙소 10개를 개당 8,000원에 예약함.
  - B사는 하와이 패키지 상품을 고객에게 개당 20,000원에 판매하고 있음.
  - B사가 고객을 유치하지 못한다면, 미계약된 부분에 대해 항공사와 호텔이 가격을 30%씩 할인하기로 함.

요구사항 ▼ A사와 B사가 매출로 인식할 금액은 얼마인가?

▶▶ A사 : 수수료 수익 인식(대리인, 순액매출)

A사는 고객에게 티켓팅 서비스를 수행한 대가로 대금을 수령한 것입니다. A사는 티켓(항공 서비스) 자체와는 관련이 없는, 대행서비스를 제공하고 있습니다. 따라서 대행서비스에 대응되는 100원만 매출액으로 인식합니다.

다만, A사는 수수료만 수익으로 인식하더라도 A사는 채권과 채무에 대한 권리와 의무가 있습니다. 따라서 채권과 채무는 총액으로 표시해야 합니다.

▶▶ B사 : 매출과 원가 인식(본인, 총액매출)

B사는 고객이 유치되지 못할 경우에도 항공사와 호텔에 대금을 지급해야 합니다. 즉, 티켓과 호텔 숙박 자체를 구입한 본인이기 때문입니다. 따라서 B사는 매출과 원가를 각각 총액으로 표시합니다. 그리고 고객을 유치하지 못할 경우 할인해 주는 경우에도 재고위험 등을 부담한다는 사실 자체에는 변화가 없으므로 총액으로 매출을 인식합니다.

고객에게 정해진 재화나 용역이 이전되기 전에 회사가 정해진 재화나 용역을 통제한다면 본인으로 보는데, 핵심 지표는 다음과 같습니다. 본인과 대리인에 대한 이슈는 빈번하게 제기되므로, 관심 있으신 분들은 기준서 전체 내용을 살펴보시기 바랍니다.

① 정해진 재화나 용역을 제공하기로 하는 약속을 이행할 주된 책임이 회사에 있음.

② 정해진 재화나 용역이 고객에게 이전되기 전이나, 고객에게 통제가 이전된 후에 재고위험이 회사에 있음.

③ 정해진 재화나 용역의 가격을 결정할 재량이 회사에 있음.

(2) 거래 실질 판단

본인과 대리인 판단은 다양한 요소를 고려해야 합니다. 계약서뿐만 아니라, 회사의 실질적인 영업활동 과정을 살펴봐야 합니다. 형식적인 계약서 검토만으로는 결론 내리기 어려운 경우가 많습니다.

예제 10 **계약서 검토**

- A사는 B사에게 상품을 700원에 구매하여1,000원에 판매함.
- A사가 재고를 인수한 이후 하자 등이 발생할 경우 B사는 보상함.
- 자금 흐름 : A사는 B사에게 700원을 지급하고, 고객으로부터 1,000원을 수취

요구사항 ▼ 상품 거래에 대한 본인과 대리인 이슈를 판단하시오.

실무상 본인과 대리인 이슈는 총액 매출로 인식하기 위한 형식적 요건을 충족하고 있는 경우가 많기 때문에 판단하기 어려운 측면이 있습니다. 이 경우 회사의 조직구조뿐만 아니라, 실물의 흐름 등을 종합적으로 살펴볼 필요가 있습니다.

본인으로 판단되는 경우와 그렇지 않은 경우에 발견되는 거래 흐름을 비교해 봅시다.

구분	본인으로 거래하는 경우	대리인으로 거래하는 경우
재고자산 흐름	• B사에서 A사 창고로 재고가 입고되고, A사 창고에서 회사는 상품을 출고하여 고객에게 전달함. • B사 창고에서 고객에게 직접 전달되는 거래의 비중이 미미함.	• B사 창고에서 최종 고객에게 직접 전달되는 경우가 일반적임. • A사의 창고를 경유하는 거래는 있더라도 일부에 불과함.
재고 위험	• 상품이 판매되지 아니할 경우 회사는 7,000원의 손실이 발생함. • 고객으로부터 Claim이 있다면 직접 대응함.	• 재고에 대한 실질적인 위험을 부담하지 아니함. • 고객이 Claim을 제기하면, B사에게 그 책임을 그대로 전가함.
가격 결정권	• B사와의 구매가격 협의, 고객과의 판매가격 협의 과정이 진행됨. • 즉, 매입과 매출 가격에 대한 결정권이 있음.	• 300원의 수수료를 결정하고, 양자 간의 가격을 조정함. • 수수료 가격에 대한 결정권이 있음.

구분	본인으로 거래하는 경우	대리인으로 거래하는 경우
회사의 조직	• 상품을 구매하고 판매하기 위한 조직이 존재함. • 구매팀, 영업팀 및 재고 관리팀이 존재함.	• 중개서비스를 제공하는 조직이 존재함. • 본인으로서 거래하는 경우보다 조직 규모가 작음.
계약 특징	• 매입과 매출 계약이 각각 독립적으로 체결됨.	• 매입과 매출이 연관된 형태로 체결됨.
채권 위험	• 10,000원을 수령하지 못할 위험	• 3,000원을 수취하지 못할 위험

(3) 대리인의 위험 관리

특히 유통업을 영위하는 회사 등에서 본인과 대리인 문제가 제기되고 있습니다. 동 이슈는 매출액을 얼마큼 인식할 것인가에 대한 사항이며, 대리인으로서 수행하는 영업활동 자체에 어떠한 문제가 있다고 볼 수는 없습니다. 대리인으로서 업무를 수행할 경우 발생할 수 있는 위험에 대해 생각해 봅시다.

예제 11 대리인의 위험

- A사는 고객에게 유통서비스를 제공하고 있음.
- A사는 일시적으로 물량이 증가하면, 다른 유통회사와 하도급 계약하여 고객에게 서비스를 제공하고 있음.
- A사가 B사의 계약 등의 관계는 다음과 같음.
  - 향후 1년간 매달 10,000원의 운송계약 체결함.
  - A사는 C사와 하도급계약을 체결하고 매달 9,500원을 지급하기로 함.
  - B사에 대한 운송서비스는 C사가 수행할 예정임.
  - C사가 업무 중에 필요한 설비 중 일부는 A사가 무료로 대여할 예정임.
  - A사는 C사에게 매달 초 9,500원을 지급하고, B사로부터 매달 말에 10,000원을 수령하기로 약정함.
- A사가 만일 C사에게 직접 서비스를 제공하였다면 9,000원의 원가가 발생하였을 것으로 추정하고 있음.

요구사항 ▼ 상기 거래에 있어 A사가 유의할 사항에 대해 검토하시오.

A사는 자신이 직접 본인으로서 운송 서비스도 제공하지만, 상황에 따라 대리인으로서 운송서비스 수수료를 수취하기도 합니다. 예제에서 기술한 거래는 A사와 B사, A사와 C사 간의 계약이 연관되어 체결될 하나의 계약으로 볼 수 있습니다. 즉, 대리인으로서의 거래입니다.

상기 거래가 A사에게 미치는 위험을 생각해봅시다.

① A 본인으로 업무를 했다면 1,000원의 이익을 취하였을 것인데, 수수료로 500원을 획득하였습니다. 세상에 공짜는 없습니다. A사는 어떠한 역할을 수행하는 대가로 500원을 취득하는 것인지 명확하게 정의할 필요가 있습니다. B사와 C사가 직접 계약하고 거래를 하지 않고, A사가 거래 가운데 개입되도록 설계된 이유를 반드시 파악해야 합니다.

② A사의 역할은 C사가 업무를 제대로 수행하도록 관리하고, 일부 설비를 대여하는 것입니다. 해당 업무에 대한 대가가 500원이면 적정한 것인지 검토해야 합니다. 업계에서 통용되는 수수료 정도와 비교할 필요가 있습니다.

③ 예제의 경우 A사가 먼저 9,500원을 지급하고, 월말에 B사로부터 10,000원을 수취하게 됩니다. 대리인으로서 역할을 하는 경우 먼저 10,000원을 수취한 후 9,500원을 지급하는 것이 일반적입니다. 왜냐하면 대행서비스에 따른 위험만 부담하는 자금흐름을 선호하기 때문입니다. 그런데 예제와 같이 먼저 대금을 지급하고 수취하지 못한다면 10,000원에 대한 위험을 부담하게 됩니다.

제 2 절 재고자산

1. 재고자산 기록방법

〈제2장〉에서 실지재고조사법과 계속기록법을 자세하게 살펴봤습니다. 중요한 내용이므로 관련 내용을 요약합니다.

(1) 실지재고조사법

재고자산의 취득 및 판매 시점에는 재고자산과 매출원가를 인식하지 않고, 기말에 재고자산 금액을 확정한 이후 매출원가를 인식하는 방법입니다. 실지재고조사법(Periodic Inventory System)은 재고자산 취득 시 매입(임시계정)으로 기록하고, 기중에는 매출만 회계처리합니다. 이때 매입은 손익계정이라기보다는 일종의 임시계정으로서 결산 과정에서 본 계정으로 대체되며, 재무제표에 표시되지는 않습니다.

결산 시 결산수정분개로 기초 재고자산과 매입계정을 재고자산으로 대체하고, 원가흐름에 대한 가정(선입선출법이나 이동평균법 등)에 따라 확정된 재고자산금액을 매출원가에서 차감합니다.

재고자산을 취득 시의 기중 회계처리는 다음과 같습니다.

(차변) 매입 ××× (대변) 현금 ×××

그리고 결산수정분개는 다음과 같이 이루어집니다.

(차변) 매출원가 ××× (대변) 재고자산(기초) ×××
(*) 기초 재고자산을 매출원가로 대체

(차변) 매출원가 ××× (대변) 매입 ×××
(*) 기중 매입 금액을 매출원가로 대체

(차변) 재고자산(기말) ××× (대변) 매출원가 ×××
(*) 기말에 확정된 재고자산 금액만큼 매출원가를 차감

(2) 계속기록법

계속기록법(Perpetual Inventory System)은 재고자산을 취득하는 시점에 재고자산을 직접 인식하고, 판매하는 시점마다 매출에 대응하는 매출원가를 기록하는 방법입니다. 따라서 계속기록법을 적용하기 위해서는 판매된 재고자산의 원가를 적시에 파악할 수 있다는 전제가 필요합니다.

계속기록법은 재고실사과정이 없더라도 매출원가를 산출할 수 있습니다. 그러나 재고자산에 대한 실물 관리를 위하여 정책적으로 실사를 주기적으로 실시하고 있습니다.

① 재고자산 취득

(차변)	재고자산	×××	(대변)	매입채무	×××

② 매출 및 매출원가 인식

매출을 인식하는 시점에 매출회계처리뿐만 아니라, 재고자산을 매출원가로 대체하는 회계처리를 동시에 반영합니다.

(차변)	매출채권	×××	(대변)	매출	×××
(차변)	매출원가	×××	(대변)	재고자산	×××

2. 재고자산의 취득원가

재고자산의 매입원가는 거래금액뿐만 아니라 직접 관련 지출을 포함하여 집계됩니다. 직접 관련 지출로는 매입운임, 하역료 및 보험료 등의 정상적으로 발생한 부대원가가 있습니다. 그리고 제조과정에서 발생한 직접재료원가, 직접노무원가, 제조와 관련된 변동 및 고정 제조간접원가의 체계적인 배부액이 재고자산의 원가로 집계됩니다. 제품원가계산 과정은 〈제2장〉〈제2절〉을 참조하시기 바랍니다.

부대원가 중 재고자산에 포함할 수 없는 항목은 다음과 같습니다. 당기비용으로 처리해야 합니다.

① 재료원가, 노무원가 및 기타의 제조원가 중 비정상적으로 낭비된 부분
② 추가 생산단계에 투입하기 전에 보관이 필요한 경우 외의 보관비용
③ 재고자산을 현재의 장소에 현재의 상태로 이르게 하는 데 기여하지 않은 관리간접원가
④ 판매원가

제조업의 경우 조업도에 대한 검토가 필요합니다. 예를 들어 정상적인 상황에서는 고정비가 10,000원이며 1,000개를 생산하여, 단위당 10원이 배부된다고 가정해봅시다. 그런데 천재지변으로 100개만 생산했다고 가정해봅시다. 그렇다고 하여 단위당 100원(=10,000원÷100개)을 배부하지는 않고, 조업도손실을 별도로 인식합니다.

① 일반기업회계기준에서는 9,000원의 조업도손실을 영업외비용으로 분류
② K-IFRS에서는 9,000원을 매출원가로 분류하되, 재고자산을 경유하지 않고 당기비용으로 처리

3. 재고자산의 원가배분

(1) 원가배분

재고자산의 원가배분이란 판매가능재고 금액을 기말재고 금액과 매출원가 등으로 배분하는 과정입니다. 그림으로 예시하면 다음과 같습니다.

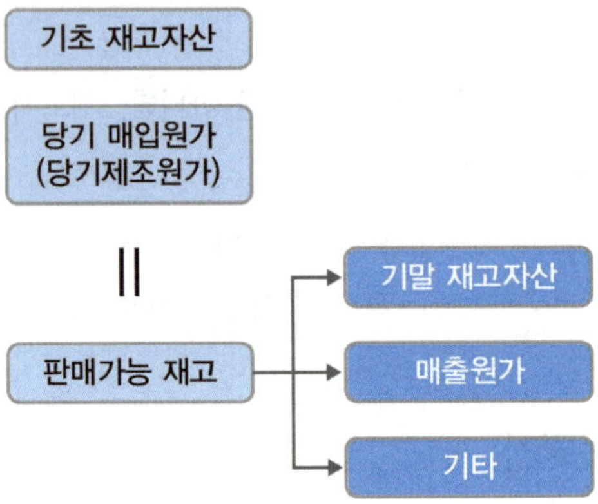

일반적인 경우 판매가능재고에서 기말에 확정된 재고자산을 차감하면 매출원가가 계산됩니다. 그러나 타계정대체, 감모손실 등이 발생하면 해당 금액을 고려하여 매출원가를 구하게 됩니다. 여기서 타계정대체란 재고자산을 비품이나 접대비 등 다른 용도로 사용하는 것입니다. 감모손실은 파손, 부패, 증발, 도난 등으로 인해 실제 재고자산 수량이 장부에 미치지 못했을 경우를 의미합니다.

(2) 원가흐름의 가정

재고자산 수량은 실사를 통해 확정되며, 재고자산의 단가는 원가흐름의 과정에 의하여 산정됩니다. 실제 재고자산 단가는 거래시점마다 변동합니다. 따라서 실제 재고자산이 물리적으로 어떻게 이동하는지와 관계없이, 가상의 원가흐름을 가정하여 매출원가와 기말재고액을 계산하게 됩니다.

① **선입선출법**(First-In, First-Out, FIFO)

- 가장 먼저 구매하거나 생산한 재고가 가장 먼저 판매된다고 가정합니다.
- 기말재고는 가장 최근에 매입한 재고로 구성되어 있어, 물가 상승 시 기말재고액이 높게, 매출원가가 낮게 나타나는 경향이 있습니다.

② **후입선출법**(Last-In, First-Out, LIFO)

- 가장 최근에 구매하거나 생산한 재고가 가장 먼저 판매된다고 가정합니다.
- 물가 상승 시 매출원가가 높게, 기말재고액이 낮게 나타납니다. 이 경우 세전이익이

감소하여 법인세 부담이 줄어드는 효과를 볼 수 있습니다.

③ **평균법**(Moving Average Method)

- 평균법은 기초에 보유하고 있는 재고항목과 회계기간 중에 매입하거나 생산한 재고항목이 구별 없이 판매 또는 사용된다고 원가흐름을 가정하여 평균원가를 사용하는 방법입니다.
- 평균원가는 기초 재고자산의 원가와 회계기간 중에 매입 또는 생산한 재고자산의 원가를 가중평균하여 산정합니다.
- 가중평균법은 기업의 상황에 따라서 주기적으로 적용(총평균법)하거나 매입 또는 생산할 때마다 적용(이동평균법)할 수 있으나, 적용방법의 일관성을 유지해야 합니다.

④ **개별법**(Specific Identification Method)

- 개별 제품의 실제 원가를 추적하여 원가를 결정하는 방법입니다.
- 일반적으로 고유한 특성이 있는 고가품(자동차, 귀금속 등)에 적용되며, 재고자산의 수량과 원가를 정확하게 일치시킬 수 있습니다.

실무상 선입선출법이나 평균법이 일반적으로 사용되고 있습니다. 그리고 평균법의 경우 회사시스템에 따라 총평균법 또는 월총평균법이 적용되고 있습니다.

예제 12 원가흐름에 대한 가정

- MD의 재고자산 흐름은 다음과 같음.

구분	수량	단위당 원가	총원가	상품번호
기초재고(1월 1일)	1	1,000	1,000	A
매입(1월 15일)	1	2,000	2,000	B
매입(1월 30일)	1	6,000	6,000	C
판매가능수량	3		9,000	
매출(1월 20일)	(−)1			
기말재고(1월 31일)	2			

- 1월 20일에 판매된 실제 재고는 상품번호 B임.

요구사항 ▼

1. 선입선출법에 따라 매출원가와 기말 재고자산 금액을 계산하시오.
2. 총평균법에 따라 매출원가와 기말 재고자산 금액을 계산하시오.
3. 이동평균법에 따라 매출원가와 기말 재고자산 금액을 계산하시오.

▶▶ 선입선출법

선입선출법은 먼저 입고된 재고가 판매된다고 가정하는 방법이므로, 판매된 재고는 1월 1일에 보유한 재고자산으로 가정합니다. 매출원가와 기말재고 산정 시 실제 판매된 상품 번호와는 관련이 없습니다.

① 매출원가=1,000원

② 기말재고=2,000원+6,000원=8,000원

▶▶ 총평균법

총평균법을 적용 시 단위당 취득원가는 3,000원(=9,000원÷3개)으로 계산됩니다. 따라서 재고자산과 매출원가는 다음과 같이 계산됩니다.

① 매출원가=3,000원×1개=3,000원

② 기말재고=3,000원×2개=6,000원

▶▶ 이동평균법

이동평균법은 거래시점마다 평균 취득원가를 계산해야 하는데, 그 과정은 다음과 같습니다.

거래시점	수량	단위당 원가	총원가	상품번호	재고액	평균 취득원가
기초재고(1월 1일)	1	1,000	1,000	A	1,000	1,000
매입(1월 15일)	1	2,000	2,000	B	3,000	1,500
매출(1월 20일)	(−)1	1,500	1,500		(1,500)	1,500
매입(1월 31일)	1	6,000	6,000	C	7,500	3,750

평균 취득원가는 거래시점마다 변경됩니다. 평균 취득원가가 1,500원인 시점에 판매하였기에 매출원가는 1,500원으로 계산되며, 잔여금액인 7,500원은 재고자산에 배분됩니다.

4. 재고자산의 평가, 폐기 및 감모

재고자산에 대한 평가 및 감모로 발생한 변동은 당기비용으로 분류됩니다. 이때 비용분류는 다음과 같습니다.

① **재고자산평가손실 및 평가손실환입** : 매출원가에서 조정

② **재고자산감모손실 및 재고자산폐기손실** : 정상적이라면 영업비용(매출원가)으로 분류, 비정상적이라면 영업외비용으로 분류

일반기업회계기준 7.20에서는 감모손실이 정상적인지 여부에 따라 그 분류가 달라지는데, '정상적'이라는 의미는 주된 영업활동과 관련이 있는지에 따라 결정됩니다. 만일, 생산이나 판매과정에서 발생한 감모손실은 영업비용으로 분류하지만, 예기치 못한 천재지변으로 인한 감모손실은 영업외비용으로 분류됩니다.

재고자산폐기손실의 경우도 마찬가지입니다. 유통기한 경과, 생산라인 중단, 불량 제품 등 영업활동 과정에서 발생했다면 영업비용으로 반영합니다. 따라서 영업외비용으로 분류되는 사유는 극히 제한됩니다.

한편, 재고자산의 순실현가능가치 평가 과정은 〈제7장〉〈제2절〉에서 살펴봅니다.

제3절 유형자산

유형자산과 무형자산은 기업의 핵심자산입니다. 유형자산은 금액도 크고, 업종에 따라 다양한 형태를 보이고 있습니다. 따라서 실무적으로 판단하기 애매한 분야(특히, 취득원가의 범위, 구성품 회계 및 자본적지출 등)이기도 합니다.

1. 유형자산의 원가

유형자산은 취득하고 유지 · 보수하는 과정에서 다양한 지출이 거액으로 발생합니다. 유형자산의 원가 범위는 실무상 자주 논의되는 주제입니다. 여기서는 지면의 한계상 주요 규정을 중심으로 살펴보지만, 질의회신도 많이 생성되어 있으므로 참고하시기 바랍니다.

(1) 최초 원가

유형자산은 재화의 생산, 용역의 제공, 타인에 대한 임대 또는 자체적인 사용을 목적으로 보유하는 물리적 실체가 있는 자산으로 1년을 초과하여 사용할 것이 예상되는 자산입니다.

실무상 일정 금액 이하의 자산은 당기비용으로 처리하는 정책을 보유하는 것이 일반적입니다. 유형자산이 맞기는 하지만, 감가상각비를 계산하는 등의 절차를 생략하기 위함입니다. 회계원리에 부합하지는 않지만 실무상 편의를 위하여 내부적으로 정책화한 것입니다.

유형자산은 최초에 취득원가로 측정합니다. 현물출자, 증여, 기타 무상으로 취득한 자산은 공정가치를 취득원가로 합니다. 취득 시 할인 등이 있는 경우에는 이를 차감합니다. 취득원가는 구입원가 또는 제작원가와 경영진이 의도하는 방식으로 자산을 가동하는 데 필요한 장소와 상태에 이르게 하는 데 직접 관련되는 지출로 구성됩니다.

① 설치장소 준비를 위한 지출
② 외부 운송 및 취급비
③ 설치비
④ 설계와 관련하여 전문가에게 지급하는 수수료
⑤ 유형자산의 취득과 관련하여 국 · 공채 등을 불가피하게 매입하는 경우 당해 채권의 매입금액과 공정가치와의 차액
⑥ 자본화대상인 차입원가
⑦ 취득세, 등록세 등 유형자산의 취득과 직접 관련된 제세공과금

⑧ 해당 유형자산의 경제적 사용이 종료된 후에 원상회복을 위하여 그 자산을 제거, 해체하거나 또는 부지를 복원하는 데 소요될 것으로 추정되는 원가가 충당부채의 인식요건을 충족하는 경우 그 지출의 현재가치(복구원가)

⑨ 유형자산이 정상적으로 작동되는지 여부를 시험하는 과정에서 발생하는 원가

⑩ 단, 시험과정에서 생산된 재화(예 : 장비의 시험과정에서 생산된 시제품)의 순매각금액(매각금액에서 매각부대원가를 뺀 금액) : 일반기업회계기준은 유형자산 취득원가에서 차감, K-IFRS는 수익과 비용으로 인식(총액 표시)

자산의 취득, 건설, 개발에 따른 복구원가에 대한 충당부채는 유형자산을 취득하는 시점에서 해당 유형자산의 취득원가에 반영합니다. 그러나 법규의 신설, 계약조항의 변경 등으로 인하여 자산을 사용하는 도중에 책임을 부담하게 되는 경우에는 당해 복구원가에 대한 충당부채를 인식하는 시점에서 해당 유형자산의 장부금액에 반영합니다.

다만, 복구원가가 자산의 내용연수에 걸쳐 발생하는 경우에는 해당 기간의 비용 또는 제조원가로 처리합니다. 복구충당부채는 〈제8장〉〈제3절〉에서 살펴봅니다.

한편, 다음 사항은 유형자산의 원가에 해당하지 않습니다.

① 새로운 시설을 개설하는 데 소요되는 원가

② 새로운 상품과 서비스를 소개하는 데 소요되는 원가(예 : 광고 및 판촉활동과 관련된 원가)

③ 새로운 지역에서 또는 새로운 고객층을 대상으로 영업을 하는 데 소요되는 원가 (예 : 직원 교육훈련비)

④ 관리 및 기타 일반간접원가

⑤ 기업의 영업 전부 또는 일부를 재배치하거나 재편성하는 과정에서 발생하는 원가

여러 유형자산을 취득하였다면, 자산의 공정가치를 기준으로 취득금액을 배분하게 됩니다. 그러나 신규 건물을 건축하기 위하여 토지를 취득하였는데, 구건물이 있을 경우에는 모든 지출을 토지로 귀속합니다.

한편, 구건물을 폐기하고 신건물을 구축하는 과정에서 발생한 지출은 K-IFRS상 설치준비원가로 자산화되지만, 일반기업회계기준에서는 당기비용으로 처리됩니다. 유형자산에 관련된 지출은 거액이므로 규정과 질의회신을 꼼꼼하게 살피시기 바랍니다.

(2) 구성품 회계

내용연수가 서로 다른 자산이 하나의 묶음으로 취득되는 경우에는 (중요성을 고려하고) 개별 자산을 구분하여 상각방법이나 내용연수를 구분할 필요가 있습니다. 예를 들어 항공기 동체와 엔진을 구분하여 각각을 별개 자산 항목으로 등록하고, 다른 내용연수를 적용하

는 것입니다. 구성품 회계가 적절하게 이루어지지 않으면 실제 자산은 교체되었는데, 장부상으로 여전히 남아 있을 수 있습니다.

예제 13

구성품 회계

- 자동차를 400원에 구입하고 내용연수를 10년 적용함.
- 2년이 경과된 시점에 타이어를 교체하고 100원을 지출함.

요구사항 ▼ 회계처리를 예시하시오.

만일, 2년이 경과된 이후 자산 100원을 증가시키는 회계처리만 반영한다면, 실제 기존 타이어는 폐기되었으나 장부상으로는 타이어가 8개를 가진 자동차가 될 것입니다. 이러한 경우에는 최초원가를 구분하지 않았더라도 합리적인 금액을 추정하여 400원의 원가 중 일부를 제거하는 것이 적절합니다.

타이어가 자동차 전체 원가 중에서 중요한 비중이라면 처음부터 100원은 타이어로 구분하여 장부에 기재하고, 2년의 상각 내용연수를 적용하는 것이 바람직합니다.

(3) 후속원가

K-IFRS는 자세한 규정을 제시하고 있지 않지만 일반기업회계기준은 다음을 규정하고 있으며, 실무상 회계정책 수립 시 참조하고 있습니다.

① 유형자산의 취득 또는 완성 후의 지출이 유형자산의 정의를 충족한다면 생산능력 증대, 내용연수 연장, 상당한 원가절감 또는 품질향상 등이 예상되면 자본적 지출로 처리함.

② 그렇지 않다면 수선비 등 기간비용으로 인식함.

한편, 자산의 재배치는 자산화 요건에 해당하지 않습니다. 예를 들어 이사과정에서 유형자산을 이전하는 데 발생한 지출은 당기비용으로 처리됩니다. 이전한다고 하여 해당 자산의 가치가 증가되는 것은 아니기 때문입니다.

(4) 비화폐성자산의 교환 : 상업적 실질 판단

비화폐성자산(유형자산, 주식 등)이 교환될 경우 장부금액과 공정가치 중 어떠한 회계처리가 적용될 것이냐를 판단해야 합니다. 그 경우 상업적 실질에 대한 검토가 필요한데, 중요한 개념이므로 잠시 살펴보겠습니다. 다음의 경우 상업적 실질이 있다고 표현합니다.

① 취득한 자산과 관련된 현금흐름의 구성(위험, 유출입시기, 금액)이 제공한 자산과 관련된 현금흐름의 구성과 다름.

② 교환거래의 영향을 받는 영업 부분의 기업특유가치가 교환거래의 결과로 변동됨.

상업적 실질이 없는 거래는 사실상 경제적 의미가 없는 거래를 의미합니다. 그냥 단순하게 자산을 교환하는 것에 불과합니다. 따라서 기존 장부금액으로 새로운 자산을 취득하는 회계처리를 합니다(장부금액법). 그러나 상업적 실질이 있다면 장부금액을 제거하고 새로운 자산을 공정가치로 인식합니다(공정가치법).

예제 14 상업적실질과 비화폐성자산의 교환

- MD는 200원을 주고 H사의 출퇴근용 자동차를 구입하여 2년 동안 사용함.
- MM는 200원을 주고 K사의 출퇴근용 자동차를 구입하여 2년 동안 사용함.
- MD는 MM과 자동차를 교환함(당시 MM 차량의 공정가치는 300원).

요구사항 ▼

1. 회계처리를 예시하시오.
2. 만일 MM의 자동차가 1톤 트럭일 경우 회계처리를 예시하시오.

▶▶ 상업적 실질이 없는 경우

출퇴근용 차량을 주고받은 경우에는 상업적 실질이 없다고 볼 수 있습니다.

(차변)	차량(K 자동차)	200	(대변)	차량(H 자동차)	200

▶▶ 상업적 실질이 있을 경우

트럭과 교환한다면 트럭을 공정가치로 계상하고, 현재 장부금액과의 차이는 당기손익으로 인식합니다.

(차변)	차량(K 트럭)	300	(대변)	차량(H 자동차)	200
				유형자산처분이익	100

2. 감가상각

(1) 감가상각의 개념

유형자산의 감가상각은 자산이 사용가능한 때부터 시작합니다. 즉, 경영진이 의도하는 방식으로 자산을 가동하는 데 필요한 장소와 상태에 이른 때부터 시작합니다. 이와 관련한 회계처리 과정은 다음과 같습니다.

① 경영진이 의도하는 방식으로 자산을 가동하는 데 필요한 장소와 상태에 이른 때까지 의 지출은 유형자산의 취득원가에 포함됨(건설중인자산).
② 사용가능한 시점에 건설중인자산을 본 계정으로 대체
③ 본 계정 대체 시점부터 감가상각 개시

감가상각은 수익과 비용을 적절하게 대응시키기 위하여 취득원가와 잔존가차의 차이를 경제적 효익이 발생하는 기간에 걸쳐 체계적이고 합리적인 방법으로 기간별로 배분하는 절차입니다. 공정가치의 하락분을 인식하는 자산측정절차가 아닙니다.

(2) 상각비 결정 요소 : 내용연수, 상각 대상액, 상각방법

상각비를 결정하기 위한 세 가지 요소는 내용연수, 상각 대상액 및 상각방법입니다.
① **내용연수** : 자산의 경제적 사용 내용연수로서 자산의 물리적 사용 가능기간, 진부화 및 법적 제한 기간 등을 고려하여 결정
② **상각 대상액** : 취득원가에서 잔존가치를 차감한 금액으로서 만일, 잔존가치가 불확실하다면 잔존가치는 없는 것으로 전제
③ **상각방법** : 해당 자산의 경제적 효익이 소비되는 행태에 따른 합리적 방법

내용연수는 자산의 경제적 사용 내용연수로 결정됩니다. 내용연수는 적어도 매 회계연도 말에 재검토해야 하며, 검토결과 추정치가 종전과 다르다면 회계추정의 변경으로 반영합니다. 만일, 전기까지 잘못된 추정치를 적용하였다가 수정한다면 오류수정에 해당합니다.

내용연수 추정은 동종 업종의 내용연수나, 기술발전에 따른 추세 변경을 반영하게 됩니다. 실무적으로는 감정인의 평가나 엔지니어들의 검사를 통해 결정됩니다.

잔존가치도 매 회계연도 말에 재검토해야 합니다. 실무상 잔존가치를 1,000원으로 하는 사례가 빈번하게 발견됩니다. 추정되는 잔존가치가 1,000원이기 때문이 아니라, 유형자산의 관리차원에서 1,000원을 남겨두는 것입니다. 유형자산의 실물이 제대로 관리되는지 주기적으로 실사하게 되는데, 장부에 유형자산이 남아 있어야 Check 하기 용이하기 때문입니다.

유형자산을 폐기하거나 처분하는 시점에 상각누계액과 원가를 제각하게 되는데, 더 이상 해당 자산에 대한 관리가 불필요하기 때문입니다.

상각방법으로는 정액법, 정률법, 연수합계법, 생산량비례법 등이 있습니다. 그런데 실무상 대부분 정액법이나 정률법을 사용하고 있습니다. 특히 K-IFRS를 채택하는 회사들은 대부분 정액법을 적용하고 있습니다. 그 이유는 자산의 경제적 효익의 소비형태가 불확실

하거나 소비형태를 결정하는 데 이용가능한 정보를 사실상 획득하기 어렵기 때문입니다.

예제 15 **감가상각방법과 내용연수 변경**

- MD는 2001년 초에 10,000원을 주고 유형자산을 취득함.
- 내용연수는 5년으로 추정됨.

요구사항 ▼

1. 정액법에 따라 회계처리를 예시하시오. 다만, 2003년 말에 향후 잔존 내용연수는 4년으로 추정됨.
2. 잔존가치를 1,681원으로 가정하고, 정률법을 적용하시오.

▶▶ 정액법 적용

2001년	2002년	2003년	2004년	2005년	2006년	2007년
2,000	2,000	2,000	1,000	1,000	1,000	1,000

① 2001년~2003년=10,000원÷5년=2,000원

② 2004년~2007년=(10,000원−2,000원×3년)÷4년=1,000원

2003년 말에 추정의 변경이 이루어졌으므로, 2004년부터는 잔여금액에 4년을 적용하여 상각비를 인식합니다.

▶▶ 정률법 적용

2001년	2002년	2003년	2004년	2005년
3,000	2,100	1,470	1,029	720

① 상각률 $=1-\sqrt[\text{내용연수}]{(\text{잔존가치} \div \text{취득금액})}=1-\sqrt[5]{(1,681 \div 10,000)}=30\%$

② 1차 연도=기초 장부금액×상각률=100,000원×30%=3,000원

③ 2차 연도=(100,000원−30,000원)×30%=2,100원

3. 재평가모형

취득 이후 유형자산에 대해 원가법과 재평가법 중 회사의 회계정책으로 선택할 수 있습니다.

① 원가모형 : 취득원가로 최초 인식한 이후 상각누계액을 차감

② 재평가모형 : 재평가일의 공정가치에서 그 이후의 상각누계액을 차감

재평가로 평가증이 발생하면 기타포괄손익누계액으로 인식하고, 평가감이 발생하면 당기손실에 반영합니다. 만일, 평가감 이후에 평가증이 발생한다면, 기존에 인식한 평가감으로 당기손실을 인식한 금액은 당기이익으로 환입하고 초과금액만 기타포괄손익으로 처리합니다.

그리고 평가증 이후에 평가감이 발생한다면, 기존에 인식한 기타포괄손익을 상쇄하고 초과한 금액만 당기손실에 반영합니다.

재평가는 유형자산(예를 들어 토지는 재평가, 나머지는 원가)별로 재평가모형을 적용할 수 있습니다. 실무상 양호한 부채비율을 위하여 재평가모형을 적용하는 경우가 대부분입니다. 재평가모형을 적용하면 유형자산이 공정가치에 부합하여 표시한다는 장점이 있는 반면, 평가 과정에서 지출이 발생합니다.

평가방법의 변경에 대해서 생각해 봅시다. 회계정책 변경은 회계정보의 유용성이 증대되는 등 정당성이 입증되어야 합니다. 이러한 관점에서 원가모형에서 재평가모형으로의 변경은 가능하지만, 재평가모형에서 원가모형으로 돌아가는 것은 일반적으로 허용되지 않습니다.

제4절 자금거래

1. 금융상품

금융상품은 이론적 체계도 복잡하고 관련 항목도 매우 다양하여, 어려움을 느끼는 분야입니다. 회계처리상 주요 항목은 현금, 수취채권, 채무증권 및 지분증권, 차입금 및 사채, 파생상품으로 구분할 수 있습니다. 다만, 금융상품에 대한 용어와 개념체계 등이 폭넓게 활용되고 있음을 감안하여, 자기지분의 발행이나 파생상품 등은 제외하고 기본 개념을 위주로 살펴봅니다.

(1) 금융상품의 정의와 서열체계

금융상품(Financial Instruments)이란 거래당사자 어느 한쪽에게는 금융자산이 생기게 하고, 다른 상대방에게는 금융부채나 지분상품(자본)이 생기게 하는 모든 계약을 말합니다.

① 금융상품을 수취, 인도, 교환하는 계약상 권리의무는 그 자체로 금융상품임.

② 금융상품은 금융자산, 금융부채, 지분상품으로 분류됨.

금융상품은 여러 가지 방법에 따라 측정될 수 있습니다. 하나의 상품에 여러 가격이 존재한다면 높은 수준의 측정치가 우선합니다. 그 서열체계는 다음과 같습니다.

구분	세부 내용	예시
수준 1	측정일에 동일한 자산이나 부채에 대해 접근할 수 있는 활성시장의 (조정하지 않은) 공시가격	상장주식
수준 2	수준 1의 공시가격 외에 자산이나 부채에 대해 직접 또는 간접적으로 관측할 수 있는 투입변수	파생상품
수준 3	자산이나 부채에 대한 관측할 수 없는 투입변수	현금흐름할인모형(DCF)

금융상품 기준서는 리스, 종업원 급여, 관계기업과 종속기업, 리스, 충당부채 등을 제외하고 있습니다. 따라서 동 기준서에 따른 거래는 금융상품으로 분류하지 않습니다.

(2) 금융자산

금융자산의 분류는 다음과 같습니다.

① 현금

② 거래상대방에게 현금 등 금융자산을 수취할 계약상의 권리

- 예시 : 매출채권, 미수금, 투자채권, 투자주식 등

• **재화나 용역을 나타내는 항목은 제외** : 선급금

• (계약이 아닌) **법령이나 규정에 따른 항목은 제외** : 선급법인세, 부가세대급금

③ 잠재적으로 유리한 조건으로 거래상대방과 금융자산이나 금융부채를 교환하기로 한 계약상 권리

• **예시** : 파생상품(원금 이상의 이익)인 콜옵션이나 풋옵션

K-IFRS상 금융자산은 다음의 세 가지 분류와 측정 범주로 구분됩니다.

① **상각후원가(AC) 측정 금융자산** : 계약상 현금흐름 수취를 목적(원금과 이자로 구성)

② **공정가치측정금융자산**

– **기타포괄손익-공정가치(FVOCI) 측정 금융자산** : 원가로 취득하고 공정가치로 평가합니다. 평가손익은 기타포괄손익으로 인식하고, 처분 시점에도 당기손익을 경유하지 않습니다. 실무상 처분 시점에 잔여 기타포괄손익은 이익잉여금과 상계하고 있습니다.

– **당기손익-공정가치(FVPL) 측정 금융자산** : 공정가치로 취득처리를 하고 공정가치로 평가합니다. 평가손익은 당기손익으로 분류합니다. 지분상품은 FVPL로 분류하는 것이 원칙이지만, 회사의 선택에 따라 FVOCI로 분류할 수 있습니다.

구분	최초 인식	후속평가
AC	원가	회수가능액(대손평가)
FVOCI	원가	공정가치 기준
FVPL	공정가치	공정가치 기준

반면, 일반기업회계기준에서는 다음과 같이 분류합니다.

① **단기매매증권** : 단기간 내의 매매차익을 목적으로 매수와 매도가 적극적이고 빈번하게 이루어지는 유가증권으로, 평가손익을 당기손익으로 분류합니다.

② **매도가능증권** : 평가손익을 기타포괄손익으로 분류하지만, 처분 시점에는 기타포괄손익이 당기손익으로 대체됩니다.

③ 만기보유증권은 상각후원가와 유사한 개념입니다. 원금과 이자를 인식합니다.

(3) 금융부채

금융부채의 분류는 다음과 같습니다.

① 거래상대방에게 현금 등 금융자산을 인도하기로 한 계약상 의무

• **예시** : 매입채무, 지급어음, 차입금, 사채, 미지급금, 미지급비용, 금융리스부채, 조건부 계약상 의무(금융보증), 보유자에게 상환청구권이 있는 상환우선주

- **재화나 용역을 나타내는 항목은 제외 :** 선수금(재화), 선수수익(용역), 품질보증의무(보증용역)
- **(계약이 아닌) 법령이나 규정에 따른 항목은 제외 :** 법인세 관련 항목, 부가세 예수금
- **(계약이 아닌) 추정에 따라 계상한 금액 :** 충당부채, 우발부채

② 잠재적으로 불리한 조건으로 거래상대방과 금융자산이나 금융부채를 교환하기로 한 계약상 의무

- **예시 :** 파생상품(원금 이상의 손실)인 콜옵션이나 풋옵션

K-IFRS상 금융부채는 다음과 같이 분류합니다.

① **상각후원가(AC) 측정 금융부채 :** 계약상 현금흐름 지급을 목적(원금과 이자로 구성)으로 하며, 대부분의 금융부채가 해당됨.

② **당기손익 인식 금융부채 :** 파생상품 등

일반기업회계기준의 분류도 K-IFRS와 유사합니다.

(4) 공시사례

금융상품으로 분류되는 항목은 매우 다양합니다. 재무상태표 계정 중 금융자산으로 분류한 사례를 살펴봅시다.

구 분	FVPL	AC	FVOCI	위험회피 금융자산	합 계
유동자산 :					
현금및현금성자산	1,843,028	759,693	-	-	2,602,721
단기금융상품	-	17,000	-	-	17,000
매출채권	-	185,157	-	-	185,157
유동성장기투자증권	-	144	329,032	-	329,176
미수금	-	110,264	-	-	110,264
미수수익	-	12	-	-	12
유동성보증금	-	29,000	-	-	29,000
유동성파생상품	79,137	-	-	21,886	101,023
소 계	1,922,165	1,101,270	329,032	21,886	3,374,353
비유동자산 :					
장기금융상품	-	7,044	-	-	7,044
장기투자증권	289,484	-	177,437	-	466,921

구 분	FVPL	AC	FVOCI	위험회피 금융자산	합 계
장기대여금	–	8	–	–	8
장기미수금	–	52,425	–	–	52,425
장기보증금	–	25,949	–	–	25,949
파생금융상품	64,351	–	–	38,856	103,207
소 계	353,835	85,426	177,437	38,856	655,554
합 계	2,276,000	1,186,696	506,469	60,742	4,029,907

한편, 금융부채로 계상한 사례는 다음과 같습니다.

구 분	FVPL	AC	위험회피 금융부채	기타부채	합 계
유동부채 :					
단기차입금	–	3,781,348	–	–	3,781,348
미지급금	–	129,454	–	–	129,454
미지급비용	–	128,250	–	–	128,250
매입채무	–	67,235	–	–	67,235
유동성장기부채	–	957,700	–	–	957,700
유동성리스부채	–	–	–	48,213	48,213
유동성임대보증금	–	59	–	–	59
유동성파생상품	1,882	–	2,196	–	4,078
유동성금융보증	–	–	–	58,302	58,302
소 계	1,882	5,064,046	2,196	106,515	5,174,639
비유동부채 :					
사채 및 장기차입금	–	6,749,889	–	–	6,749,889
리스부채	–	–	–	196,312	196,312
임대보증금	–	10,760	–	–	10,760
파생금융상품	570,335	–	2,065	–	572,400
소 계	570,335	6,760,649	2,065	196,312	7,529,361
합 계	572,217	11,824,695	4,261	302,827	12,704,000

2. 차입금과 사채

차입금은 은행 등 금융기관이나 특정 기업에서 자금을 빌리고, 정해진 기간 내에 원금과 이자를 상환하는 계약입니다. 따라서 상환 대상과 조건이 비교적 명확합니다. 반면, 사채(회사채)는 회사가 투자자에게 채권을 발행해 자금을 조달하는 방식으로, 채권 보유자는 만기까지 이자와 원금을 받습니다. 채권 보유자는 양도(재판매)도 가능합니다. 사채 발행은 차입에 비하여 금액의 규모가 크고, 신용등급이 이자 결정 시 중요한 역할을 합니다.

사채는 차입에 비하여 거액의 자금을 장기간에 조달할 수 있다는 장점이 있는 반면, 발행 과정이 복잡하고 부대비용 지출을 수반합니다.

(1) 차입금

회사가 은행으로부터 대금을 차입금으로 인식하는데, 1년 이내에 상환 기일이 도래한다면 유동성부채로 대체하게 됩니다.

예제 16 차입금 회계처리

- 회사는 2001년 초 10,000원을 차입하고, 2002년 말에 5,000원, 2003년 말에 5,000원을 상환하기로 약정함.
- 이자율은 5%이며, 매 익년 초에 지급하기로 약정함.
- 회사는 차입금에 대한 담보로 토지를 제공함.

요구사항 ▼ 2001년의 회계처리를 예시하시오.

회사는 차입 시 장기차입금을 10,000원 인식합니다.

(차변)	현금	10,000	(대변)	단기부채	10,000

차입 시 제공한 담보는 주석으로 공시해야 합니다.

2001년 말 결산 시점에는 향후 1년 내 지급할 차입금을 검토하고 유동성대체를 실시하게 됩니다. 그리고 차입금에 대한 기간 이자비용을 인식합니다.

(차변)	장기차입금	5,000	(대변)	유동성장기부채	5,000
	이자비용	500		미지급이자	500

참고로 재무제표 분석 시 회사의 유동성 비율이 좋지 않다면, 단기상환 능력에 문제가 있을 가능성이 있다고 해석됩니다. 따라서 일부 회사들의 경우 유동자산은 늘리고, 유동부채는 감소시키려는 유인이 있을 수 있습니다.

(2) 사채

사채를 발행하는 과정에서 법률 비용이나 사채인쇄비용 등이 지출됩니다. 사채를 발행하면서 발생된 직접 관련 지출은 사채의 차감항목으로 처리하고, 유효이자율법을 통해 상각하게 됩니다.

예제 17 사채 회계처리

- 회사는 2001년 초 10,000원의 사채를 발행하고, 이자율은 20%를 지급하기로 약정함.
- 사채의 만기는 2002년 말임.
- 사채를 발행하는 과정에서 사채발행비는 720원이 지출됨.

요구사항 ▼ 2001년의 회계처리를 예시하시오. 단, 유동성대체는 생략함.

사채를 발행하면서 발생된 직접 관련 지출은 9,280원이므로, 향후 상환할 금액을 기준으로 내재이자율을 계산해야 합니다.

- $9{,}280\text{원} = 2{,}000 \div (1+R)^1 + 12{,}000 \div (1+R)^2$
- $R = 25\%$

이를 토대로 유효이자율법을 적용한 상각표를 작성하면 다음과 같습니다.

구분	기초 장부금액	이자비용(25%)	현금이자	상각액	기말 장부금액
2001년	9,280	2,320	2,000	320	9,600
2002년	9,600	2,400	2,000	400	10,000

사채 발행시점의 회계처리는 다음과 같습니다.

(차변)			(대변)	
(차변)	현금	10,000	(대변) 사채	10,000
	사채할인발행차금	720	미지급이자	720

결산시점에는 유효이자율법에 따라 이자비용을 인식합니다.

(차변)			(대변)	
(차변)	이자비용	2,320	(대변) 사채할인발행차금	320
			미지급이자	2,000

3. 현금 관리

(1) 자금통제와 미지급전표

회사는 내부통제를 위하여 다음의 업무를 분리하고 있습니다.

① **업무 부서** : 실제 업무를 실시하는 부서

② **회계 부서** : 거래를 기록하는 부서

③ **자금 부서** : 자금을 집행하는 부서

만일, 상기 실무 부서들이 상호 독립적으로 운영되지 않는다면, 부서 간의 담합을 통해 부정을 저지르거나 자금을 횡령할 가능성이 있기 때문입니다.

예제 18 자금통제와 업무분장

- 구매부서에서 신규 거래처인 A사를 평가하고 관련 자료 및 계좌번호를 고객 Master에 입력함.
- 회계부서는 고객 정보를 검토하고 승인함.
- 자재부서는 A사로부터 특정 부품 10개가 필요하다고 팀 내 승인 후, 구매부서에 구매를 요청함.
- 구매부서는 A사로부터 10개를 1,000원에 구입하고, 30일 후에 지급하기로 계약함. 취득에 관한 증빙(자재부서의 요청과 구매부서와 승인 내역, A사와의 구매 계약, 검수 내역, 세금계산서 등)을 첨부하고 전표를 작성함.
- 회계부서는 구매부서가 작성한 전표를 검토하고, 승인한 이후 자금부서에 송부함.
- 자금부서 담당자는 내부 OTP를 이용하여 정기 결제일에 지급될 List를 정리한 후 승인을 받음.
- 자금부서장은 외부 OTP를 이용하여 결제일에 지급함.

요구사항 ▼ 자금에 대한 내부통제를 검토하시오.

신규거래처가 발생하면 해당 거래처의 신용도 등을 평가하고, 관련 자료와 계좌번호 등을 고객 Master에 입력하게 됩니다. 회계부서는 입력된 내용과 자료가 일치하는지 등을 확인하고 승인하여 Master 내 정보가 내부 ERP에 사용할 수 있도록 준비합니다. 고객 Master 정보가 Update 되는 경우에도 동일한 절차를 진행합니다.

자재부서에서 승인한 문서를 기초로, 구매부서는 업무를 실시하게 됩니다. 그리고 구매부서는 업무완료 후 관련 자료를 첨부한 전표를 작성하게 됩니다. 이때 작성된 전표는 매입채무를 계상한 미지급전표 형태입니다. 회계부서가 전표의 적정성을 검토하고 승인하면, 전표는 자금부서로 이동하게 됩니다.

자금부서의 실무 담당자는 다음 결제일에 지급될 내역을 확인하고 List를 작성하는데, 이 과정은 자금 결제를 효율적으로 집행할 수 있는 CMS(Cash Management System)를 통해 이루어지는 경우가 많습니다. 자금부서의 업무담당자는 계좌에 접속하여 자료를 정리할 수는 있지만, 지급기능은 제한된 OTP를 이용하게 됩니다. 이후 작업이 완료되면 부서장은 결제일에 (지급 등 일부 기능에 한정된) OTP를 이용하여 자금을 외부에 지급합니다. 일부 회사는 내부통제 강화를 위하여, 자금부서의 승인 이후 CFO나 대표이사의 이중 OTP 승인 절차를 구축하고 있습니다.

이와 같이 현업부서는 미지급전표를 생성하고, 회계부서는 적정성을 검토하며, 자금부서는 지출을 집행하는 것이 일반적입니다. 현금전표를 사용한다면 거래에 대한 원인행위를 실시하는 부서가 현금까지 집행하게 됩니다. 미지급전표는 자금의 유용이나 횡령 등의 부작용을 (업무분장을 통해) 미연에 방지하기 위한 장치입니다.

(2) 소액현금제도

소액현금제도(Petty Cash Fund System, 또는 전도금제도)란 소액경비를 사전승인절차 없이 현금으로 지급하고, 이후 사후승인절차와 함께 현금을 보충하는 제도입니다.

회사의 자금은 예금 형태로 가입되어 있으며, 지출은 사전승인절차 이후에만 가능합니다. 그러나 업무 출장 시 교통비, 일당 등 소액지출까지 사전승인절차를 받고 집행하기는 어렵습니다. 이러한 점을 감안하여 지점, 영업소, 출장 경비, 경조사비 등을 위해 소액현금제도가 이용되고 있습니다. 소액 현금 설정 시 회계처리는 다음과 같습니다.

(차변)	소액현금	×××	(대변)	예금	×××

경비 지출 이후 사후승인을 받은 이후 자금을 보충하는 시점의 회계처리는 다음과 같습니다.

(차변)	여비교통비	×××	(대변)	소액현금	×××
	소모품비	×××			
	통신비	×××			
(차변)	소액현금	×××	(대변)	현금	×××

소액현금제도는 일정 정도의 현금을 직접 보유하거나, 지점에 별도의 통장을 발급해야 운영할 수 있습니다. 그러나 이 과정에서 사용인감이나 현금 등에 대한 관리 부담이 발생하고, 부적절한 유용 사례가 빈번하게 발생합니다.

최근 개인형 법인카드 활용과 인터넷 쇼핑 등이 일반화됨에 따라 소액현금제도의 유용성은 크게 떨어졌습니다. 따라서 자금에 대한 내부통제의 효율성을 위해 소액현금제도를 폐지시키는 회사들이 증가하는 추세입니다. 문제가 되는 지출은 경조사비와 캐디팁 정도인데, 먼저 현금을 지출하고 전표를 상신하여 승인 후 보전받는 추세입니다.

재무회계 실무

PART 02

재무제표 분석

Chapter

제 4 장 재무제표 분석

제 1 절 경영활동과 재무제표

재무분석을 얘기하면 가장 먼저 재무제표에 대한 각종 비율 분석 방법이 떠오릅니다. 수익성 지표(이익률, 원가율 등), 활동성 지표(자산회전율, 영업일수 등), 안정성 지표(부채비율, 차입금 의존도 등), 성장성 지표(매출 증가율, 자산 증가율 등), 생산성 지표(자본집약도, 노동생산성 등), 종합 지표(Z Score, ROE 분석 등) 등 정말 다양한 비율 분석 방법이 있습니다.

본서가 전달하고자 하는 재무제표 분석은 단순한 비율분석이 아닙니다. 비율분석은 그 나름대로 의미가 있겠지만, 회사의 거래가 회계처리로 집계되어 재무제표로 요약되는 회계정보의 본질에 충실한 관점을 제시하고자 합니다.
경영활동과 재무제표 간의 관계를 집중하여 살펴보고자 합니다.

1. 경영활동과 재무제표

〈제1장〉에서 회사의 목적은 다양하지만 이윤추구가 본질이라고 하였습니다. 그리고 그러한 관점으로 경영활동을 단순화하고, 재무제표와의 연관성을 설명하였습니다. 그 내용을 요약합니다.

> 기업의 활동
>
> '돈과 사람 등 자원을 모아, 무엇인가에 투자하여, 이익을 창출한다.'

| 재무제표와 경영 활동의 관계 |

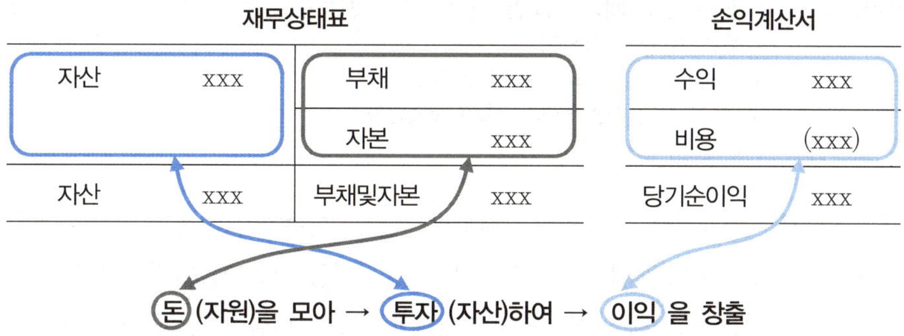

기억나시죠?

① **자금의 조달 상황 :** 남의 돈과 나의 돈으로 회사의 운영에 필요한 자금을 모은 상태 → 부채와 자본

② **투자 내역 :** 모은 돈으로 사업(영업활동)에 필요한 자산 취득 → 자산

③ **이익을 창출한 내역 :** 자산으로 이익을 창출한 내역 → 손익계산서(수익과 비용)

2. 가치창출과 자산

재무상태표는 자금조달과 투자한 내역을 보여준다고 하였습니다. 본 절에서는 회사가 이익을 창출하기 위하여 보유하는 자산들의 의미를 현금순환주기로 살펴봅니다.

(1) 현금순환주기

회사의 경영활동을 단순화시켜 봅시다.

- **구매 활동 :** 보유하고 있는 현금으로 원재료를 구매
- **생산 활동 :** 생산공정에 원재료를 투입하여 제품을 생산
- **판매 활동 :** 생산된 제품을 판매
- **현금 회수활동 :** 외상으로 판매되어 발생된 채권을 회수

예제 01 **현금순환주기**

현금순환주기

요구사항 ▼

1. 현금순환주기에서 가장 중요한 활동은 무엇인가? 그리고 그 활동을 하기 위해 필요한 자산은 무엇인가?
2. 더 많은 현금을 확보하기 위한 방법은 무엇인가?
3. 재고자산과 매출채권의 역할은 무엇인가?

현금순환주기는 원재료를 구매하는 시점부터 채권을 회수하는 시점까지의 기간입니다. 현금이 원재료, 제품, 매출채권으로 바뀌었다가 다시 현금으로 되돌아오는 사이클입니다. 수익성이 있다고 함은, 출발점의 현금보다 마지막에 회수한 현금이 더 큰 것을 의미합니다.

잠시 생각해 봅시다. 현금순환주기에서 중요한 활동은 무엇일까요? 즉, 수익성 있는 기업이 되기 위한 핵심 활동은 무엇일까요?

원재료를 저렴하게 구입하고 제품을 더 비싸게 판매하면 수익성이 증가합니다. 그러나 경쟁 시장을 전제하면 동일한 제품을 남들보다 더 싸게 사고 더 비싸게 팔 수 없습니다. 좋은 거래 관계가 있다면 일시적으로 가능하겠지만 결국은 정상 가격으로 돌아갑니다. 현금순환주기에서 중요한 활동, 즉 수익성이 있는 기업이 되기 위한 핵심 과정은 다음과 같습니다.

- 생산 활동 : 좋은 제품을 생산하는 과정
- 영업 활동 : 생산된 제품을 외부에 판매하는 과정

생산활동은 회사 자체 내에서 가치를 창출하는 과정이며, 영업활동은 이렇게 창출된 가치를 외부에 전달하는 과정입니다. 아무리 회사가 가치가 있는 기술이나 제품이 있다고 주장해도, 외부에 적절하게 전달하지 못하면(즉, 팔지 못하면) 수익성이 없습니다. 그리고 영업 능력이 좋아도 좋은 제품이 없으면 저가로 판매할 수밖에 없어서 수익성이 낮습니다.

따라서 기업의 경쟁우위를 유지하려면 다음 사항이 필수입니다.

① 외부에서 필요로 하거나 외부의 필요를 창출할 수 있는, 기술이나 제품이 무엇인지를 정의(전략)

② 그 기술과 제품을 창출하기 위한 내부적인 노력(생산)

③ 생산된 결과물을 외부에 전달(영업)

(2) 가치창출에 필요한 자산

기업가치를 창출하는 데 사용되는 자산은 무엇인가요?

① **생산활동에 사용되는 자산** : 공장 설비 등의 유·무형자산과 동 자산들을 다루는 사람(인적자원)

② **영업활동에 사용되는 자산** : 영업활동을 수행하는 사람(인적자원)

즉, 유·무형자산과 사람이 회사에서 가장 중요합니다.

재고자산이나 매출채권은 그 자체가 가치창출에 크게 기여하지는 않습니다. 안정적인 생산과 판매를 위해 부득이하게 보유하는 자산으로 보시는 것이 더 정확합니다.

현금순환주기에 대하여 조금구분 더 살펴보겠습니다. 그리고 더 많은 돈을 가지기 위한 방법을 생각해 봅시다. 생산활동과 영업활동이 가장 중요하다고 했습니다. 따라서 생산활동과 영업활동을 개선하는 것이 더 많은 돈을 가지는 첫 번째 방법입니다.

그리고 또 무엇이 있을까요? 현금순환주기를 단축하는 것입니다. 원재료 구매부터 채권을 회수하기까지의 주기가 짧을수록 좋습니다. 예를 들어 보겠습니다.

구분	꽃등심 식당	콩국수 식당
판매단가	50,000원	10,000원
이윤	20,000원	4,000원
Table 회전 시간	2시간	15분

꽃등심을 팔려면 숯불도 지펴야 되고, 고기를 굽는 등 시간이 많이 걸립니다. 반면, 콩국수집은 Cycle이 짧아 2시간 동안 8번 회전이 가능합니다. 두 식당이 2시간 동안 남기는 이윤을 계산하면 다음과 같습니다.

- **꽃등심** : 20,000원
- **콩국수** : 4,000원×8번=32,000원

마지막으로 돈을 더 많이 가지기 위한 방법은 재고자산과 매출채권을 줄이는 것입니다. 매출채권을 빨리 회수하면 현금이 늘어나고, 재고자산을 조금만 보유할 수 있다면 당연히 현금이 늘어나게 되지요.

(3) 매출채권과 재고자산의 역할

현금순환주기를 통해 유형자산과 무형자산이 중요하다고 하였습니다. 그렇다면 현금순환주기에 있는 다른 자산, 즉 재고자산과 매출채권의 성격은 무엇일까요?

원재료와 제품, 즉 재고자산과 매출채권은 현금의 또 다른 모습입니다. 가치 창출에 크게 기여하지는 않습니다. 오히려 기업의 유동성을 개선시키려면, 현금의 또 다른 형태인 재고자산과 매출채권을 최소화하는 것이 바람직합니다.

그렇다면 기업이 가치를 창출하는 데 크게 도움이 되지 않는 원재료와 제품, 매출채권을 보유하는 이유는 무엇일까요? 그 이유는 생산활동과 영업활동을 원활하게 진행하기 위함입니다. 원재료를 적당히 보유하고 있어야 생산에 차질이 없습니다. 그리고 판매를 위한 안전 재고도 필수불가결합니다. 그러나 근본적인 성격은 핵심 활동인 생산활동과 영업활동을 보조하기 위한 것이며, 그 자체로 가치를 창출한다고 보기 어렵습니다.

재고자산과 매출채권이 많으면 진부화 위험이나 회수불이행 위험만 커집니다. 따라서 이러한 위험을 최소화하고 유동성을 개선하려면, 적정 규모 이상의 재고자산과 매출채권은 보유하지 않는 것이 바람직합니다.

예제 02 재무상태표 구성 분석

- 5년 전부터 매출액이 지속적으로 증가하고 있음.
- 증가되는 수요에 대응하기 위해 2년 전 공장 CAPA를 2배로 증설함.
- 작년부터 생산량은 2배로 증가하였으나 매출 증가율은 20%에 그쳐 재고자산이 증가함.
- 차입금에 대한 이자율은 4%임.
- A사의 재무상태표(단위 : 억원).

재무상태표

현금	1,000	매입채무	1,500
매출채권	1,500	차입금	2,500
재고자산	1,800		
유형자산	3,500	자본	3,800
자산총계	7,800	부채 및 자본총계	7,800

요구사항 ▼ 가치창출 관점에서 A사의 자산구성과 자금 조달 과정을 분석하시오.

A사는 가치를 창출하는 데 필수적인 유형자산을 3,500억원만큼 보유하고 있습니다. 그러나 가치창출에 기여가 적은 매출채권과 재고자산도 각각 1,500억원과 1,800억원만큼 보유하고 있습니다. 그리고 A사는 자금이 부족하여 2,500억원을 차입하고 있습니다.

만일 A사가 매출채권과 재고자산을 잘 관리하여 1,700억원만큼만 보유한다고 가정해 보죠. 그렇다면 A사의 운전자본은 1,300억원(=3,300억원－1,700억원)만큼 개선됩니다. 즉, 여유자금이 1,300억원 증가합니다. 이렇게 마련된 현금으로 차입금을 상환한다면,

차입금의 규모는 1,200억원(=2,500억원-1,300억원)으로 감소합니다. 그러면 이자비용도 연간 52억원(=1,300억원×4%)씩 대폭 감소합니다.

매출채권과 재고자산은 공짜로 보유하는 것이 아닙니다. 그 대가로 차입금이 증가하고, 이자비용도 발생합니다. 재고보관 비용도 증가합니다. 재고자산은 진부화되어 가치가 떨어질 수도 있습니다. 게다가 매출채권이 많아지면 대손 위험도 증가합니다.

매출채권과 재고자산은 영업활동과 생산활동을 하는 데 있어, 보조적인 역할에 불과합니다. 따라서 매출채권과 재고자산 규모가 회사의 영업활동과 생산활동에 비추어 적정한지 항상 살펴야 합니다.

매출채권과 재고자산의 과다로 발생되는 문제점을 요약하면 다음과 같습니다.

① 차입금과 이자비용 증가

② 자산관리비용 증가

- 재고자산 위험 : 재고보관 비용, 진부화로 인한 가치하락
- 매출채권 위험 : 대손위험 증가

다음 절에서는 레버리지에 대해 살펴볼 예정입니다. 미리 레버리지 관점에서 〈예제 2〉를 분석하면 다음과 같습니다.

A사의 자금조달의 원천은 자기자본 3,800원과 차입금 2,500원입니다. 이를 통해 영업활동에 6,300원(=영업자산-영업부채=7,800원-1,500원)을 투자하고 있는 형태입니다.

〈예제 2〉의 재무상태표는 영업레버리지의 원천인 유형자산 3,500원과 재무레버리지의 원천인 차입금 2,500원으로 구성되어 있다고 요약할 수 있습니다. 매출채권, 재고자산, 매입채무는 현금의 또 다른 모습에 불과합니다.

재무상태표를 보며 영업레버리지와 재무레버리지의 결합 상태가 적절한지에 대해 판단해야 합니다. 만일 회사의 사업구조가 안정적이라면 (영업레버리지가 미미하므로) 공격적으로 차입을 통한 투자도 가능합니다. 그러나 그 반대라면 외부환경의 변화에 따른 불안정성을 관리해야 합니다.

매출채권과 재고자산 등 운전자본에 대한 세부 사항은 〈제2절〉에서 살펴보고, 유·무형자산에 대해서는 〈제3절〉에서 다루고 있습니다.

제 2 절 운전자본 관리

1. 운전자본 관리의 중요성

운전자본 관리는 영업활동 과정에서 발생하는 유동자산과 유동부채에 대한 관리를 말합니다. 유동자산과 유동부채 내 계정은 다양하지만 일반적으로 매출채권, 재고자산 및 매입채무가 절대적인 비중을 차지하고 있습니다. 운전자본을 관리하는 목적은 기업의 단기 재무 건전성을 확보하기 위한 것이며, 이를 위한 구체적인 조치는 다음과 같습니다.

- 매출채권 회수 기간 단축
- 재고자산 최적화
- 매입채무 지급 조건 협상 등

앞서 회사의 가치창출에 기여하는 활동은 생산활동과 영업활동이며, 그 과정에서 발생하는 자산은 유 · 무형자산과 사람이라고 하였습니다. 매출채권과 재고자산은 생산활동과 영업활동을 Support하는 역할을 하고 있으며, 직접적인 가치창출에 영향은 없다고 했습니다.

그러나 매출채권, 재고자산 및 매입채무에 대한 관리가 적절하게 이루어지지 않는다면 회사의 현금흐름에 큰 영향을 미칩니다. 분식회계의 주요 사례도 매출채권이나 재고자산과 관련된 사항임을 감안한다면 그 중요성은 더할 것입니다.

(1) 운전자본의 발생

운전자본이 발생하게 된 원인과 그 효과를 다음 예제로 살펴봅시다.

예제 03 운전자본

- MD의 월 평균 매출액은 10,000원임.
- 제품이 생산된 후 판매하기까지는 평균 3개월이 소요됨. 평균 원가율은 75%임.
- 원재료 취득 후 제품화되기까지는 평균 4개월이 소요됨.
- 재고자산 중 원재료가 차지하는 비중은 60%임(편의상 재공품은 존재하지 않는다고 가정).
- 매입채무의 지급 기일은 3개월이며, 매출채권의 회수 기일은 3개월임.

요구사항 ▼ 12월 말 현재 회사의 유동성을 분석하시오.

MD의 매출채권, 재고자산, 매입채무의 규모는 다음과 같이 추정할 수 있습니다.

- 매출채권＝10,000원×3개월＝30,000원
- 재고자산＝원재료＋제품＝10,000원×75%×60%×4개월＋10,000원×75%×3개월
  ＝18,000원＋22,500원＝40,500원
- 매입채무＝10,000원×75%×60%×3개월＝13,500원

매출채권과 매입채무의 결제 기일은 업종의 관행이나, 회사와 거래처 간의 협의하에 결정됩니다. 만일 회사가 경쟁력 있는 재화를 판매한다면, 우월적인 지위를 가지게 되므로 회수 기일을 줄일 수 있을 것입니다. 그리고 회수 기일에 대응되는 자금조달비용이 가격에 반영되어 있다면, 결제 기일은 더 연장될 수 있을 것입니다. 일반적인 상거래 결제일은 2~3개월 정도입니다. 2~3개월을 초과한다면, 그 이유가 합리적인지 확인할 필요가 있습니다.

MD의 운전자본은 다음과 같습니다.

운전자본

매출채권	30,000	매입채무	13,500
재고자산	40,500		
합 계	70,500	합 계	13,500

회사의 영업활동이 안정화된 시점의 유동성자산은 70,700원이나, 유동부채는 13,500원입니다. 따라서 회사는 57,000원만큼의 운전자본이 부족하게 됩니다. 일반적인 경우 부족한 운전자본은 단기차입금으로 보완하게 됩니다.

매출채권, 재고자산 및 매입채무에 대한 관리가 적절하지 않는다면, 차입금이 증가하거나 여유 자금이 감소하게 됩니다. 운전자본 관리가 부실할 경우 기회비용은 (지출할 필요가 없었던) 이자비용이라 할 수 있습니다.

(2) 매출과의 연관성

MD가 기술을 개발하여 경쟁력 있는 제품을 개발했다고 가정해 봅시다. 공격적인 마케팅의 일환으로 판매 단가는 종전과 동일하게 유지하였으나, 판매수량은 20% 증가하였습니다. 이 경우 운전자본은 20%씩 증가하게 됩니다.

운전자본

매출채권	36,000	매입채무	16,200
재고자산	48,600		
합 계	84,600	합 계	16,200

매출이 증가하면 이익이 증가하여 현금이 쌓이고 유동성이 안정화될 것으로 생각할 수 있습니다. 그러나 매출이 증가하면 단기적으로 유동성은 오히려 악화됩니다. 종전에 57,000원이 부족하였는데, 매출이 증가한 이후에는 그 금액이 68,400원으로 증가했습니다. 당연합니다. 매출이 증가하면 왼쪽에서는 두 항목(매출채권, 재고자산)이 증가하지만, 오른쪽에서는 하나의 항목(매입채무)만 증가하여 오른쪽에 무엇인가를 (대부분은 차입금) 채워야 하기 때문입니다.

물론 시간이 지나 이익이 누적되면 운전자본 문제는 해결됩니다. 그런데 생각보다 이 기간이 꽤 깁니다. 회사마다 다르지만 3~4년 이상의 시간이 소요되기도 합니다. 따라서 회사의 매출액이 증가할 것으로 예상되면 운전자본을 추정하고, 사전에 은행과 협의하여 차입금 한도를 조정해 두는 조치가 적절합니다.

2. 매출채권 관리

앞서 매출채권과 재고자산은 적정 규모 이상은 보유하지 않는 것이 적절하다고 하였습니다. 그렇다면 적절한 규모는 어떻게 파악하고 관리해야 할까요?

(1) 현업부서

회사에서 생산한 제품이나 서비스를 외부에 전달하는 업무는 영업부서가 담당하게 됩니다. 영업부서의 업무를 요약하면 다음과 같습니다.

① **거래처에 대한 승인절차** : 거래처의 신용도와 평판을 조사하고, 거래 가능한 업체인지 확인

② **계약서 작성** : 계약조건을 검토하고 확정

③ **변경 승인** : 계약 이후 수량 및 단가 변화가 있을 경우 검토하고 확정

④ **채권 회수** : 재화를 인도한 이후 정해진 기일에 대금이 회수되도록 관리

제품을 판매하는 것도 중요하지만, 대금을 회수하는 절차가 종료되어야 돈이 들어옵니다. 신용평가를 주기적으로 Update 해야 돈을 떼일 가능성이 줄어들고, 계약 조건이 적절해야 이익이 발생합니다.

영업부서의 경우 매출 극대화가 가장 큰 목표입니다. 매출 극대화를 위해 영업 담당자는 '설마 무슨 일이 일어나겠어? 지금 실적 채우는 것이 당장 급한데…'라는 마음으로 회사의 정책을 어길 유인이 존재합니다. 거래처 관리나 계약이 부실하면 나머지 부서들이 열심히 일해도 회사는 잘 되기 어렵습니다. 반드시 제3의 부서(내부감사부서나 회계부서)에서 영업부서의 관리절차가 적절한지 Monitoring 해야 합니다.

'영업이 얼마나 힘든데, 내부 관리부서에서 돈 버는 부서를 괴롭히고 있느냐?'라는 마음으로 영업부서를 아끼면 회사는 잘못된 길로 나갈 가능성이 큽니다. 당장은 괜찮지만 결국은 안 좋아집니다.

기업의 핵심활동은 생산과 영업입니다. 그러나 잘 되기 위한 '관리'도 필수입니다.

(2) 적정 매출채권 규모

가능하다면 외상이 아닌 현금으로만 판매하면 좋겠지요. 그러나 업계의 경쟁자들은 모두 2개월 정도의 여신을 주고 있는데, 회사만 현금판매 방식만을 고집할 수는 없습니다. 뚜렷한 경쟁력이 없으면서 현금판매 방식만 고집한다면 영업에 어려움이 있을 것입니다.

매출채권의 회수 기일에 미치는 요소는 다음과 같습니다.

① 제품에 대한 경쟁력이 클수록 회수 기일은 짧아지는 경향이 있습니다.

② 제품에 대한 뚜렷한 경쟁력이 없으며 거래처와의 영업관에 의존할수록, 회수 기일은 길어지는 경향이 있습니다.

③ 회사 내 매출에 대한 압박이 클수록 회수 기일은 길어집니다. 단가를 깎아주기는 어려우므로, 거래처에게 장기의 회수 기일로 보상을 하는 것입니다.

회사의 매출채권의 규모가 적정한지 알아보기 위하여 기초와 기말의 매출채권을 가중평균한 금액을 매출액으로 나누어 회전율을 사용하는 경우가 많습니다. 평균회전율은 매출의 안정적인 추세를 전제하고 있으므로, 매출액이 변동될 경우 분석결과가 무의미할 수 있습니다.

평균회전율보다는 매출채권 회수정책에 따른 적정 매출채권 규모 분석을 권장합니다. 매출액에 변동이 있더라도 분석이 가능하고, 개선안을 도출하기 용이하기 때문입니다.

예제 04 회수 기일에 따른 매출채권 규모

- MD의 회수정책은 월 매출액을 합산하여 월말에 세금계산서를 발행하고, 2개월 후에 회수하는 것임.
- 회사의 12월 말 현재 매출채권은 30,000원임.
- 회사의 월별 매출액은 다음과 같음.

구분	9월	10월	11월	12월
매출액	16,000	14,000	12,000	15,000

요구사항 ▼ 12월 말에 보유할 적정 매출규모를 산정하시오.

9월에 발생한 매출은 9월 말에 세금계산서가 발행되고, 2개월째인 11월에 회수되었을 것입니다. 회사의 회계정책에 따라 회수가 이루어졌다면, 매출채권은 11월과 12월에 발생한 매출액 합계인 27,000원(=12,000원+15,000원)이 될 것입니다.

그런데 실제 매출채권은 30,000원이므로 회사의 정책에 따른 금액보다 3,000원(=30,000원−27,000원)만큼 더 많습니다. 그 이유가 무엇인지 살펴봐야 합니다. 매출채권 회수가 지연되는 이유는 다양한데, 예를 들면 다음과 같습니다.

① 명절이나 휴일 등의 영향으로 일시적으로 회수가 지연될 수 있습니다.

② 일부 거래처가 부실화되어 회수가 지연될 가능성이 있습니다.

③ 판매를 촉진시키기 위해 영업부서에서 자의적으로 회수기일을 연장시켜 주었을 가능성이 있습니다.

(3) 채권회수 관리

영업부서는 매출 극대화를 목표로 합니다. 따라서 매출실적 자체에 우선 순위를 두고 채권 회수에 소홀할 수 있습니다. 그러나 영업부서는 영업뿐만 아니라 채권회수까지 관심을 가져야 합니다. 따라서 매출이 발생하면 해당 매출과 영업 담당자를 Matching 시키고, 주기적으로 영업 담당자에게 미회수 채권 List를 전달해야 합니다.

미회수 채권이 약속된 결제일을 초과하면 최대한 빨리, 거래처 상황을 확인하고 회수 방안을 강구해야 합니다. 재무상황이 어려워져 발생한 상황이라면, 은행 등에서 압류를 적극적으로 실시하게 됩니다. 따라서 회사의 조치가 늦어지면 후순위로 밀려나 손실이 커질 수 있습니다.

대손이 발생하면 해당 부서의 성과에 반영하고, 승진 등 인사조치를 검토해야 합니다. 주기적으로 사고 사례를 교육하고 실태를 점검해야 합니다.

우리나라 제조업의 2023년 평균 영업이익률은 약 6.6%입니다. 1,000원의 채권이 회수되지 못하여 손실이 발생한다면, 15,152원(=1,000원÷6.6%)만큼의 추가 매출이 발생해야 겨우 그 손실을 복구할 수 있다는 의미입니다. 15,152원만큼의 매출을 발생시키기까지의 전사적인 노력(제품생산부터 대금회수까지의 노력)이 허공으로 사라집니다. 따라서 채권회수는 아무리 강조해도 지나침이 없습니다.

3. 재고자산 관리

(1) 적정 재고자산 규모에 영향을 미치는 요소

얼만큼의 재고자산을 보유하는 것이 적정한지는 상황에 따라 매우 다양합니다. 적정재고자산의 규모에 영향을 미치는 요소는 다음과 같습니다.

① **원재료 조달 기간** : 특히, 원재료가 해외로부터 취득할 경우에는 행정절차와 이동에 소요되는 시간을 고려하여 결정하게 됩니다.

② **공정 기간** : 원재료가 제품화되기까지의 기간을 고려하게 됩니다. 만일, 제품화되기까지의 기간이 많이 소요된다면 재공품의 비중이 증가하게 됩니다.

③ **안전재고 정책** : 원재료가 부족하여 생산에 어려움이 있거나, 제품 재고가 부족하여 영업에 악영향이 없어야 합니다. 따라서 생산과 영업활동에 지장이 없도록 안전재고를 확보해야 합니다.

④ **제품의 진부화** : 식품과 철강의 유통기한은 상이합니다. 그리고 의류는 유행에 민감합니다. 이와 같이 제품의 진부화 가능성은 안전재고 규모에 큰 영향을 미칩니다.

영업부서는 매출 극대화가 가장 큰 목표이듯이, 생산부서는 주어진 생산시설 아래 사고없이 생산효율을 극대화하는 것이 목표입니다. 제품이 안 팔려 재고가 쌓이면 '제품은 우수한데 영업부서가…'라며 탓을 하며, 생산은 지속하려는 경향이 있습니다.

매출원가는 다음과 같이 계산됩니다.

매출원가=기초재고+당기 생산된 제품원가−기말재고

상기 수식을 보면, 기말재고가 커질수록 매출원가는 감소하여 이익이 증가한다는 믿음을 가질 수 있습니다. 그러나 기말재고는 차기 기초재고로 이월됩니다. 즉, 기말재고는 차기의 손익에 부담이 됩니다. 이러한 이유로 재고자산에 분식이 이루어지면, 차기에는 더 큰 기말재고자산을 만들기 위한 분식이 악순환됩니다.

회계기준은 전부원가제도를 허용되고 있습니다. 따라서 생산량을 증가시키면 (단위당 고정비가 하락하여) 시장에서 제품의 경쟁력이 강화된다고 주장할 수 있습니다. 다음 절에서 관련 내용을 살펴보겠습니다.

(2) 전부원가계산과 재고자산 관리

제품을 생산하기 위한 비용은 변동비와 고정비로 분류됩니다. 그리고 제품원가를 계산하는 방법은 다음과 같이 구분됩니다.

① **직접원가계산** : 변동비만을 재고자산의 원가로 계산하는 방법

② **전부원가계산** : 변동비뿐만 아니라 고정비도 재고자산의 원가로 인정하는 방법(기업회계기준)

앞서 생산량이 증가하면 이익이 증가한다는 신념을 가지고 있는 사람들이 있다고 했습니다. 일부 옳은 의견입니다. 그 허(虛)와 실(實)을 다음 예제로 살펴봅니다.

예제 05 전부원가계산제도와 재고자산

• 원가흐름은 선입선출법이며, 제품 단위당 판매가격은 4,000원임.

• 회사의 원가 투입요소, 생산 및 판매현황은 다음과 같음.

구분	기초재고	당기생산	당기판매	기말재고	변동비	고정비
2001년	–	6,000	4,000	2,000	6,000,000	6,000,000
2002년	2,000	4,000	6,000	–	4,000,000	6,000,000

요구사항 ▼

1. 2001년과 2002년의 단위당 재고자산 금액은 얼마인가?
2. 2001년과 2002년의 매출원가는 얼마인가?
3. 만일 2002년에 다음과 같이 생산하고 판매하였다면 매출원가는 얼마인가? (10,000개 생산 및 6,000개 판매, 변동비는 10,000,000원, 고정비는 6,000,000원 발생)

▶▶ 단위당 재고자산 원가

변동비는 단위당 1,000원입니다. 반면 총고정비는 6,000,000원으로 일정하고, 고정비의 단위당 원가는 생산량으로 나누어서 계산합니다. 표에서 보듯이 생산량이 증가할수록 단위당 재고자산의 원가는 낮아집니다.

생산량	4,000개	6,000개	10,000개
단위당 변동비	1,000원	1,000원	1,000원
단위당 고정비	6,000,000원÷4,000개 =1,500원	6,000,000원÷6,000개 =1,000원	6,000,000원÷10,000개 =600원
단위당 원가	2,500원	2,000원	1,600원

▶▶ 손익계산서

구분	2001년	2002년(4,000개)	2003년(10,000개)
매출	16,000,000원	24,000,000원	24,000,000원
매출원가	2,000원×4,000개	2,000원×2,000개 +2,500원×4,000개	2,000원×2,000개 +1,600원×4,000개
매출총이익	8,000,000원	10,000,000원	13,600,000원

손익계산서에서 보듯이 2002년에 10,000개를 생산할 경우 매출총이익은 극대화됩니다. 그 이유는 생산량이 증가하여 단위당 원가가 낮아졌기 때문입니다.

그러나 판매되지 않는 재고자산을 무한정 생산할 수는 없습니다. 생산량이 많아지면 장부상 이익은 단기적으로 증가하지만, 팔리지 않는 재고자산은 창고비용이나 진부화 위험을 가져옵니다. 따라서 판매량을 초과한 생산량이 누적되면 결국 장부상 손실로 이어집니다.

▶▶ 현금흐름

생산량	2002년(4,000개)	2002년(10,000개)
매출(현금 유입)	24,000,000원	24,000,000원
매출원가(현금 유출)	1,000원×4,000개(변동비) +6,000,000원(고정비)	1,000원×10,000개(변동비) +6,000,000원(고정비)
여유현금	14,000,000원	8,000,000원

생산량이 증가하면 장부상 이익은 증가하지만 매출로 발생된 현금은 동일합니다. 오히려 생산량을 증가시키느라 묶인 현금 규모가 커집니다. 따라서 10,000개를 생산하면 4,000개를 생산한 경우보다 6,000,000원만큼 현금부족 현상이 발생합니다.

'현금순환주기'와 '가치창출 관점의 재무상태표'에서 동일한 결론을 도출하였음을 기억하시죠? '매출채권과 재고자산은 가치를 창출하는 자산이 아니므로 최소화해야 한다!'

현금창출과 가치창출 관점에서 재고자산을 검토하기를 권고합니다.

4. 운전자본 사례 분석

지금까지 매출채권과 재고자산을 보유하는 이유와 적정 규모에 대해 살펴봤습니다. 매입채무는 회사와 거래처 간 협의에 따른 결제기일에 의해 그 규모가 결정됩니다. 그리고 매입채무는 재고자산의 취득 규모에 따라 종속되는 것이므로 큰 논점은 없습니다.

순운전자본을 매출채권과 재고자산에서 매입채무를 차감한 금액으로 정의하겠습니다. 이는 회사가 생산활동과 영업활동을 수행하기 위하여 어쩔 수 없이 묶여 있는 돈이라고 이해하시면 좋습니다.

(1) 운전자본 변동의 원인

매출이 증가하면 매출채권이나 재고자산도 증가합니다. 이렇게 운전자본이 증가하면 이익이 발생하더라도 현금이 증가하지 않습니다.

순운전자본의 변동은 매우 중요합니다. 따라서 매출 변동률과 순운전자본의 변동률의 상관관계를 분석하고 철저하게 관리해야 합니다. 매출의 성장과 연관된 것이 아니라면, 운전자본의 증가는 대부분 부정적인 결과를 낳습니다. 운전자본이 크게 변동되었다면 반드시 그 원인을 파악해야 합니다. 회사의 주요 지표와 일관성이 없다면 분식 등이 있을 가능성이 높습니다.

실무상 순운전자본의 변동의 주요 요인은 다음과 같습니다.

① **분식** : 회계분식의 상당부분은 매출채권과 재고자산을 통해 이루어집니다. 분식을 통해 순운전자본이 증가할 수 있습니다. 또는 수주산업(건설, 조선 등)이라면 진행률을 분식하여 매출을 인식하고, 가공의 채권이 계상되었을 가능성도 있습니다.

② **재고자산 진부화** : 사실상 팔 수 없거나 사용할 수 없는 재고자산에 대해 평가손실을 적정하게 인식하지 않았다면 재고자산이 증가합니다. 영업에 필요한 재고자산은 반드시 별도로 보유해야 하기 때문입니다.

③ **매출채권 부실화** : 회수가능성이 낮은 부실채권이 존재하면 매출채권 규모가 증가할 가능성이 있습니다. 과거에 발생한 채권이 회수되지 않고 장부에 남아 있는 것이지요.

④ 매출채권, 재고자산, 매입채무 이외의 계정은 대부분 금액이 크지 않습니다. 그런데 미수금이나 미지급금 등의 계정이 거액으로 변동되면 비경상적인 이유가 원인일 가능성이 높습니다.

(2) 사례 분석

지금까지 운전자본을 다루었는데, 관련 사례를 살펴봅시다. 수주산업을 영위하는 A사의 재무제표는 다음과 같습니다.

(단위 : 십억원)

구분	2014년	2013년	2012년	2011년	2010년
자산	20,290	18,489	16,122	16,660	15,823
부채	15,526	13,710	11,568	12,158	11,796
자본	4,764	4,779	4,554	4,502	4,027
매출	16,786	15,305	14,058	13,903	12,989
영업이익	471	441	486	1,089	1,199
당기순이익	32	241	175	648	776
매출채권	8,019	6,475	3,895	4,983	4,900
재고자산	2,019	1,182	1,198	752	729
매입채무	2,352	2,151	1,788	1,706	2,322
순운전자본	7,686	5,506	3,305	4,029	3,307
감가상각비 등	256	260	259	236	251

A사는 수주산업을 영위하고 있습니다. 업황이 좋지 않아 2010년 이후 이익률이 감소하는 추세입니다. 그러나 경쟁사에 비해 영업이익의 감소폭은 낮은 편입니다. 그리고 위의 표에서 보듯이 매출액이 증가함에 따라 매출채권과 재고자산이 증가하는 추세입니다.

A사의 2010년의 매출대비 순운전자본은 25.5%(=3,307십억원÷12,989십억원)이나, 2014년은 45.8%(=7,686십억원÷16,786십억원)로 급증하였습니다. 따라서 순운전자본의 증가가 적절한지 판단해야 합니다. 분식이나 부실자산으로 인한 영향이 없는지 깊이 있는 검토가 필요합니다.

현금흐름표를 살펴봅시다.

(단위 : 십억원)

구분	2014년	2013년	2012년	2011년	2010년	합계
Ⅰ.영업활동CF	(560)	(1,197)	(996)	2	(209)	(2,960)
1.당기순이익	32	241	175	648	776	1,872
2.조정	1,036	595	896	807	1,175	4,509
3.운전자본(*)	(1,299)	(1,820)	(1,695)	(1,531)	(1,544)	(7,889)
4.기타	(329)	(213)	(372)	78	(616)	(1,237)
Ⅱ.투자활동CF	(199)	(157)	(413)	(611)	(451)	(1,831)
Ⅲ.재무활동CF	520	1,462	1,135	537	356	4,010
Ⅳ.현금의 증감	(239)	108	(274)	(72)	(304)	(781)

(*)운전자본 = △매출채권 + △재고자산 + △매입채무

5년간 순이익은 1,872십억원으로 양호합니다. 그러나 5년간의 누적 영업활동 현금흐름은 (−)2,960십억원입니다. 좀 찜찜합니다. 당기순이익과 영업활동 현금흐름의 괴리가 큽니다. 이익이 발생하면 현금이 쌓여야 하는데, 현금은 오히려 줄어들었기 때문입니다.

투자활동 현금흐름을 봅시다. 매출액이 증가하고 있음에도 불구하고, 2010년부터 2014년까지 투자액은 꾸준하게 감소하고 있습니다. 2013년과 2014년의 경우 투자활동 현금흐름이 감가상각비에 미달하고 있습니다. 즉, 현재설비를 유지할 정도의 대체투자도 제대로 이루어지고 있지 않다는 의미입니다.

시간이 흘러 A사는 약 6조원대의 분식회계를 고백하였습니다. 주로 매출채권과 재고자산에 분식이 이루어졌습니다.

A사는 분식을 제거하여 재무제표를 재작성했습니다. 분식이 수정된 재무상태표와 손익계산서는 분식 전과 모습이 완전히 달라졌습니다. 그러나 현금흐름표는 크게 수정되지 않습니다. 소분류는 다소 차이가 있지만 영업활동 현금흐름, 투자활동 현금흐름, 재무활동 현금흐름은 동일합니다. 재무상태표와 손익계산서는 발생주의와 회계정책에 따라 작성되지만, 현금흐름표는 현금주의에 따라 작성되기 때문입니다.

이러한 이유로 재무상태표와 손익계산서는 '회사의 Opinion', 현금흐름표는 'Fact'라고 합니다.

제3절 Risk와 레버리지

조달한 자금으로 영업활동을 하기 위하여 투자한 내역이 재무상태표의 왼쪽에 표시된다고 했습니다. 따라서 재무상태표의 왼쪽(자산계정)을 보며 다음을 생각해야 합니다.

① 회사의 핵심 역량은 무엇인가?

② 회사의 핵심 역량은 어떤 계정(또는 어떤 명세서 항목)과 관련이 있는가?

③ 그리고 회사는 핵심 역량과 관련이 있는 계정을 잘 관리하고 있는가?

④ 회사의 영업활동과 관련이 없는 계정이 있는가? 그 자산을 보유하는 이유는 무엇인가?

〈제2절〉에서는 매출채권, 재고자산 및 매입채무에 대해 살펴봤습니다. 본 절에서는 영업활동을 하기 위하여 투자한 내역인 고정비(유 · 무형자산과 사람)와 영업레버리지를 다룹니다.

부채는 남의 돈과 나의 돈을 모은 내역이라고 하였습니다. 그렇다면 남의 돈과 나의 돈을 어떠한 비중으로 구성해야 좋을지 생각해 봅시다. 자금조달 과정에서 고려해야 할 Risk는 무엇인지 생각해 봅시다. 본 절에서는 자금조달 과정에서 발생하는 Risk인 재무레버리지에 대해 설명합니다.

1. Risk

재무에서 Risk는 Danger가 아니라 변동성(Volatility)을 의미합니다. Risk가 클수록 보상이 큽니다. 다음 예제를 통해 Risk의 본질을 생각해 봅시다.

예제 06 Risk와 변동성

- 1안 : 5억원을 투자하여 성공하면 15억원, 실패하면 0원
- 2안 : 5억원을 투자하여 성공하면 5억 5천만원, 실패하면 4억 5천만원

요구사항 ▼

1. 1안과 2안에 투자 시 각각의 기댓값은(성공과 실패 확률은 50%로 동일)?
2. 전 재산이 5억원인 A氏가 선택할 것으로 예상되는 투자안은? 그 이유는?

1안과 2안의 기대값은 다음과 같습니다.

① 1안＝15억원×50%＋0억원×50%＝7.5억원

② 2안＝5.5억원×50%＋4.5억원×50%＝5.0억원

합리적으로 예측할 수 있는 1안과 2안의 예상 기대수익은 각각 7.5억원과 5.0억원입니다. 따라서 기계적으로만 결정한다면 1안을 택할 것입니다.

그런데 전 재산이 5.0억원인 사람이 1안에 투자할 수 있을까요? 일반적인 사람은 겁나서 투자할 수 없습니다. 성공하지 못하면 망하게 됩니다. 경제학에서 일반적인 투자자는 위험회피적(Risk Averter)라 가정합니다. 따라서 위험에 대한 충분한 보상이 없다면(수익이 크지 않다면) 투자하지 않습니다.[5)]

2안의 기대 수익률이 높은 이유는 떨어질 수도 있고 상승할 수도 있는 불안정성이 매우 크기 때문입니다. 즉, 향후 현금흐름의 변동성이 크기에 수익률이 높은 것입니다. **현금흐름의 변동성을 위험(Risk)이라고 합니다. 재무에서의 위험(Risk)은 Danger가 아닌 변동성(Volatility)을 의미합니다.**

현금흐름의 변동성이 클수록 수익률이 높습니다. 그렇다면 회사가 보유하는 자산들을 보며 수익률과 변동성에 대해 생각해 봅시다.

예제 07 개별자산의 수익률

- 2005년에 설립되어 잘 성장해온 MD는 투자대안에 대해 고민하고 있음.
- 여유 자금, 즉 차입금이 아닌 자기자본으로 투자를 하고자 함.
- 투자 대상은 정기예금, 채권, 주식, 공장, 연구개발(R&D)임.

요구사항 ▼ 각각의 투자대안을 비교하시오.

최근 예금 이자율은 3% 정도이며, 장기 평균 주식 투자 수익률은 10% 정도입니다. 주식 투자 수익률이 훨씬 높지만 변동성이 싫어서 예금투자를 선택하는 사람도 많습니다. 주식의 평균 수익률이 높은 이유는 주가가 떨이질 수도 있고 상승할 수도 있는 불안정성 때문입니다.

채권수익률은 5~6% 정도입니다. 채권은 예금보다 다소 위험하기에 수익률도 더 높습니다.

5) 1안의 기대수익률이 높은데 아쉽지만 A氏는 그 변동성을 감당하기 어렵습니다. 1안을 투자할 수 있는 사람은 적어도 50억원 이상은 있어야 하지 않을까요? Risk는 변동성을 감당할 수 있는 사람에게만 수익을 줍니다. 레버리지를 즐기기 이전에 변동성을 감당할 수 있는 체력을 먼저 기를 필요가 있습니다.

공장의 수익률은 어떨까요? 공장 내에는 토지, 건물, 기계장치 등이 존재합니다. 공장의 수익률에 대한 연구결과는 15~30% 정도로 추정되고 있습니다.

마지막으로 연구개발의 수익률은 어떻습니까? 실패하면 수익이 없습니다. 성공해야 수익이 납니다. 굉장히 위험합니다. 따라서 평균수익률도 가장 높습니다. 연구결과는 30~50% 정도로 추정하고 있습니다.[6)]

재무상태표에 표시되는 계정과목으로 표현하면, 아래로 갈수록 위험과 보상의 수준이 높아집니다.

최근 (유형자산이 아닌) 투자자산으로서 아파트는 매력적이었습니다. 일부 사람들은 안정적이며 높은 수익이 가능하다고 합니다. 자본주의에 공짜는 없습니다. 단기적으로 불균형이 발생할 수 있지만, 위험하기에 수익이 높은 것입니다. 지금까지 상승으로 인한 변동성만 있었지만, (실현되지 않은) 하락으로 인한 변동성을 감수했기에 수익률이 높았다고 봐야 하지 않을까요? 안정적이며 높은 수익률을 추구하는 사람들에게는 사기꾼이 달라 붙기 십상입니다.

2. 고정비와 레버리지

신문이나 방송을 보면 고정비를 감축해야 한다는 이야기가 자주 나옵니다. 고정비는 감축할 대상이며, 감축할 수 있을 것처럼 느껴집니다. 과연 그럴까요?

변동비와 고정비에 대한 개념은 많이 들었습니다. 그래서 익숙합니다. 그러나 오히려 잘못 이해하고 있는 분들이 더 많은 듯합니다. 본 장에서는 변동비와 고정비를 다시 생각해 보고, 고정비에 대한 선입견을 검토해 보고자 합니다.

(1) 변동비와 고정비

변동비는 생산 수량이나 매출액에 비례하여 발생됩니다. 원재비, 판매수수료 등을 예로 들 수 있습니다. 반면, 고정비는 생산 수량이나 매출과 무관하게 발생하는 지출입니다. 감가상각비나 무형자산상각비 등을 예로 들 수 있습니다.

6) 직관적인 예를 들어 볼까요? 아이가 태어났습니다. 소중하고 예쁜 아이의 가치를 늘려주고자 합니다. 아이 통장을 만들어 적금을 드는 방법, 아이 이름으로 주식을 조금씩 사는 방법, 아이에게 공부를 시키는 방법 등이 있습니다. 그런데 일반적으로 사교육을 합니다. 그 이유는 변동성은 크지만 무형자산(공부)의 평균수익률이 높기 때문이지 않을까요?

인건비가 변동비인지 고정비인지 주의할 필요가 있습니다. 과거에는(지금도 상당수의 교과서에서는) 변동비로 분류하였습니다. 알바비는 변동비로 분류할 수 있겠지만, 정규직 인건비는 고정비로 간주하는 것이 적절합니다. 왜냐하면 알바는 자유롭게 수급이 가능하지만, 정규직은 노동법 등의 강화로 쉽게 줄일 수 없기 때문입니다. 정규직은 오랫동안 회사에서 경험을 쌓고, 교육 등을 통해 경력을 개발하게 됩니다. 시간이 지날수록 소중한 자산이 됩니다. 따라서 쉽게 줄이거나 늘릴 수 없습니다.

산업화 이후에 기계가 사람이 수행하던 작업 중 상당 부분을 대체해 왔습니다. 앞으로 AI 등이 발달하면 기계의 비중은 더욱 커져 갈 것입니다. 경제가 발달할수록 변동비의 비중은 감소하고, 고정비 비중은 증가하는 경향이 있습니다.

변동비의 원천이 되는 자산은 생산 수량이 감소하거나 증가할 때, 즉시(취득하거나 처분하여) 조절할 수 있습니다. 그러나 고정비는 그렇지 않습니다. 예를 들어 생산수량이 감소한다고 해서, 정규직을 줄이고 기계장치를 처분하기 어렵습니다. 물론 거액의 명예퇴직금을 지급하고 기계장치를 고철로 처분할 수 있습니다. 그러나 많은 손실이 수반되므로 용이하지 않습니다.

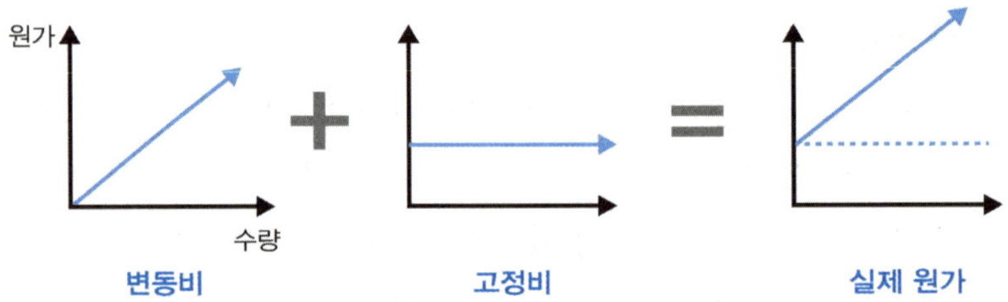

변동비와 고정비 구분 자체가 단기적인 관점에서의 원가행태이며, 장기적인 관점에서는 모두가 변동비입니다. 예를 들어 기계 1대가 생산하는 수량이 1,000개라고 가정해 봅시다. 이 경우 생산량이 1~1,000개인 경우 감가상각비는 고정비에 해당합니다. 그런데 20,000~100,000개 사이를 생산한다고 가정해 봅시다. 이 경우 감가상각비는 계단 모양과 비슷하겠지만 변동비와 유사합니다.

이와 같이 변동비와 고정비는 제한된 조업도 범위 내에서만 구분할 수 있음을 감안하고, 상황에 따라 탄력적으로 구분하시기 바랍니다.

(2) 공헌이익과 CVP 분석

앞서 손익계산서를 설명하며 매출액에서 매출원가와 판매비와관리비를 차감하면 영업이익이 산출됨을 살펴보았습니다. 이때 매출원가와 판매비와관리비를 변동비와 고정비로 구분하여 다음과 같이 표현할 수도 있습니다.

기능별 분류 손익계산서	
매출액	1,000
매출원가	(600)
매출총이익	400
판매비와 관리비	(200)
영업이익	200

공헌접근법 손익계산서	
매출액	1,000
(−)변동비	(500)
공헌이익	500
고정비	(300)
영업이익	200

원가를 고정비와 변동비로 구분하면, 원가-조업도-이익분석(CVP 분석, Cost Volume Profit analysis)이 가능합니다. CVP 분석은 판매량의 변화가 회사의 원가구조를 통해 이익에 미치는 영향을 손쉽게 파악할 수 있도록 합니다.

고정비와 변동비를 적절하게 구분하여 활용한다면, 회사의 의사결정에 유용한 자료를 마련할 수 있습니다. 그런데 실무상 변동비와 고정비 구분은 생각보다 어렵습니다. 그 이유는 회사의 업종과 조업도에 따라 고정비와 변동비의 구분이 애매한 경우가 많기 때문입니다. 어떤 회사는 고정비인데, 어떤 회사에서는 변동비에 해당할 수 있습니다.

CVP 분석을 통해 손익분기점(BEP, Break Even Point)과 목표이익을 달성하기 위한 판매량을 쉽게 계산할 수 있습니다.

CVP 분석

- 손익분기점의 Q=고정비÷단위당 공헌이익
- 목표이익을 고려한 Q=(고정비+목표이익)÷단위당 공헌이익

예제 08 CVP 분석

- 제품의 개당 판매단가는 1,000원임.
- 제품 1개를 생산하는 데 발생된 원재료는 400원이며, 판매촉진비는 100원임.
- 건물과 기계장치에 대한 연간 상각비는 100,000원임.

요구사항 ▼

1. BEP를 달성할 수 있는 수량을 계산하시오.
2. 목표이익이 40,000원인 경우의 수량을 계산하시오.

① 단위당 공헌 이익=단위당 판매가−단위당 변동비=1,000원−500원=500원

② Q1=100,000원÷500원=200개

③ Q2=(100,000원+40,000원)÷500원=280개

(3) 고정비와 영업레버리지

다음 예를 통해 변동비와 고정비의 성격을 살펴보겠습니다.

A氏는 마트를 개설하려 합니다. 두 가지 대안을 놓고 고민 중입니다.

구분	대안 1	대안 2
운반도구	자전거	트럭
인원구성	알바 3명	정규직 1명, 알바 2명

대안 2의 단점은 마트 개설 시점에 거액의 투자비가 든다는 것입니다. 트럭을 사려면 많은 돈이 필요합니다. 게다가 정규직 1명을 채용하면 4대 보험료가 들어갈 뿐만 아니라, 장사가 되지 않는다고 쉽게 자를 수도 없습니다.

반면, 대안 1은 자전거만 사면 됩니다. 초기 비용이 적습니다. 그리고 매출 정도에 따라 알바를 고용하면 되므로 부담이 적습니다.

그런데 대안 2의 장점도 있습니다. 매출이 증가하여 운반량이 급증하더라도 트럭을 이용하면 손쉽게 빠른 시간에 운반할 수 있습니다. 그리고 정규직과 알바는 아무래도 업무자세(Attitude)가 다를 수밖에 없습니다.

대안 1과 대안 2의 매출에 따른 손익변동 추세를 살펴봅시다.

구분	대안 1	대안 2
고정비	낮음	높음
손익분기점	낮음	높음
매출이 적을 경우	손실이 적음	손실이 큼
매출이 클 경우	이익이 적음	이익이 큼

상기 내용을 그래프로 표현해 보겠습니다.

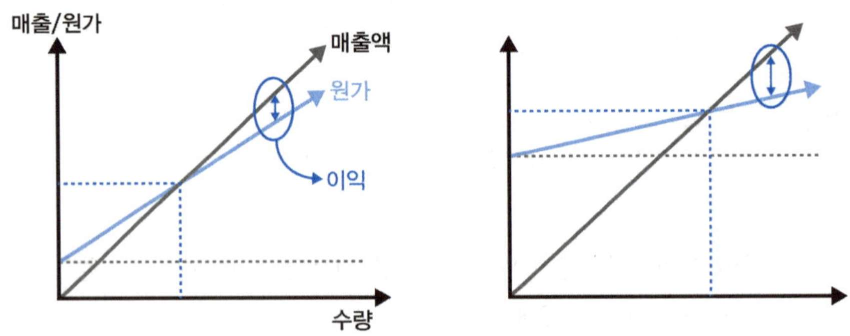

유형자산이나 정규직과 같은 고정투자가 클수록 손익분기점은 높아집니다. 그리고 매출 변동에 따라 손익의 변동이 큽니다. 장사가 잘 되면 이익이 급증하지만, 장사가 안 되면 거액의 손실이 발생합니다. 이와 같이 고정비(트럭, 정규직)에 대한 투자가 클수록 이익의 변동은 커집니다. 이를 영업레버리지라고 합니다.

영업레버리지는 고정비를 가지고 있다는 사실 자체에서 발생합니다. 그리고 보유하고 있는 고정비의 비중이 클수록 영업레버리지가 증가합니다. 또한 (무형자산과 같이) 보유하는 자산 자체에 Risk가 있다면 영업레버리지는 더 증가합니다.

영업레버리지를 수치화하는 방법은 다음과 같습니다.

영업레버리지

• 영업레버리지도 = 영업이익 변동률 ÷ 매출변동률
= 공헌이익 ÷ 영업이익

고정비의 비중이 크면 영업레버리지가 커지고, 매출 변동에 따른 영업이익의 변화가 큽니다. 이는 회사가 외부환경 변화에 민감하다는 것을 의미합니다.

다음 예제를 통해 영업레버리지가 손익에 미치는 효과를 살펴봅시다.

예제 09 복식부기 원리

• A사와 B사의 원가구조는 안정적임.
• A사와 B사의 변동비는 매출액에 비례하여 발생하며, 고정비는 일정하다고 가정함.
• A사와 B사의 손익계산서는 다음과 같음.

구분	A사	B사
매출액	100,000	100,000
변동비	(60,000)	(30,000)
고정비	(20,000)	(50,000)
영업이익	20,000	20,000

요구사항 ▼

1. 양 사의 매출액이 20%씩 증가하거나 감소하는 경우 영업이익을 구하시오.
2. 양 사의 영업레버리지도를 계산하시오.

▶▶ 매출액 변동 시 영업이익

구분	A사		B사	
	증가	증가	증가	감소
매출액	120,000	80,000	120,000	80,000
변동비	(72,000)	(48,000)	(36,000)	(24,000)
고정비	(20,000)	(20,000)	(50,000)	(50,000)
영업이익	28,000	12,000	34,000	6,000

▶▶ 영업레버리지도

① A사=40%÷20% [또는 (-)40%÷(-)20%]=2

② B사=70%÷20% [또는 (-)70%÷(-)20%]=3.5

(4) 고정비와 사업전략

조선 · 정유 · 자동차 산업은 장치산업입니다. 장치산업을 영위하는 회사의 재무제표를 살펴보면 유형자산의 비중이 매우 큽니다. 즉, 고정비가 큽니다. 이렇게 고정비가 큰 산업의 특징 중의 하나는 진입장벽이 높다는 점입니다.

향후 남북경협을 예상하고 북한에 건설투자가 급증할 것으로 예상하는 사업가가 있다고 가정해 봅시다. 그렇다고 그 사업가가 시멘트 회사를 설립하여 사업을 펼치기는 매우 어렵습니다. 왜냐하면 초기에 거액의 시설투자가 필요하기 때문입니다. 이렇게 거액의 고정비 자체가 진입장벽을 만듭니다. 새로운 경쟁자가 진입하기 어렵습니다.

반대로 고정비가 낮은 산업은 진입장벽이 낮습니다. 따라서 그 산업이 수익성이 있다고 예상되면 경쟁자가 쉽게 진입합니다. 대표적으로 동네 치킨 가게를 생각해 보면 됩니다. 치킨 가게가 장사가 잘 되면 금방 새로운 치킨 가게가 옆 골목에 개업합니다. 따라서 고정비가 낮은 산업의 경우 진입장벽을 높이기 위한 전략을 반드시 강구해야 합니다.

고정비가 낮은 산업에서는 진입장벽을 고정비가 아닌 다른 수단으로 높이고자 노력합니다. 예를 들어 브랜드나 고객 관계를 통한 진입장벽 구축입니다. 핸드백 회사는 광고 등을 통하여 브랜드의 가치를 높이고자 합니다. 브랜드가 진입장벽 역할을 만들기 때문입니다. 의류업체나 화장품 회사 등도 다양한 브랜드를 개발하고, 광고나 판촉활동에 집중하는 것을 확인할 수 있습니다.

고정비 비중이 높은 산업은 손익분기점이 높다고 하였습니다. 그리고 매출 규모에 따라 이익의 변동이 심하다고 하였습니다. 따라서 고정비가 높은 회사는 가능한 한 빨리 손익분기점을 달성하기 위하여 노력하게 됩니다. 다양한 정책을 통해 고객을 끌어들여 손익분기점을 달성하기 위한 전략을 펼치게 됩니다.

고정비의 비중이 높은 산업은 독점시장이나 과점시장을 형성하기도 합니다. 과점시장에서는, 제품 가격을 담합하는 경향이 있습니다. 신규사업자가 진입하려면 가격을 낮추고, 그렇지 않으면 가격을 높게 유지하여 초과수익을 추구하기도 합니다. 정유업이나 자동차 산업 등을 보면 이해하기 쉬울 것입니다.

반면, 고정비가 낮은 산업은 담합이 어렵습니다. 담합을 했다 하더라도 신규 사업자에 의해 금방 그 담합이 깨지기 마련입니다. 그래서 완전경쟁시장과 같은 모습을 보입니다. 따라서 초과이익은 없거나 있더라도 오래 유지되기가 어렵습니다.

구분	고정비 높은 기업	고정비 낮은 기업
유형자산	많음	적음
진입장벽	높음	낮음
전략	고객을 끌어들이는 전략	브랜드, 고객관계전략

(5) 고정비의 본질

부정적으로 해석되던 고정비가 진입장벽을 형성한다고 했습니다. 그리고 초과이익을 가능하게 하는 긍정적인 측면이 있다고 했습니다.

〈예제 1〉을 통해 현금순환주기를 검토하고 회사에서 중요한 활동은 생산활동과 영업활동이라고 하였습니다. 생산활동과 영업활동이 가치를 창출합니다. 그곳에 회사의 핵심역량이 형성되어 있습니다.

가치를 창출하는 자산은 다음과 같습니다.

① **생산활동에 사용되는 자산** : 공장 설비 등의 유 · 무형자산과, 이러한 자산을 다루는 사람(인적자원)

② **영업활동에 사용되는 자산** : 영업활동을 수행하는 사람(인적자원)

이렇게 가치를 창출하는 데 핵심자산인 유 · 무형자산과 사람(인적자원)은 변동비일까요, 고정비일까요? 맞습니다. 고정비입니다.

회사의 성장을 위해서는 투자가 필수적입니다. 투자는 어디에 합니까? 공장을 증설하는 것이 투자입니다. 사람을 채용하여 훈련시키는 것도 투자입니다. 투자한다는 의미는 재고자산을 늘리거나 매출채권을 늘린다는 것이 아닙니다. 투자의 대상은 고정비입니다. 고정비, 즉 유형자산과 인적자원이 회사의 핵심 역량을 담고 있습니다. 회사가 생산하는 제품이나 서비스를 가능하게 하는 원천입니다.

현재 영위하는 사업과 다른 사업을 하게 되면, 새로운 고정비(공장과 임직원 등)가 발생합니다. 그러므로 회사의 투자활동 현금흐름을 면밀하게 살펴보면 회사의 전략적 방향을 알 수 있습니다. 회사가 어떠한 분야에서 수익을 창출하고자 하는 것인지를 보여줍니다.

고정비의 본질

- 가치를 창출하는 핵심 자산
- 유 · 무형자산과 사람(인적자원)으로 구성
- 투자의 대상
- 핵심역량을 유지하고 증가시키기 위한 지출
- 현재 회사의 활동 및 전략과 연관됨.

(6) 고정비와 구조조정

흔히들 회사가 어려워지면 고정비를 줄이자고 합니다. 줄어듭니까? 일시적으로 줄어들 수 있습니다. 그런데 이는 고정비가 감소하였다기보다는 비효율적인 과정이 개선되거나, 비용 지출을 이연시킨 경우가 대부분입니다. 정상적으로 지출되는 고정비는 줄일 수 없습니다.

고정비는 현재 생산하는 제품이나 서비스 때문에 발생됩니다. 따라서 현재 생산되는 제품과 서비스를 계속 제공하는 한 현재 고정비는 줄어들지 않습니다. 다른 제품과 서비스를 제공해야 현재의 고정비가 없어집니다. 물론 다른 제품과 서비스에 따른 다른 종류의 고정비가 발생하지만요.

회사가 어려우면 구조조정을 꾀합니다. 그리고 구조조정은 다음 두 가지를 수반합니다.

① 인원 감축

② 자산 매각

인원을 감축하면 당연히 향후 비용이 감소됩니다. 그리고 자산을 매각하면 자금이 유입되어 차입금이 감소됩니다. 좋아 보입니다.

장기적인 관점에서 생각해 봅시다.

제품을 생산하려면 공장이 있어야 합니다. 공장을 운영하고 생산 노하우를 보유하고 있는 사람도 필요합니다. 물론 업무 프로세스(Process)에 대한 매뉴얼(Manual)이 완벽하다면, 이에 의지하여 업무가 가능할 것입니다. 물론 그런 경우에도 인적자원이 필수적임은 말할 나위가 없습니다.

사람을 감축하면 장기적으로 좋지 않은 현상이 발생합니다. 똑똑하고 회사에 정말 도움이 되는 사람들이 먼저 퇴사합니다. 생산노하우를 가진 사람이 줄어듭니다. 따라서 시간이 지날수록 불량률이 증가합니다. 그리고 영업노하우를 가진 사람이 퇴사하여 영업 능력이 악화됩니다.

즉, 사람을 감축하면 생산활동과 영업활동이 약해집니다.

생산이나 영업부문보다는 연구개발 부서가 먼저 구조조정의 타겟(Target)이 되는 경우가 많습니다.

연구개발 부서는 현재 생산하는 제품과 서비스를 개선시키기 위해 노력하는 부서입니다. 향후 생산될 제품과 서비스를 개발하는 부서입니다. 연구개발 부서가 회사에 미치는 효과는 당장 나타나지 않을 수 있습니다. 그러나 핵심역량을 유지하고 개선하는 역할을 수행합니다. 연구개발 부서를 감축하면 지금 당장은 부정적인 영향이 없을 수 있습니다. 그러나 결국에는 제품과 서비스의 경쟁력이 상실됩니다.

구조조정의 또 하나의 축인 자산매각을 생각해 봅시다. 공장에 고정비를 감축할 것을 지시했다고 가정해 봅시다. 그러면 수선유지활동이 감소하고, 재투자시점을 연기하게 됩니다. 장기간 수선을 소홀히 하고 재투자가 제때 이루어지지 않으면, 공장에 큰 사고가 나거나 생산효율이 저하됩니다.

물론 영업활동과 크게 관계없는 비영업용자산을 처분하면 차입금을 감축하는 데 도움이 됩니다. 그러나 현재 사용하지 않는 토지라 하더라도 처분하면, 나중에 설비 증대가 필요하거나 신사업에 투자할 경우 아쉬움을 느끼는 경우가 종종 있습니다.

이와 같이 인원과 자산을 통한 구조조정은 한계가 있습니다. 인원과 자산의 처분으로 발생할 효과는 제한적인 경우가 많습니다. 반면, 장기적으로 제품과 서비스의 질을 떨어뜨려 결국 부정적인 결과를 가져옵니다.

현재 고정비는 현재 제품과 제공하는 서비스와 관련이 있습니다. 따라서 현재 생산하는 제품과 서비스를 중단하지 않고 지속적으로 제공한다면 구조조정의 효과는 거의 없습니다.

영업활동이 부진한 이유는 고정비 때문이 아닙니다. 현재 '사업'이 좋지 않기 때문이죠. 따라서 구조조정의 방향은 사업의 변경에 초점을 맞추어야 합니다. 회사의 사업 포트폴리오(Portfolio)를 재구축해야 합니다. '사업'이 바뀌어야 고정비를 구성하는 인원과 자산이 변경될 수 있습니다.

요약하면 현재 영위하는 '사업'의 변화가 없다면 고정비 감축은 불가능합니다. 억지로 고정비를 감축하면 의도치 않는 '사업'의 변화만 발생합니다.

일식집의 구조조정

경기가 좋지 않습니다. 강남에서 고급 일식집 '유끼'를 영위하는 A氏는 요즘 고민입니다. '유끼'의 주된 메뉴는 저녁에 1인당 25만원인 정식입니다. 가격이 상당하다 보니 주로 접대를 위해 찾는 손님들이 많습니다.

'유끼'는 고급 일식집으로 포지셔닝(Positioning)했습니다. 인테리어가 고급입니다. 모든 테이블은 각각 방으로 독립되어 있습니다. 그리고 방마다 난초와 생화를 구비하여, 분위기를 북돋았습니다. 접객하는 직원도 고급스러운 기모노를 입고 예의를 다하도록 교육받습니다. 접객요원은 2 테이블만 담당합니다. 서비스에 부족함이 없도록 신경 쓰고 있습니다. 제공하는 음식은 고급 접시에 담고, 상차림(Plating)에도 심혈을 기울입니다.

그러다 보니 돈이 많이 듭니다. 고급 접시는 종종 깨지고, 난초도 관리해야 합니다. 생화는 때가 되면 갈아 주어야 합니다. 기모노는 비싸고, 세탁비도 상당합니다.

A氏는 고정비 부담으로 손실이 크다고 판단하고, 몇 가지 방안을 강구했습니다.

- 생화 대신에 관리비가 적은 조화로 데코레이션한다.
- 고급 접시는 깨지지 않는 플라스틱 접시로 대체한다.
- 기모노 대신에 편한 옷을 입고 접객한다.
- 2 테이블이 아닌 5 테이블까지 서빙하여 직원을 줄인다.
- 상차림(Plating) 시간을 줄여 직원을 줄인다.

이렇게 고정비를 절감한 결과 분위기는 예전보다 소박해졌습니다. 대신 A氏는 음식량을 더 많이 제공하고, 가격을 25만원에서 20만원으로 내렸습니다.

A氏의 전략은 성공할까요? 단기적으로는 이익이 증가할 수 있습니다. 종전 서비스를 기대하고 단골들이 올 것입니다. 그러나 장기적으로 단골들은 다른 일식집을 찾게 됩니다. '유끼'의 핵심역량은 고급 일식집이라는 정의에 부합되는 서비스와 분위기였습니다. 그러나 고정비를 감소시킴에 따라 더 이상 고급 일식집이 아닌 대중 음식점으로 변경되었습니다. '사업'이 변경된 것입니다. 고급 일식집으로서 핵심역량이 그대로 유지되기는 어렵기에, 종전 손님들이 더 이상 오지 않은 것입니다.

구조조정을 통해 '유끼'는 고급 일식집이 아닌 대중음식점인 실비횟집으로 바뀌었습니다. 사업이 바뀐 것입니다. 경쟁자도 일반 실비횟집입니다. 이제는 분위기와 서비스가 아닌 가성비가 핵심역량이 될 것입니다.

3. 자금조달과 레버리지

(1) 자금조달 비용

자금조달 방법은 크게 남의 돈(차입금)을 빌리거나 자신의 돈(자본)을 꺼내는 것입니다. 돈을 조달하였으면, 그 대가를 지불해야 합니다. 차입금에 대한 대가는 이자비용이며, 자기자본에 대한 대가는 배당금입니다.

투자자 관점에서 채권에 대한 수익률은 차입금에 대한 자본비용과 동일하며, 주식의 수익률은 자기자본에 대한 자본비용과 유사합니다. 우량한 회사의 경우 채권수익률은 약 5~7% 정도이며, 주식의 평균수익률은 약 10% 정도입니다.

(2) 가중평균자본비용과 가중평균투자수익

일반적인 회사의 재무상태표를 놓고 개별 자산과 부채 등의 수익률을 비교해 봅시다.

재무상태표

위험 증가 (↓)

현금	1~2%	차입금	5~7%
매출채권	3~4%		
재고자산	8~12%	자본	14~15%
유형자산	15~30%		
무형자산	30~50%		
투자수익률	×××	자금조달비용	×××

요구 수익률 증가 (↓)

기업가치를 평가하는 가장 보편적인 방법 중 하나는 현금흐름할인법(DCF, Discounted Cash Flows)입니다. 현금흐름할인법인은 잉여 영업 현금흐름을 가중평균자본비용(WACC, Weighted Average Cost of Capital)으로 할인하여 기업가치를 산정하는데, 자세한 내용은 뒤에 살펴보겠습니다.

> 현금흐름할인 모형
>
> • 기업가치=잉여 영업 현금흐름÷가중평균자본비용(WACC)

잉여 영업 현금흐름은 재무상태표의 왼쪽인 자산에서 창출하고, 가중평균자본비용은 재무상태표의 오른쪽인 차입금과 자본에서 발생됩니다.

개별 자산들의 가중평균투자수익률을 WARA(Weighted Average Return on Assets)라고 부릅니다. 회계는 대변과 차변이 동일하다는 대차평균의 원리에서 시작하지요? 이러한 관점에서 보면 자산들의 가중평균투자수익률은 가중평균자본비용과 동일하다는 것을 짐

작할 수 있을 것입니다. WARA≒WACC입니다.

수익성이 좋은 회사는 표면적으로 자금조달비용이 투자수익률보다 크게 나옵니다. 이상하지요? 장부에는 없지만, 가치가 있는 자산들이 숨어있기 때문이죠. 회계상 자산으로 인식되기 위해서는 엄격한 요건이 필요합니다. 회사가 내부적으로 창출하였으나 회계상 자산 요건에 충족되지 않아 인식되지 않았지만, 가치가 높은 것들이 있습니다. 예를 들면 우수한 임직원, 기업 문화, 영업 관계, 특허는 없지만 탁월한 기술력 등입니다. 이러한 것들의 대부분은 무형자산과 성격이 유사합니다.

(3) 보이지 않는 무형자산의 힘!

좋은 회사는 재무제표에 표시되지 않지만 (보이지 않는) 무형자산이 풍부한 회사입니다. 어떤 연구결과는 기업이 보유한 진정한 가치는 무형자산이라고 주장하기도 합니다. 장부상 비중이 적거나 또는 나타나지 않아도 무형자산이 기업의 가치를 창출하고, 주식 가치를 향상시키는 힘이라는 거죠.

명심해야 합니다. 이러한 무형자산의 대부분을 창출한 주체는 사람입니다. 다시 한 번 기억을 떠올려 봅시다. 회사의 가치를 창출하는 주요 활동은 생산과 영업활동이며, 이들 활동과 밀접하게 관련된 투자 내역이 유 · 무형자산과 사람이라고 했습니다. 유형자산은 장부에 드러납니다. 그러나 자산화 요건은 갖추지 못했으나 가치가 있었던 R&D 지출이나 임직원이 쌓아온 노력들이 보이지 않는 무형자산을 구축합니다.

자산의 Risk는 재무상태표 아래로 갈수록 커진다고 하였습니다. 따라서 유형자산보다 무형자산의 변동성이 더 크고, 계상된 무형자산보다 보이지 않는 무형자산의 변동성이 훨씬 더 큽니다. 게다가 보이지 않는 무형자산의 경우 한 번 가치가 훼손되면(손상되면) 다시 그 가치를 회복하기가 어려운 경우가 많습니다. 〈제7장〉에서 언급하듯이 영업권은 손상되면 다시는 그 가치를 환입하지 않습니다. 매우 세심하고 조심스럽게 다루어야 합니다. 보이지 않는 무형자산이 잘 유지되고 성장하도록 노력해야 합니다. 당장 어렵다고 구조조정하면 미래가 없습니다.

사람도 마찬가지인 듯 합니다. 행복한 사람은 눈에 보이는 돈보다도, 보이지 않는 무형자산(사랑, 지혜, 건강 등)이 풍부한 사람이지 않을까 합니다. 보이지 않는 무형자산은 한 번 훼손되면 다시 그 가치를 회복하기 어렵습니다. 돈 없는 사람이 돈 버는 것도 어렵지만, 무형자산을 잃어버린 사람은 행복해지기 힘듭니다. 항상 세심하고 조심스럽게 다루어야 합니다. 당장 건강하고 똑똑한 것 같아 자신감에 취해 교만하면, 보이지 않는 무형자산은 어느새 흩어져 버립니다. 지나간 시간 속으로.

(4) 차입금과 재무레버리지

자기자본에 대한 금융비용이 차입금에 대한 이자비용보다 높다고 했습니다. 그런데 차입금으로 인한 Risk는 자기자본비용보다 큽니다. 그 이유는 자기자본에 대해 배당을 하지 않아도, 부도가 나지는 않기 때문입니다. 게다가 회사는 자기자본을 주주에게 돌려줄 필요가 없습니다. 즉, 상환의무가 없습니다. 그러나 이자비용을 제때 지급하지 않거나 만기에 차입금을 상환하지 않는다면 망합니다.

이자비용을 다른 관점에서 살펴볼까요? 유형자산과 무형자산은 고정비라 불립니다. 그 이유는 매출액과 무관하게 동일한 금액으로 상각비가 발생하기 때문입니다. 고정비 비중이 큰 회사는 매출변동에 따라 손익 변동이 큽니다.

자기자본과 달리 차입금에 대한 이자비용은 회사가 이익이 많이 발생하거나 적게 발생하거나 항상 동일한 금액으로 지급해야 합니다. 즉, 자금조달비용 중 고정비에 해당합니다. 따라서 영업레버리지와 유사한 효과가 발생하는데, 이를 재무레버리지라고 합니다. 재무레버리지를 수치화하는 방법은 다음과 같습니다.

재무레버리지도

재무레버리지도=순이익 변동률÷영업이익 변동률

차입금의 비중이 크면 재무레버리지가 커지고, 영업이익 변동에 따른 순이익의 변화가 큽니다. 이는 회사가 외부환경 변화에 민감하다는 것을 의미합니다.

예제 10 **재무레버리지**

- 매출액 100,000원, 영업이익률 20%인 사업이 있으며, 투자자금은 300,000원이 필요함.
  - 1안 : 300,000원을 전액 자기자본으로 조달
  - 2안 : 50,000원만 자기자본으로 하고, 250,000원은 차입(이자율 : 5% 가정)

요구사항 ▼

1. 1안과 2안에 따른 주주의 이익률을 계산하시오.
2. 만일 매출액이 30,000원으로 감소한 경우 1안과 2안에 따른 주주의 이익률을 계산하시오.

영업이익 변동에 따른 순이익의 변동과 주주의 이익률은 다음과 같습니다. 차입금에 의존할 경우에는 잘 될 때는 더 좋지만, 안 될 때는 Default Risk가 발생합니다.

구분	매출 100,000원		매출 30,000원	
	1안	2안	1안	2안
영업이익	20,000	20,000	6,000	6,000
이자비용	–	(12,500)	–	(12,500)
순이익	20,000	7,500	6,000	(6,500)
투자한 금액	300,000	50,000	300,000	50,000
이익률	6.7%	15.0%	2.0%	(–)13.0%

1안과 2안의 재무레버리지도는 다음과 같이 계산됩니다.

① 1안=순이익 변동률÷영업이익 변동률=(–)70%÷(–)70%=1

② 2안=(–)186.7%÷(–)70%=2.7

4. 재무상태표와 레버리지 분석

지금까지 재무상태표 요소를 기업의 영업활동에 비추어 하나씩 살펴보고, 어떠한 Risk가 있는지 설명드렸습니다. 긴 설명이 이어졌는데 되짚어 보겠습니다.

재무제표 분석

- **부채** : 남의 돈과 나의 돈을 모은 상태
  - 관리 Point : 남의 돈과 나의 돈의 최적의 구성비는?
  - Risk : 재무레버리지로 인한 순이익 변동
- **자산** : 영업활동을 하기 위하여 투자한 상태
  - 관리 Point : 운전자본, 변동비와 고정비의 최적 구성비는?
  - Risk : 영업레버리지로 인한 영업이익 변동
  - 적절한 운전자본관리로 기업가치 훼손 방지

재무제표로 지금까지 살펴본 내용을 예시합니다. 그림을 보면서 공부한 내용을 떠올려 보시기 바랍니다.

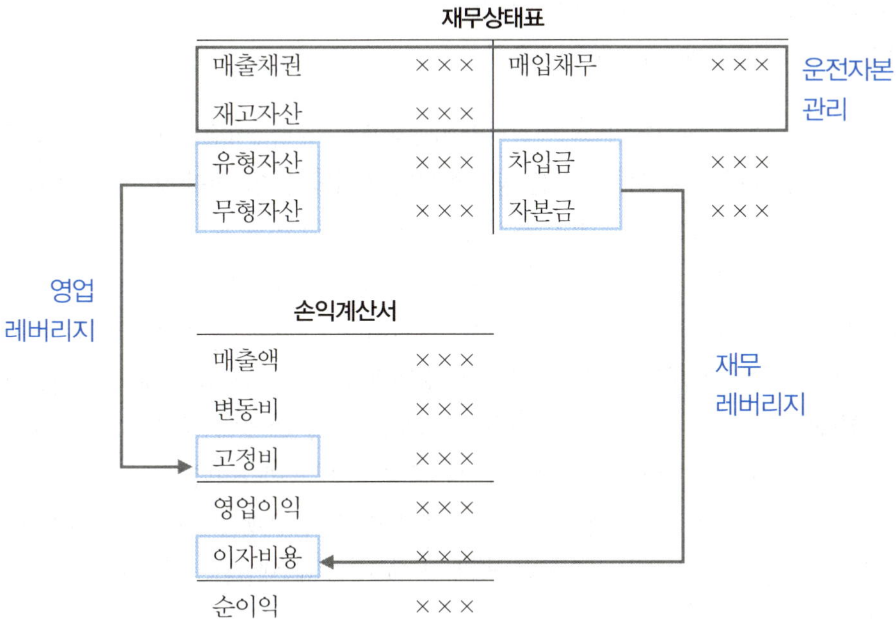

(1) 레버리지의 결합

영업레버리지와 재무레버리지가 결합되면 어떻게 될까요? Risk는 더해지는 것이 아니라 곱해집니다. 수식으로 살펴봅니다.

> 레버리지의 결합
>
> • 영업레버리지도×재무레버리지도
> =(영업이익 변동률÷매출변동률)×(순이익 변동률÷영업이익 변동률)
> =순이익 변동률÷매출액 변동률

Risk를 좋아하는 특이하신 분도 있겠지만, Risk는 적절하게 관리해야 합니다. 영업레버리지와 재무레버지를 곱한 전체 레버리지가 크면, 잘될 때는 좋지만 상황이 안 좋아지면 큰 일 납니다. 물론 향후 잘 될 일만 있다고 확신하시면 Risk를 큰 상태로 전환하면 됩니다. 그러나 10번 잘 되더라도 한 번 안 좋으면 망한다는 사실을 기억해야 합니다.

우리나라는 1990년대 중반까지 급속도로 경제 규모가 성장하였습니다. 따라서 투자기회가 많았습니다. 그래서 배당을 지급하거나 차입금을 상환하기보다는, 오히려 차입과 유상증자를 통해 투자자금을 조달하는 데 초점을 맞추었습니다. 이러한 대기업의 형태는 다음과 같이 비판 받았습니다.

① **문어발식 투자** : 여러 사업에 대한 투자

② **차입 경영** : 차입금에 의존한 자금조달

차입금을 증가시켜 투자하면 영업레버리지와 재무레버리지가 높아집니다. Risk에 노출됩니다. 영업이 잘 되면 보다 많은 수익을 창출하지만, 영업이 잘 안 되면 파산에 직면합니다. 1950년부터 1990년 후반까지 지난 몇 십 년간 한국경제의 성장 과정을 지켜본 기업인들은 앞으로도 잘 될 것으로 생각하며 공격적인 투자를 지속했습니다.

이 와중에 태국에서 금융위기가 발생했습니다. 태국의 금융위기가 우리나라에 악영향을 미칠 수 있다는 지적에 경제부총리는 직접 한국 경제의 펀더멘탈(Fundamental)은 튼튼하다고 장담했습니다. 그러나 얼마 지나지 않은 1997년 11월 21일에 국제통화기금(IMF, International Monetary Fund)에 구제 금융을 신청한다고 발표했습니다.

이렇게 시작된 IMF 시대에 30대 기업 중 17개가 망하고, 은행 26곳 가운데 16곳이 정리되었습니다. 불과 1년 전에 '경제 개발 협력 기구(OECD)'에 가입한 우리나라의 경제가 뿌리째 흔들렸습니다.

Risk는 없앨 수 없습니다. 감당할 수 있는 수준으로 관리할 뿐입니다. 만일, Risk를 없애려면 보유하는 유 · 무형자산을 처분하여 현금화하고, 차입금을 모두 상환해야 합니다. 회사라는 존재가 없어지지 않는 이상 Risk Free는 가능하지 않습니다.

IMF 이후 기업들은 지주회사 등을 채택하면서 기업지배구조를 변화시켰습니다. 비영업용 자산 등을 적극적으로 처분하고, 저수익 사업을 정리했습니다. 그리고 차입금 의존도를 낮추었습니다. 영업레버리지는 사업을 하고 있는 이상 감축하는 데 한계가 있습니다. 그래서 재무레버리지를 대폭 감소하는 방식으로 Risk를 관리한 것이지요.

요약하면 IMF 이후 대기업의 변화는 체계적인 투자와 재무구조 건전화로 결론 내릴 수 있을 듯합니다. 이렇게 체질이 변경되었기에 2000년대 후반에 발생된 금융위기에 큰 영향을 받지 않았고, 오히려 세계시장에 적극 참여하여 글로벌화하는 계기가 되었다고 평가됩니다.

(2) 사례 분석

영업레버리지와 재무레버리지는 모든 경제 주체가 주의해야 할 사항이며, 신용 평가 등에 있어 가장 기본적인 Tool입니다. 너무 당연하게 느껴져 중요성을 실감하지 못하는 분들도 있을 것으로 생각됩니다. 실제 사례를 단순화하여 예제로 살펴보겠습니다.

예제 11 차입을 통한 투자

• S사와 L사의 현재 자산과 부채 현황은 다음과 같음.

재무상태표

화학 사업 자산	150	차입금	100
배터리 사업 자산	50	자본	100
자산총계	200	부채및자본총계	200

• S사와 L사 모두 배터리 사업에 적극적이며, 추가투자 예상액은 200원임.
• 배터리 사업은 신성장 사업이며, 향후 변동가능성이 크다고 평가됨.
• 자금을 마련하는 대안으로 각 사는 다음의 전략을 수립함.
 – S사 : 차입으로 조달
 – L사 : 배터리 사업부문을 물적분할한 후 30%의 지분을 상장하여 200원을 조달함.

요구사항 ▼

1. 3년 동안 200원을 투자하였으며 이자비용은 무시할 경우, 양 사의 재무상태표를 제시하시오.
2. 영업레버리지와 재무레버리지 측면에서 각 사의 상황을 분석하시오.

▶▶ S사

200원을 차입하여 배터리사업에 투자한 S사의 3년 후 재무상태표는 다음과 같습니다.

재무상태표

화학 사업 자산	150	차입금	300
배터리 사업 자산	250	자본	100
자산총계	400	부채및자본총계	400

S사는 배터리 사업에 200원을 투자하였습니다. 사업에 필요한 유 · 무형자산이 대폭 증가하였습니다. 영업레버리지가 커졌습니다. 자금은 차입하여 조달하였으므로, 재무레버리지도 대폭 상승하였습니다. 회사의 전체 레버리지는 영업레버리지와 재무레버리지를 곱해서 산정되므로, Risk가 매우 커진 형태로 변경된 것입니다.

S사에 대한 국제신용기관의 신용등급이 하락하였습니다. 기타 국내외 평가기관의 비판도 연달아 이어졌습니다. S사는 이후 다음의 조치를 실시했습니다.

① 유상증자

② 안정적인 에너지 사업을 영위하는 회사와 합병

유상증자를 실시하면 차입금 의존도가 감소하게 되므로 재무레버리지가 감소합니다. 그리고 안정적인 사업을 영위하는 회사와 합병하게 되면 전체 변동성은 안정화됩니다. 상기 조치들은 레버리지로 인한 Risk를 감소시키기 위한 것으로 이해됩니다.

▶▶ L사

물적분할과 연결재무제표에 대한 사항을 이론적으로 다 설명드리기는 어렵습니다. 직관적인 이해에 초점을 맞추겠습니다.

배터리 사업부문을 물적분할하면 배터리사업과 관련된 자산은 새로운 회사에 모두 이전되고, L사는 순자산에 해당하는 금액만큼의 배터리회사(신설회사) 주식을 보유하게 됩니다.

재무상태표(L사)

화학 사업	150	차입금	100
배터리 주식	50	자본	100
자산총계	200	부채및자본총계	200

재무상태표(신설)

배터리 사업	50	자본	50
자산총계	50	부채및자본총계	50

신설기업이 30%의 지분을 상장하여 200원을 조달하였습니다. 동 자금을 배터리 사업에 투자하였으므로, 관련 자산과 자본은 각각 200원씩 증가했습니다.

재무상태표(신설)

배터리 사업	250	자본	250
자산총계	250	부채및자본총계	250

L사는 분할신설회사가 상장되었지만 여전히 70% 지분을 보유하고 있습니다. 종속기업에 해당하므로 연결재무제표를 작성해야 합니다. 연결재무제표를 작성하게 되면 배터리 주식으로 표시된 금액이 종속기업의 자산과 부채로 대체됩니다. 그리고 종속기업의 자본에 대한 30%의 주주 몫 75원(=250원×30%)은 비지배지분으로 표시되는데, 비지배지분도 연결재무제표상 자본으로 분류됩니다.

재무상태표(L사 연결)

화학 사업	150	차입금	100
배터리 사업	250		
		지배기업 지분	225
		비지배지분	75
자산총계	400	부채및자본총계	400

상기 재무상태표를 보면 배터리 사업의 확장으로 영업레버리지는 커졌으나, 차입금은 증가하지 않았습니다. 오히려 총자산 대비 차입금의존도는 대폭 감소하였습니다.

사업을 키우려면 필연적으로 영업레버리지를 감당할 수밖에 없습니다. 그러나 물적분할 후 상장이라는 방식으로 자금을 조달하여, 재무레버리지는 오히려 감소한 상황입니다. 회사의 전체 레버리지를 잘 관리했다고 평가됩니다.

▶▶ 분석 결과

사업에 대한 투자는 필수적인 과정입니다. 그 과정에서 영업레버리지가 커집니다. 이를 제어하기 위해서는 자본을 통해 자금을 조달해야 하지만, 자본 축적은 장기간을 요구합니다. 이익을 오랫동안 저축해야 목돈이 될 테니까요.

L사는 투자의 Timing을 놓치지 않기 위하여 물적분할 후 상장 전략을 실시한 것입니다. 이러한 L사의 전략에 대해서는 다양한 평가가 있겠지만 회사 자체 관점에서는 적절했다고 평가됩니다.

레버리지 결합에 대한 또 다른 사례를 살펴보겠습니다.

예제 12 영업특성에 따른 레버리지의 차이

• MD는 S사에 발전소를 건립하고 생산된 전기를 30년간 S사에 공급하기로 약정함.

재무상태표

발전소 설비	200	차입금	170
기타자산	50	자본	80
자산총계	250	부채및자본총계	250

• MD는 30년간 공급할 전기 요금 단가를 원재료비와 연동시킴.
• MD는 발전소 공사 시 30년간 분할상환 조건으로 차입금을 조달함.

요구사항 ▼ MD의 레버리지에 대해 검토하시오.

MD는 유형자산과 차입금의 비중이 큰 구조지만, 레버리지는 안정적입니다. 그 이유는 공급 약정에 따라 30년간 매출과 영업이익이 보장되기 때문입니다. 매출액과 영업이익의 변동성이 적다면 영업레버리지와 재무레버리지는 크지 않습니다.

레버리지를 정확하게 파악하기 위해서는 회사의 업종, 약정 등 전반적인 검토가 전제되어야 합니다.

5. 핵심 투자(유 · 무형자산)에 대한 개선

회사가 영업활동, 즉 사업을 하기 위해 투자한 내역이 자산이라고 했습니다. 자산은 크게 순운전자본(=매출채권+재고자산−매입채무)과 핵심자산(유 · 무형자산+人)으로 구분됩니다. 순운전자본을 개선하기 위한 방법은 〈제2절〉에서 살펴봤습니다.

그렇다면 핵심자산을 개선시키기 위한 방법은 무엇이 있을까요? 보이지 않는 무형자산의 영향력이 워낙 크고, 회사마다 환경이 다양합니다. 따라서 개별 회사의 상황에 적합한 검토가 이루어져야 할 것입니다.

공통적으로 얘기되는 의견은 다음과 같습니다.

먼저, 현재 회사의 경쟁력이 무엇인지 다시 한 번 생각해보고, 이러한 경쟁력을 가질 수 있도록 뒷받침하는 자산들이 무엇인지 파악할 필요가 있습니다. 그리고 회사가 사업을 진행하기 위해 형성한 관계나 가치 사슬 내에서 약한 고리가 발견되면, 이를 보완할 수 있는 투자는 무엇일까 고민해야 합니다.

임직원이 보이지 않는 무형자산의 대부분을 창출합니다. 인적자원의 힘이 약해지지 않도록 노력해야 합니다. 인적자원은 가치가 큰 만큼 변동성도 큽니다. 따라서 매뉴얼 작업 등을 적극적으로 실시하여, 개별 인적자원에 대한 의존을 방지해야 할 것입니다.

마지막으로 회사의 경쟁력과 관련이 없는 유 · 무형자산이 존재한다면, 매각 등의 조치를 검토해야 할 것입니다. 가치 창출에 기여도가 낮은 핵심자산은 외주 등으로 그 비중을 줄여야 합니다. 가치창출에 한계가 있는 직무는 적극적으로 AI 등 기계로 대체할 필요가 있을 수도 있습니다.

제4절 현금흐름할인 모형

재무상태표의 의미(자금을 모아 투자한 상태)를 현금창출 관점으로 전환하면 다음과 같습니다.

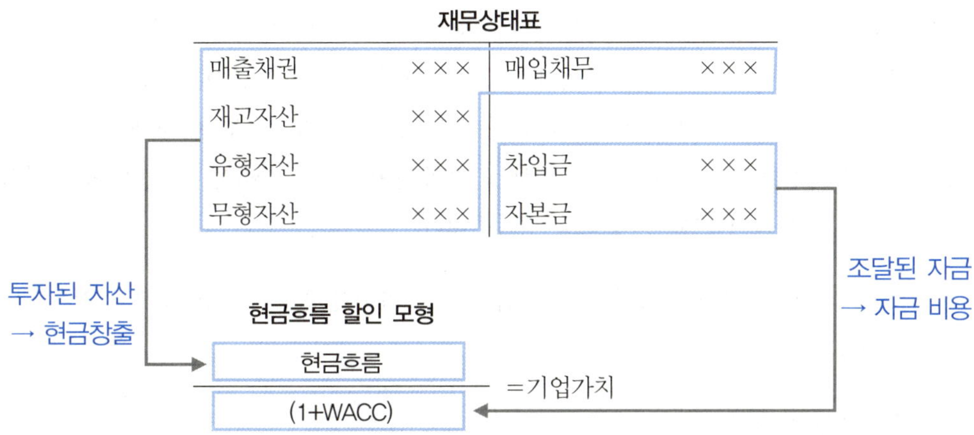

현금흐름할인 모형은 영업자산 · 부채에서 창출된 현금흐름을 자금조달 비용(할인율)으로 할인하여 기업가치를 구하는 과정입니다. 현금흐름과 가중평균자본비용의 산출과정은 다음과 같습니다.

① 현금흐름 추정

- 유 · 무형자산에서 창출하는 매출액에서 상각비 및 인건비 등의 비용을 차감하여 현금흐름 추정
- 매출채권, 재고자산, 매입채무로 발생하는 운전자본 증감을 반영
- 유 · 무형자산에 대한 투자액과 현금흐름이 없는 상각비를 가감

② 가중평균자본비용 추정

- 타인자본비용 추정
- 자기자본비용 추정

현금흐름할인 모형은 기술적인 측면이 복잡하지만, 가치창출 요인 및 관련 자산을 떠올리며 검토하기 바랍니다.

1. 현금흐름할인 모형[7)]

(1) 현금흐름할인법의 의의와 절차

현금흐름할인법(DCF, Discounted Cash Flow method)은 기업의 현금흐름을 추정하고, 추정된 현금흐름을 가중평균자본비용(WACC, Weighted Average Cost of Capital)으로 할인하여 회사의 가치를 평가하는 방법입니다. 현행 회계기준은 자산 및 부채에 대한 공정가치 평가를 중요시하므로, 현금흐름할인법은 재무회계의 여러 분야에서 활용됩니다. 그 예로는 유가증권의 평가, 유·무형자산이나 이연법인세자산에 대한 손상 등이 있습니다.

종전에는 현금흐름할인법을 M&A 업무 등을 담당하는 전문가들만 이해하고 활용하는 기법으로 간주했습니다. 그러나 현금흐름할인법의 활용도가 높아짐에 따라, 일반 기업실무자들도 반드시 숙지해야 할 것으로 생각됩니다.

현금흐름할인법의 목적에 따라 추정 방법은 다소 차이가 있으나, 일반적으로 적용되는 절차는 다음과 같습니다.

① 손익계산서 추정

- 회사의 사업계획이 반영된 향후 일정기간의 손익계산서를 추정합니다. 실무상 5년을 초과한 기간에 대한 합리적인 사업계획은 어렵다고 봅니다.
- 사업계획은 경기변동 기간을 고려하여 영업이 안정 단계에 도달하는 기간까지 구체적으로 작성하는 것이 바람직합니다.
- 사업계획을 통하여 추정하는 손익계산서는 공시되는 재무자료와 달리 크게 영업이익 단계(매출액, 매출원가, 판매비와관리비)와 법인세비용으로 한정됩니다. 영업활동과 거리가 있는 일시적인 영업외손익은 0원으로 수렴하고, 이자비용은 가중평균자본비용에 반영되어 있기 때문입니다.

② 현금흐름의 추정

- 사업계획에 근거하여 작성한 손익계산서를 근거로 향후 현금흐름을 추정합니다. 이 과정은 발생주의를 적용하여 작성된 재무자료를 현금주의로 전환시키는 과정으로 이해하시면 됩니다.
- 현금흐름으로 전환하는 과정에서 현금흐름과 무관한 감가상각비 등을 가산하고, 운전자본의 변동을 반영합니다.

---

7) 본 절에 대한 설명을 용이하기 위해 제시한 사례는 Excel 형태로 제공하고 있습니다. 자료를 다운받아 File의 수식을 직접 확인하시면 이해에 효과적일 것입니다.

- 그리고 손익에는 반영되지 않지만 향후 투자되어야 할 유·무형자산(CAPEX 투자)에 대한 현금흐름을 차감합니다.
- 5년 이후의 현금흐름은 안정화 단계로 간주합니다. 즉, 마지막 연도의 현금흐름이 안정적으로 지속된다고 가정합니다.
- 마지막 연도의 현금흐름을 근거로 영구현금흐름을 산정하게 되므로, 마지막 연도의 손익계산서가 영업가치에 큰 영향을 미칩니다. 따라서 마지막 연도의 손익은 Normalized하는 단계를 거치게 됩니다.
- 산업의 특성에 따라 1%에서 −1% 사이의 성장률을 반영하여 영구현금흐름을 추정합니다.

③ 자본비용의 추정

- 미래현금흐름을 현재가치로 환산할 가중평균자본비용은 자기자본비용과 타인자본비용으로 구성됩니다.
- 부채비율에 주의해야 합니다. 회사가 아닌 유사기업의 평균 부채비율을 적용하는 것이 일반적입니다. 회사의 영업활동이 안정되면 업종 평균으로 수렴할 가능성이 크다고 해석하는 것입니다. 그러나 회사의 영업적 특성과 정책이 유사기업의 평균과 현저하게 다르다면 현실에 부합하는 비율을 적용할 수 있을 것입니다.
- 자기자본비용은 일반적으로 CAPM(Capital Assets Pricing Model)을 사용하여 산정합니다.
- 타인자본비용은 회사의 신용평가 결과와 현행 법인세율을 반영하여 추정합니다.

④ 기업가치와 주식가치 계산

- 미래현금흐름을 가중평균자본비용으로 할인한 현재가치를 계산합니다. 이렇게 계산된 현재가치는 크게 구체적으로 추정된 사업계획 기간을 대상으로 한 가치와, 그 이후의 기간에 대한 영구현금흐름(Terminal value)으로 구분됩니다. 이를 영업가치라 합니다.
- 영업가치에 회사가 보유한 비영업용자산을 가산하여 기업가치를 산출합니다.
- 기업가치에서 평가기준일 현재 기업이 보유하고 있는 차입금을 차감하여, 주주가치(자기자본가치)를 계산합니다.
- 이렇게 계산된 주주가치를 현재 발행주식수로 할인하여 1주당 주식금액을 계산합니다.

(2) 현금흐름할인법의 장점과 단점

현금흐름할인법의 장점은 다음과 같습니다.

① 기업의 미래 수익성과 현금창출 능력이 현금흐름에 반영됩니다.

② 산업 및 기업 특유의 위험과 자본구조가 자본비용에 반영됩니다.

③ 회계정책에 따른 손익의 변동에 영향을 적게 받습니다.

④ 영업활동이 안정적인 회사뿐만 아니라, 그렇지 않은 회사에 대해서도 가치 평가가 가능합니다.

반면, 현금흐름할인법의 단점은 다음과 같습니다.

① 재무자료, 자본비용 및 성장률의 추정에 대한 객관성을 확보하기 어렵습니다.

② 현금흐름할인법은 장기간의 추정이 필요한 경우에 보다 유용하므로, 단기간의 예측에 대한 평가는 정확하지 못할 가능성이 큽니다.

③ 평가 과정에서 재무관리, 회계, 경제학 등의 지식이 요구됩니다.

④ 가치정보로는 유용하나 시장의 수요와 공급에 의하여 형성되는 가격에 대해서는 정보를 제공하지는 못합니다.

2. 손익계산서 추정

현금흐름할인 모형의 특성상 기업가치에 가장 큰 영향을 미치는 요소는 매출액과 가중평균자본비용입니다. 따라서 매출액에 대한 추정의 중요성은 아무리 강조해도 지나침이 없습니다. 매출액이 추정되면 생산될 제품의 수량이 결정되며, 동 제품을 생산하기 위한 공장 및 인력을 추정할 수 있기 때문입니다. 또한 매출액, 유형자산의 규모, 인력이 추정되면, 과거 재무정보를 회귀 분석하여 매출원가와 판매비와관리비는 크게 어려움 없이 추정할 수 있습니다.

매출액을 제외한 손익계산서 항목은 매출액을 독립변수로 하는 계산식으로 결정되나, 매출액은 외부 고객이나 산업 전망 등을 독립변수로 하여 결정되므로 추정하기가 어렵습니다. 매출액을 장미빛으로 전망하여 사업계획을 수립하면, 매출액뿐만 아니라 나머지 항목들도 모두 왜곡됩니다.

(1) 매출액 추정

매출액 추정은 회사의 내부 의사결정 시 활용되는 자료를 활용하는 것이 적절합니다.

구분	과거 재무정보			추정된 재무정보				
	2023년	2024년	2025년	2026년	2027년	2028년	2029년	2030년
A사업부문	220	230	225	240	255	260	280	285
B사업부문	132	155	170	190	210	220	225	235
C사업부문	125	135	158	160	170	190	195	205
합 계	477	520	553	590	635	670	700	725

매출을 추정하는 방법으로는 크게 Top-down 접근법과 Bottom-up 접근법으로 구분됩니다.

① Top-down 접근법

- 전체 시장의 사이즈를 측정하고 시장점유율과 가격을 추정함으로써 매출액을 추정하는 방식
- 시장에서 Major player로 활동하는 기업에 적합
- 단기간의 예측보다는 장기간의 예측에 적합

② Bottom-up 접근법

- 기존 고객과 잠재적인 신규 고객을 구체적으로 추정하여 수요를 추정하는 방식
- 세부 틈세 시장을 공략하는 기업에 적합
- 기존 고객과의 관계를 기반으로 영업 전략을 수립하는 기업에 적합
- 장기간의 예측보다는 단기간의 예측에 적합

Top-down 방식은 전체 시장에서 시작하여 침투율, 가격변화 및 시장점유율을 추정합니다. 반면, Bottom-up 방식은 결과적으로 신규 고객과 기존 고객으로부터의 매출을 합산하는 방식이라 할 수 있습니다. 가능하다면 두 방법을 모두 사용하여 매출액을 추정하고 양 방식에서 추정한 매출액을 비교하며 설정된 가정을 되돌아보는 것도 바람직할 것입니다. 또한 상세한 사업계획 수립이 가능한 2~3년 정도의 사업계획은 Bottom-up 방식에 따라 작성하고, 그 이후의 매출은 산업전망에 따른 추세를 적용하여 작성할 수도 있을 것입니다.

매출액 추정 시 고려할 사항은 다음과 같습니다.

① **경쟁력과 핵심역량의 반영** : 추정된 매출액은 기업의 경쟁력과 핵심역량을 적절하게 반영해야 합니다. 산업전망이 아무리 양호할지라도 경쟁력과 핵심역량이 없다면 매출액을 증가시킨다는 목표는 달성하기 불가능할 것이기 때문입니다. 따라서 매출액

이 변동할 것으로 추정한다면 기업의 어떠한 핵심역량이 그것을 가능하게 할 것인지를 명확하게 정의할 필요가 있습니다.

② **구체적인 추정** : 매출액은 기업의 사업부문, 주요 제품 및 유통채널별로 가능한 구체적으로 추정하는 것이 바람직합니다.

③ **매출액 추정 시 이용되는 주요 자료**

- 각 사업부문별 영업조직의 세부 계획
- 산업 전망 : 경제연구소, 증권사 Research 등에서 발표한 자료 및 업종에서 권위가 있는 Journal 등에서 발표한 자료
- 장기 성장률 : 경제연구소 및 정부에서 발표한 추정치를 활용[8)]

매출액에 대한 추정이 상세하고 합리적으로 이루어졌다면 나머지 손익항목은 매출액에 대한 비율 등을 이용하여 추정하여도 충분할 수 있습니다. 그만큼 매출액은 전체 가치평가 과정에서 그 무엇보다 중요합니다. 그러나 장기적인 매출추세를 정확하게 추정하기는 매우 어렵고 예상과 다른 결과를 가져올 가능성도 큽니다. 매출액에 영향을 미치는 고객의 선호나 기술 및 기업전략은 예상보다 빠르거나 빈번하게 변화하는 경우가 많기 때문입니다. 따라서 현재 매출에 대한 추정이 기업이 속한 산업의 변화와 기업의 경쟁적 위치 및 기업의 성장에 대한 역사적인 증거와 일치하는지 여부를 항상 재평가해야 하고 평가 내용을 Update하는 것이 바람직합니다.

(2) CAPEX 추정

CAPEX(Capital expenditures)는 이윤을 창출하기 위하여 투자된 원가로서, 경쟁력 있는 제품을 생산하기 위하여 확보하는 유형자산이나 무형자산에 대한 지출을 의미합니다. 매출액이 추정되면 판매할 것으로 예상되는 물량을 생산하기 위한 설비의 규모를 추정하고, 추정된 설비를 보유하기 위한 현금유출액을 계산합니다.

구분	과거 재무정보			추정된 재무정보				
	2023년	2024년	2025년	2026년	2027년	2028년	2029년	2030년
신규투자	50	70	70	30	20	15	–	–
대체투자	110	110	125	150	155	160	170	175
합 계	160	180	195	180	175	175	170	175

CAPEX는 크게 대체투자와 신규투자로 구분됩니다.

---

8) 최근에는 EIU(Economist Intelligence Unit)에서 발표하는 실질 GDP 성장률, 명목임금상승률, 물가상승률 등을 적용하는 경우가 일반적입니다.

① 대체투자

- 현재 매출을 유지하기 위하여 필요한 생산시설에 대한 재투자
- 계산의 용이함을 위하여 매년 감가상각비가 재투자된다고 가정하는 경우가 많습니다.

② 신규투자

- 매출이 증가하여 생산규모가 커짐에 따라 추가로 요구되는 투자
- 기업이 새로운 제품을 생산하기 위하여 필요한 설비에 대한 투자
- 신규투자는 관련 매출이 발생하거나 증가될 것으로 예상되는 시점보다 2~3년 정도 먼저 지출된다고 가정하는 것이 합리적입니다. 설비에 대한 투자 이후 완공 및 시제품 생산 과정을 거쳐 안정적으로 생산할 수 있기까지는 어느 정도 시간이 소요되기 때문입니다.

현재 보유하고 있는 설비를 통하여 향후 몇 년 동안은 추가적인 투자를 실시하지 않아도 생산할 수 있다는 가정하에 CAPEX 수준을 미미한 금액으로 추정하는 경우가 있습니다. 그러나 계속기업을 가정할 경우 대체투자는 지속적으로 발생한다고 가정하는 것이 합리적입니다.

CAPEX에 대한 추정이 완료되면 회사의 회계정책에 따라 손익에 반영될 감가상각비가 계산됩니다. 그리고 상각비는 원가계산 기준에 따라 배분되어 판매비와관리비 및 매출원가로 분류됩니다.

구분	2026년	2027년	2028년	2029년	2030년
매출원가	145	155	160	162	162
판매비와관리비	11	12	12	12	13
합 계	156	167	172	174	175

(3) 인건비 추정

회사의 가치를 창출하는 자산은 유 · 무형자산과 사람이라고 하였습니다. 따라서 일반적으로 유 · 무형자산과 인건비에 대한 추정은 금액적 중요성뿐만 아니라, 사업계획과 밀접한 관련을 가지고 있습니다. 급여는 조직별 예상 인원과 평균인건비에 대한 추정을 통해 계산됩니다.

① 추정 인원

회사의 각 부문별 인원을 추정합니다. 회사의 영업활동과 고정비 등의 특성에 따라

매출액과의 연관성이 클 수도 있고 작을 수도 있습니다. 자동화가 잘 이루어진 기업의 경우에는 인원 증가가 적을 수도 있으며, 연구에 경쟁력이 있는 기업은 연구부서에 대한 추정이 중요할 수도 있습니다.

구분	2026년	2027년	2028년	2029년	2030년
생산부문	56	57	58	58	59
영업부문	24	24	24	25	25
관리부문	12	13	13	14	14

② 평균급여

과거 평균급여와 향후 명목임금상승률 등을 고려하여 인당 평균급여를 추정합니다.

구분	2026년	2027년	2028년	2029년	2030년
생산부문	74	78	82	85	88
영업부문	79	84	88	91	96
관리부문	84	89	94	96	102

③ 급여 추정

추정 인원과 평균급여를 곱하여 예상 급여를 산정합니다.

구분	2026년	2027년	2028년	2029년	2030년
생산부문	41	44	48	49	52
영업부문	19	20	21	23	24
관리부문	10	12	12	13	14

④ 급여 관련 지출

회사의 퇴직급여제도에 따른 퇴직급여와 급여와 관련하여 발생하는 4대 보험료 등을 고려하여 급여 관련 비용을 추정합니다.

구분	2026년	2027년	2028년	2029년	2030년
매출원가	9	10	11	11	12
판매비와관리비	6	7	7	8	8

⑤ 총인건비

이렇게 집계된 총인건비(=급여+퇴직급여 등)를 매출원가와 판관비로 구분한 내역은 다음과 같습니다.

구분	2026년	2027년	2028년	2029년	2030년
매출원가	50	54	59	60	64
판매비와관리비	35	39	40	44	46

(4) 매출원가 추정[9)]

매출원가는 과거의 제조원가명세서를 분석하여 추정된 매출액에 대응되는 제품을 생산할 경우의 원가를 추정합니다.

구분	2026년	2027년	2028년	2029년	2030년
변동원가	137	143	151	158	165
-원자재	112	117	125	130	135
-기타	25	26	26	28	30
고정비	201	215	226	230	234
-인건비	50	54	59	60	64
-감가상각비	145	155	160	162	162
-기타	6	6	7	8	8
합 계	338	358	377	388	399

일반적으로 제조원가명세서는 재료비, 노무비, 제조경비로 구분됩니다. 그러나 현금흐름 추정 목적으로는 변동원가와 고정원가로 구분하는 경우가 일반적입니다.

① **변동원가**(Variable cost) : 조업도(생산설비의 이용도나 생산량)에 따라서 변동하는 원가로서 재료비나 부품비 등을 예로 들 수 있습니다.

② **고정원가**(Fixed cost) : 생산량에 따라 그 변동이 크지 않는 비용으로서 임대료나 감가상각비 등을 예로 들 수 있습니다.

변동원가와 고정원가의 분류는 업종과 제품에 따라 상이하므로 업종에 대한 이해와 과거 제조원가의 추세를 세심하게 분석해야 합니다. 그리고 해당 지출액이 어떠한 원인으로

9) 실무적으로 매출원가를 추정하는 방법은 크게 다음과 같이 구분됩니다.
- 1안 : 재고자산이 없다고 전제하고 매출원가를 추정. 이 후 안전재고는 매출원가 대비 일정 비율로 보유한다는 가정하에 운전자본을 추정하는 방법
- 2안 : 원자재, 재공품, 제품 등에 대한 안전재고와 제조원가명세서를 추정하여 매출원가를 결정하는 방법

매출원가가 산출되는 과정으로 보면 상기 방법 중 2안이 논리적입니다. 그러나 2안을 적용하면 재고자산, 제조원가명세서 및 매출원가의 상호 관계로 인하여 계산이 복잡해집니다. 게다가 안전재고의 추정까지 고려하면 계산의 순환과정이 발생합니다. 이러한 어려움에도 불구하고 평가 결과에 미치는 영향은 미미하므로 1안을 실무적으로 많이 이용합니다.

인하여 발생하는지를 분석해야 합니다. 예를 들어 노동집약적인 업종에서는 인건비가 변동원가로 분류될 것이나, 설비의 자동화가 상당부분 이루어진 산업에서는 인건비가 고정원가에 가깝다고 할 수 있습니다.

변동원가와 고정원가는 원가동인(원가의 변화를 유발시키는 요인)이 생산량인지 그렇지 않은지에 따라 구분됩니다. 실무적으로 적용되는 기준을 예시하면 다음과 같습니다.

① 변동원가

- **원료 및 부품 등 변동원가** : 제품 단위당 소요되는 원료 등에 향후 가격 추세를 반영하여 추정
- **수도광열비** : 추정 생산량에 소요되는 전력 등에 향후 가격 추세를 반영하여 추정
- **비율 적용** : 제품과 투입되는 원자재 등의 과거 가격 추세를 분석하고 일정한 패턴이 발견된다면, 매출액 대비 일정 비율을 곱하여 원가를 계산

② 고정원가

- **인건비성 원가** : 인력수급계획과 인건비 상승 추세를 고려하여 추정
- **감가상각비** : CAPEX 추정 과정에서 매출원가에 배분된 감가상각비
- **기타 고정비성 원가** : 원가동인을 파악하고, 특별한 원가동인이 없는 항목은 향후 물가상승률 등을 고려하여 결정

(5) 판매비와관리비 추정

판매비와관리비를 추정하는 방법은 매출원가와 유사합니다. 판매비와관리비 세부 계정과목들은 유사한 원가동인에 따라 발생되는 항목(예를 들어 인건비성 경비, 매출 연관 비용, 일반관리비 등)을 묶어 추정하는 것이 일반적입니다.

구분	2026년	2027년	2028년	2029년	2030년
인건비	35	39	40	44	46
지급수수료	15	16	17	18	18
감가상각비	11	12	12	12	13
판매비	24	26	27	28	29
기타	6	6	7	7	7
합 계	91	99	103	109	113

인건비와 감가상각비는 앞서 추정되어 판매비와관리비에 배분된 금액입니다. 판매비는 과거 매출과 연관성을 고려하여 추정하는 경우가 일반적입니다. 지급수수료는 매출액이나

임직원의 수와 연관되는 경우가 많습니다. 원장을 검토하고 발생 요인을 파악할 필요가 있습니다.

(6) 법인세비용

추정된 영업이익에 현행 법인세율을 곱하여 법인세비용을 산정합니다. 만일, 과거 법인세 납부 내역을 분석한 결과 세액공제 등으로 인하여 영업이익에 대한 실질 법인세부담률이 세법상 법인세율과 상이하고 향후에도 그러한 법인세절감효과를 기대할 수 있다면, 실질 법인세부담률을 곱하여 법인세비용을 계산하는 것이 합리적입니다.

3. 현금흐름 추정

(1) 현금의 유출 · 입이 없는 손익의 조정

지금까지 추정한 손익계산서 항목은 발생주의에 따라 계산된 것으로서, 잉여 현금흐름을 산출하기 위해서는 현금의 유출 · 입이 없는 손익과 운전자본의 변동을 고려해야 합니다. 현금의 유입이 없는 대표적인 비용으로는 감가상각비와 무형자산상각비입니다. 퇴직급여는 결국 퇴직금지급액으로 이어지고, 대손상각비는 회수액에 영향을 실제로 미친다고 보아 가산하지 않는 것이 일반적입니다.

(2) 운전자본의 변동

매출과 매출원가가 증가할수록 매출채권, 재고자산 및 매입채무 등 운전자본은 증가하게 됩니다. 과거 매출이나 매출원가 대비 보유하는 매출채권, 재고자산, 매입채무의 변동비율을 고려하여 운전자본의 변동을 현금흐름에 반영합니다.

구분	2025년	2026년	2027년	2028년	2029년	2030년
매출채권	45	49	53	56	58	60
재고자산	80	85	90	94	97	100
매입채무	21	23	24	25	26	28
순운전자본	104	111	119	125	129	132
현금흐름		(7)	(8)	(6)	(4)	(3)

① **매출채권** : 매출채권은 매출액과 회수 기일에 따라 변동됩니다. 따라서 매출채권은 과거 평균 회수 기일을 분석하여, 추정된 매출액에 비례하여 추정합니다.

② **재고자산** : 기업은 일시적인 판매수량의 변동, 원자재의 수급 및 생산 일정을 고려하여 일정 정도의 안전재고를 보유하게 됩니다. 회사의 재고보유 정책을 반영하여 매출원가 대비 일정액의 재고자산으로 추정합니다.

③ **매입채무** : 매입채무는 원자재의 매입액과 지급 기일에 따라 변동됩니다. 따라서 매입채무는 과거 평균 지급 기일을 분석하여, 추정된 매입액(주로 변동원가)에 비례하여 산정합니다.

④ **순운전자본** : 순운전자본은 매출채권과 재고자산의 합계액에서 매입채무를 차감하여 계산합니다.

⑤ **현금흐름에 미치는 영향** : 당기의 순운전자본에서 전기의 순운전자본을 차감하여 현금흐름에 미치는 영향을 계산합니다.

4. 가중평균자본비용

자본비용은 자기자본비용과 타인자본비용을 회사의 목표 자본구조로 가중평균하여 계산합니다.

(1) 자기자본비용

자기자본비용은 다음의 수식으로 계산됩니다.

> 자기자본비용
>
> • 자기자본비용 = 무위험수익률 + (Beta × MRP) + Specific Risk Premium
> • MRP(Market Risk Premium) = 시장수익률 − 무위험수익률

① 무위험수익률

• 무위험수익률은 무위험자산에서 발생하는 수익률로서, 이론적으로는 위험이 없는 자산의 수익률을 적용해야 합니다.
• 실무상 Bloomberg에서 제공하는 무위험이자율을 적용하는 경우가 일반적입니다.

② 베타계수

• 베타계수는 시장수익률의 변동 대비 특정 기업의 수익률이 얼마만큼 변동하는지를 나타내는 지표입니다. 베타계수가 크다는 의미는 주가의 변동이 시장에 비하여 크다는 것을 의미합니다.
• 실무상 Bloomberg에서 제공하는 베타를 활용합니다.

③ MRP, Market Risk Premium

- Market Risk Premium은 시장수익률에서 무위험수익률을 차감한 수치입니다. 일반적으로 시장수익률은 주식시장에서 장기간에 걸쳐 형성된 종합주가지수의 수익률과 유사하다고 이해하시면 좋습니다.
- 실무상 MRP는 Bloomberg에서 제시하거나 한국공인회계사회에서 발표한 자료를 이용하고 있습니다.

④ Specific Risk Premium

- 기업의 규모, 상장유무 및 기업이 소재한 국가를 고려하여 산정한 Risk Premium 입니다.
- 실무상 규모 Premium은 한국공인회계사회에서 발표한 자료를 반영하고 있습니다.

(2) 비상장주식기업의 자기자본비용 계산

비상장기업은 베타계수가 없으므로 상장된 기업 중에서 유사한 업종을 영위하는 기업의 베타계수를 대용치로 사용합니다. 이때 대용기업은 업종뿐만 아니라 규모 및 제품의 포트폴리오까지 가능한 유사한 기업을 활용하는 것이 바람직합니다.

대용베타(Proxy Beta)를 이용하여 기업의 베타를 구하는 방법은 다음과 같습니다.

① 대용기업의 베타를 무부채기업의 베타로 변환

- 베타는 부채비율에 따라 변동되므로, 유사기업의 베타를 무부채기업으로 가정하여 조정하고 평균치를 계산합니다.
- 이를 산업베타라고 표현하기도 합니다.

② 산업베타에 부채비율을 반영한 기업베타로 변환

- 회사가 안정화되면 시장 평균의 형태로 수렴할 것이라는 가정을 전제하여, 유사기업들의 평균 부채비율을 적용하는 것이 일반적입니다.
- 그러나 개별 회사의 특성이 있고, 그 내용이 합리적이라면 반드시 평균 부채비율을 적용할 필요는 없습니다.

유사기업의 베타를 산업베타(무부채베타)로 전환하고, 산업베타(무부채베타)를 기업베타로 전환하는 공식은 다음과 같습니다.

베타 계산

- 무부채베타=유사기업베타÷[1+(1−t)×(부채÷자본)]
  (유사기업의 법인세율과 부채비율을 반영)
- 기업베타=무부채베타×[1+(1−t)×(부채÷자본)]

가능하다면 5개 이상의 유사기업을 선별하여 가중평균하여 산업베타를 계산하는 것이 좋습니다. 개별 유사기업의 베타에는 각 기업의 특유 위험이 포함되어 있으므로, 그 편차를 제거하기 위함입니다.

유사기업	β(Sl)(*)	부채비율	법인세율	(1−T)×(B/S)	β(Su)
P사	1.05	55.7%	20.9%	0.44	0.73
S사	1.21	76.0%	20.9%	0.60	0.76
T사	1.51	88.2%	20.9%	0.70	0.89
X사	1.42	55.8%	20.9%	0.44	0.99
z사	0.95	95.0%	20.9%	0.75	0.54
평 균		74.1%			0.78

(*) 일반적으로 조정베타 활용

산업베타에 부채비율과 법인세율을 고려하여 회사가 적용할 기업베타를 계산합니다.

β(산업베타)	부채비율	법인세율	(1−T)×(B/S)	β(기업베타)
0.78	74.1%	20.9%	0.59	1.24

회사가 아닌 유사기업의 평균 부채비율을 적용하는 것이 일반적입니다. 회사의 영업활동이 안정되면 업종 평균으로 수렴할 가능성이 크다고 해석하는 것입니다. 그러나 회사의 영업적 특성과 정책이 유사기업 평균과 다르다면 보다 현실에 부합하는 비율을 적용하는 것이 바람직합니다.

자기자본비용의 계산내역은 다음과 같습니다.

β(산업베타)	부채비율	법인세율	(1−T)×(B/S)	β(기업베타)
2.80%	8.00%	1.238	2.75%	15.45%

(3) 타인자본비용

타인자본비용의 계산내역은 다음과 같습니다.

타인자본

- 타인자본비용=신용등급에 따른 차입 이자율×(1−Tax Rate)

회사의 차입이자율은 회사의 신용등급에 따른 무보증사채 이자율을 적용하는 것이 일반적입니다. 자료는 금융투자협회(https : //www.kofiabond.or.kr/)에서 검색할 수 있습니다.

차입이자율	법인세율	(1−T)×차입이자율
7.00%	22.0%	5.46%

(4) 가중평균자본비용

가중평균자본비용은 다음과 같이 계산됩니다.

자기자본비용	자본÷자산	타인자본비용	부채÷자산	WACC
15.45%	57.43%	5.46%	42.57%	11.20%

5. 기업가치와 주식가치 계산

(1) 영업현금흐름의 현재가치

추정된 현금흐름을 가중평균자본비용으로 할인한 현재가치는 다음과 같이 구분됩니다.

① 추정된 기간의 현금흐름 : 가중평균자본비용으로 할인

② 추정기간 이후의 현금흐름(Terminal Value) : 추정된 기간 이후의 현금흐름의 현재가치

Terminal value의 현재가치는 추정된 현금흐름의 마지막 연도의 현금흐름이 영구적으로 지속된다고 가정하여 성장률을 고려하여 할인하여 계산됩니다. 그리고 이는 추정된 마지막 연도의 현금흐름을 재할인하여 평가기준일 시점의 가치로 환산합니다. Terminal value는 마지막 연도에 추정된 손익을 근거로 합니다. 따라서 추정된 마지막 연도의 손익에 변동성이 크다면 장기 추세를 반영하여 Normalized 시킨 후, 동 손익을 근거로 영구현금흐름을 산정해야 합니다.

Terminal value

- Terminal value=마지막 연도의 현금흐름÷(WACC−g)
- Terminal value의 현재가치=Terminal value÷$(1+\text{WACC})^t$
  - g : 영구성장률, 일반적으로 1%~(−)1%를 가정합니다.
  - t : 추정 마지막 연도

Terminal value를 산출하는 과정은 다음과 같습니다.

구 분	금액
가. 2030년의 세후영업이익	165
나. 영구성장률	0.0%
다. 2029년 이후 세후영업이익[다=가×(1+나)]	165
라. 할인율	11.20%
마. Discount Factor[사=1÷(1+라)^5]	0.620
바. 영구현금흐름의 현재가치[바=다÷(라−나)×마]	914

(2) 비영업용자산

지금까지 계산 과정을 상기해보면 영업가치는 세후 영업이익을 발생주의로 전환한 현금흐름을 가중평균자본비용으로 할인한 것임을 알 수 있습니다. 영업가치는 영업활동으로 발생한 가치이며, 영업활동과 관련이 없는 자산과 부채는 고려하지 않은 것입니다. 따라서 영업활동과 관련이 없으나 현재 재무상태표에 계상하고 있는 자산과 부채는 별도로 가감해야 합니다.

여기서 가산될 비영업용자산은 장부금액이 아니라 평가기준일의 공정가치라는 점에 주의해야 합니다. 비영업용자산에 대한 예시는 다음과 같습니다.

① 비업무용자산
② 유가증권
③ 투자부동산이나 유휴자산
④ 장단기금융상품 등

사례의 경우 계산 내역은 다음과 같습니다.

구 분	금액
금융상품	52
매각예정토지	150
단기투자주식	17
합 계	219

(3) 기업가치 산정

지금까지 살펴 본 내용의 결과를 요약하면 다음과 같습니다.

구분	실적			추정				
	2023년	2024년	2025년	2026년	2027년	2028년	2029년	2030년
매출	477	520	553	590	635	670	700	725
매출원가	277	295	318	338	358	377	388	399
판관비	80	78	86	91	99	103	109	113
영업이익	120	147	149	161	178	190	203	213
법인세				(34)	(37)	(40)	(42)	(45)
세후영업이익				127	141	150	161	168
(+)상각비				156	167	172	174	175
(−)자본적지출				(180)	(175)	(175)	(170)	(175)
(±)운전자본 변동				(7)	(8)	(6)	(4)	(3)
FCFF				96	125	141	161	165
Discount Period				0.5	1.5	2.5	3.5	4.5
Discount Factor				0.948	0.853	0.767	0.690	0.620
Discounted FCFF				91	107	108	111	102
가. 추정기간 영업현금흐름 현재가치								519
나. 영구현금흐름 현재가치								914
다. 영업가치(다=가+나)								1,433
라. 비영업자산								219
마. 기업가치(마=다+라)								1,652
바. 차입금								(750)
사. 보통주 가치(사=마−바)								902
자. 1주당 가치(자=사÷주식 수)								90,172

(4) 민감도 분석

지금까지 영구성장률을 0%, 가중평균자본비용은 11.2%로 가정하였습니다. 영구성장률과 가중평균자본비용의 변동은 기업가치에 큰 영향을 미치므로 영구성장률과 가중평균자본비용이 변동할 경우 주식가치가 어떻게 변동하는지 그 민감도를 살펴보면 다음과 같습니다.

구분		WACC 변동		
		10.2%	11.2%	12.2%
영구성장률 변동	1% 성장	115,951	99,130	85,464
	0% 성장	104,593	90,172	78,270
	−1% 성장	95,263	82,682	72,166

(5) 모델의 합리성 검토

현금흐름할인법은 여러 가지 가정과 추정이 개입되고 복잡한 계산과정을 통하여 결과를 도출합니다. 계산 결과에 대한 재무비율을 살펴보고 제반 가정의 타당성에 대하여 다시 한 번 확인해야 합니다.

구분	실적			추정				
	2023년	2024년	2025년	2026년	2027년	2028년	2029년	2030년
매출성장률	12.1%	9.0%	6.3%	6.7%	7.6%	5.5%	4.5%	3.6%
원가율	58.1%	56.7%	57.5%	57.3%	56.4%	56.3%	55.4%	55.0%
판관비율	16.8%	15.0%	15.6%	15.4%	15.6%	15.4%	15.6%	15.6%
영업이익률	25.2%	28.3%	26.9%	27.3%	28.0%	28.4%	29.0%	29.4%

여러 재무비율을 분석하고 그 추세가 급격하게 변동한 경우에는, 그 요인이 무엇인지를 파악하고 합리적인 가정에 근거하는지를 재검토하는 것이 바람직합니다.

현금흐름할인 모형을 재무상태표와 연관 지어 파악하고, 회사의 자금조달과 자산의 투자라는 관점을 다시 한 번 생각해 봅시다. 그리고 기업가치를 증가시키기 위하여 영업자산과 영업부채를 어떻게 관리해야 하며, 자금조달은 어떻게 해야 할지 고민해 보시기 바랍니다.

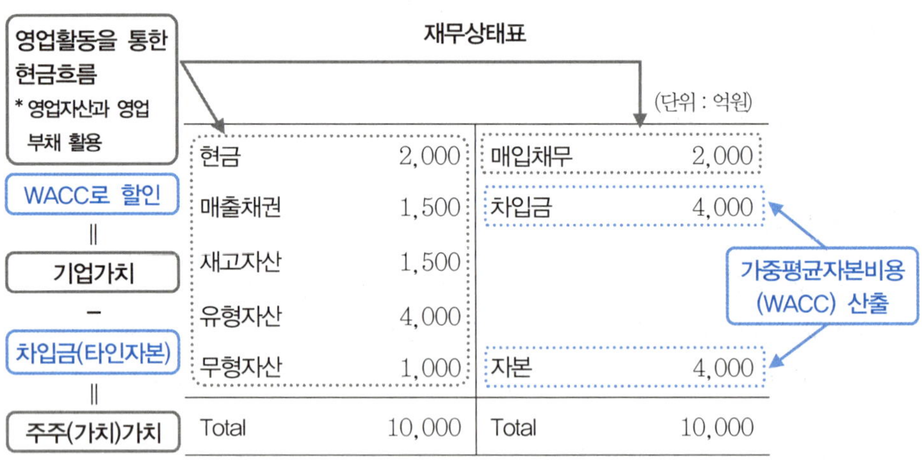

보론 비상장주식 평가

재무제표에 20% 미만의 지분율을 보유하는 회사는 공정가치로 계상해야 합니다. 그러나 공정가치 평가에 대한 원가부담과 실무상 어려움을 감안하여 예외 조건이 있으니 참조하시기 바랍니다.

⌘ K-IFRS

금융위원회의 비상장주식에 대한 공정가치 평가 가이드(2020.1.21.)

1. 원가로 측정 가능한 조건
   ① 공정가치로 측정해야 하는 경우가 아닌 때로부터 피투자기업으로부터 공정가치 측정을 위한 충분한 정보를 얻기 어려운 경우
   ② 과거 또는 당기에 가치변동에 대한 명확한 증거(피투자기업의 재무적 어려움, 채무불이행이나 연체 같은 계약 위반, 파산 등)가 없는 경우

2. (1.의 조건이 충족된다는 전제하에) 원가로 측정 가능한 구체적인 사례
   기관투자자 또는 기업이 보유하고 있는 비상장주식이 다음 중 하나에 해당하면 원가가 공정가치의 적절한 추정치가 될 수 있습니다.
   ① 피투자기업의 직전 사업연도말 자산총액이 120억원 미만인 경우
   ② 피투자기업이 설립된 지 5년이 경과하지 않은 경우
   ③ 투자기업이 비상장주식을 취득한 시점부터 2년이 경과하지 않은 경우

   다만, 정상적인 투자가 아닌 방법으로 제3자 등으로부터 비상장주식을 취득 시, 원가를 공정가치로 사용할 수 없습니다.

3. 그 외, 비상장주식 금액이 투자기업의 재무제표 작성을 위한 '중요성 판단' 기준에 미달하는 경우 원가로 측정할 수 있습니다.

⌘ 일반기업회계기준

다음의 경우 가치평가의 기초자료가 부족하거나 자료의 객관성이 부족하여 미래가치 추정에 불확실성이 매우 높다고 판단되는 다음의 경우에는 공정가치 평가에서 제외할 수 있도록 규정하고 있습니다(일반기업회계기준 실6.58).

① 설립 후 7년이 경과하지 않은 기업

② 최초 투자 후 5년이 경과하지 않았고 기업가치가 크게 변할 만한 특별한 사건(영업환경 또는 영업실적의 중요한 변화, 중요한 기술개발 등)이 발생하지 않은 기업

③ 자산규모 100억원 미만 등으로 외감대상이 아닌 기업

④ 현금흐름 추정이 어렵고 업종, 규모 등이 유사한 비교대상 회사가 존재하지 않는 기업

⑤ 채권금융기관에 의한 구조조정 기업

⑥ 평가자가 정당한 의무를 다했음에도 피평가기업의 내부정보 등 평가기초자료를 입수하지 못한 기업 등

PART 03

결산 실무

Chapter

제 5 장 법인세회계

법인세회계는 회계적 개념뿐만 아니라 세법과 연관되어 있으며, 기술적인 계산과정도 복잡합니다. 실무에서 어려움을 느끼는 분야입니다. 명확한 개념적 틀이 중요합니다.

법인세회계 Framework

- 총 법인세비용=당기법인세+이연법인세
  - 당기법인세=세무조정+추납액−환급액
  - 이연법인세=회계기간 중 이연법인세자산(부채)의 변동
  - 결산 시점의 이연법인세자산(부채)=일시적차이×세율
- 법인세 기간 배분
  - 총법인세비용=당기손익에 대한 법인세+자본손익에 대한 법인세
  - 배분 결과
- 회계처리 Practice

총법인세비용	당기법인세	이연법인세
자본 법인세비용	자본 당기법인세	자본 이연법인세
손익 법인세비용(P/L)	손익 당기법인세	손익 이연법인세

  - 1단계 : 총법인세비용을 손익법인세로 회계처리(PL로 먼저 인식)
  - 2단계 : 자본 법인세를 파악하여 오류 수정 처리(PL 중 일부를 자본으로 대체)

제 1 절 회계이익과 과세소득

1. 회계이익과 과세소득

(1) 회계와 세법의 목적

회계와 세무의 주요 목적은 다음과 같습니다.

① **회계** : 자산 · 부채와 이익의 적정한 산정

② **세무** : 세법에 따른 과세소득에 세율을 곱하여 납부할 세액(법인세부담액)을 결정

회계와 세무는 목적과 성격이 다르지만, 별도의 세무 장부를 관리하지는 않습니다. 세법에 따른 장부를 직접 작성하지 않더라도, 회계장부에 일부 조정을 가하여 과세소득을 산정할 수 있기 때문입니다.

세무조정 과정은 다음과 같습니다.

재무회계		세무조정		세무회계
수익	±	익금산입, 익금불산입	→	익금
비용	±	손금산입, 손금불산입	→	손금
회계이익				과세소득

(2) 회계이익과 과세소득의 차이발생 원인

회계이익과 과세소득이 다른 이유는 다음과 같습니다.

① 특정사항에 대하여 세법상 특혜나 불이익을 부여하는 조세정책적 목적에 따라 차이가 발생합니다. 예를 들어 세법은 특정 비용(접대비한도초과액, 벌금 등)은 손금으로 인정하지 않고, 투자기업에게 세액공제 등의 혜택을 부여하고 있습니다.

② 손익의 귀속시기에 대한 차이가 있습니다. 회계는 발생주의가 적용되지만, 세법은 권리 · 의무 확정주의에 따라 손익이 확정됩니다.

③ 자산 · 부채에 대한 평가방법이 다릅니다. 회계는 자산과 부채에 대한 공정가치를 강조하고 있지만, 세법은 대부분 취득금액을 유지합니다.

④ 과세소득의 실질적 개념에 대한 차이가 있습니다. 회계에서는 손익거래에서 발생한 순자산 증가만을 이익으로 하지만, 세법은 자본거래에서 발생한 자본잉여금도 과세소득에 포함시키고 있습니다.

2. 영구적차이와 일시적차이

회계와 세무의 차이는 영구적차이와 일시적차이로 구분되며, 일시적차이는 가산할 일시적차이와 차감할 일시적차이로 구분됩니다.

세무조정	차이의 유형	미래 과세소득에 미치는 영향
익금산입 · 손금불산입 손금산입 · 익금불산입	영구적차이	해당사항 없음
	일시적차이	(미래에) 가산할 일시적차이 (미래에) 차감할 일시적차이

(1) 영구적차이

영구적차이는 발생시점의 소득에만 영향을 미치고, 미래에 영향을 미치지 않습니다. 예를 들어 회계에서는 접대비를 모두 비용으로 인정하지만, 세무는 일정 범위만 인정합니다. 세무상 한도를 초과하는 접대비는 당기 회계이익과 과세소득의 차이를 가져오지만, 미래의 회계이익이나 과세소득과는 아무런 연관이 없습니다.

(2) 일시적차이

일시적차이는 회계와 세무상 수익 · 비용 인식시점의 차이에 의해 발생합니다. 따라서 발생 시점에 차이가 난다면, 소멸 시점에 다시 한 번 영향을 미칩니다. 일시적차이는 대부분 자산 · 부채와 세무상 자산 · 부채의 차이로 발생합니다.

장기적인 관점에서 회계나 세법에 의해서 수익(익금)이나 비용(손금)으로 처리되는 총액은 동일하지만, 일시적차이로 인해 연도별로 인식하는 금액에는 차이가 있습니다.

예를 들어 회계상 판매보증비는 판매 시점에 비용으로 인식하지만, 세법에서는 권리 · 의무 확정주의에 따라 실제 지출이 확정되는 시점에서야 인정됩니다. 그러나 보증기간이 완료되면 회계와 세법에서 인식한 누적 판매보증비는 동일합니다. 단지 기간별로 차이가 발생할 뿐입니다.

일시적차이는 미래의 법인세부담액을 증가 또는 감소시키는 효과가 있으며 어느 한 회계기간에 발생하면 반드시 다음 어느 회계기간에 소멸됩니다. 일시적차이는 예로는 이월결손금, 유보, 세액공제 등이 있습니다.

① **가산할 일시적차이** : 미래의 과세소득의 부담을 가중 → 이연법인세부채

② **차감할 일시적차이** : 미래의 과세소득의 부담을 경감 → 이연법인세자산

다음 예제를 통해 일시적차이의 성격에 대해 생각해 봅시다.

예제 01

일시적차이

- 2001년 현재 향후 적용될 세율은 30%임.
- 신제품을 2001년에 판매하기 시작하여 2003년 초에 중단함.
- 동 제품에 대해서는 일정기간의 판매보증을 실시하였음.
- 회계와 세법상 인정되는 판매보증비 금액은 다음과 같음.

구분	2001년	2002년	2003년	2004년	합계
회계	1,500	1,200	800	500	4,000
세법	400	900	1,200	1,500	4,000
연도별 차이	1,100	300	(400)	(1,000)	–
누적 차이	1,100	1,400	1,000	–	–

요구사항 ▼ 각 결산시점의 세무상 손금과 회계상 비용의 차이가 세액에 미칠 영향을 검토하시오.

회계와 세무상 비용 인식시점은 다음과 같습니다.

① 회계는 제품을 판매하는 시점에 향후 약정된 기간에 발생할 판매보증비를 발생주의 관점에서 인식합니다.

② 세법은 실제 발생된 비용만을 인정하고 있습니다.

처음에는 회계상 비용이 세법상 손금보다 크지만, 일정시점 이후에는 뒤바뀌었습니다. 그럼에도 2001년부터 2004년까지 누적 비용과 손금은 4,000원으로 모두 동일합니다.

2002년 말 시점을 기준으로 생각해봅시다. 회계상 누적으로 인식한 비용은 2,700원(=1,500원+1,200원)이지만, 세무상 누적 손금은 1,300원(=400원+900원)입니다. 누적차이가 1,400원인데, 이 금액은 미래(2003년과 2004년)에 세무상 손금이 회계상 비용보다 크게 하는 역할을 합니다. 달리 표현하면 회계상 먼저 비용으로 인식했던 1,400원은 미래 세무상 손금으로 이어집니다. 따라서 향후 420원(=1,400원×30%)만큼 법인세를 감소시키는 데 기여하게 됩니다.

〈예제 1〉을 통해 미래의 법인세부담액에 영향을 미치는 일시적차이는 회계기간 중에 발생한 금액이라기보다는 결산시점까지 차이의 누적금액이라는 것을 알 수 있습니다. 연도별로 누적일시적차이와 미래 부담세액에 미칠 영향을 계산하면 다음과 같습니다.

구분	2001년	2002년	2003년	2004년
누적일시적차이	1,100	1,400	1,000	–
미래 법인세부담액에 미칠 영향	(330)	(420)	(300)	–

3. 이연법인세 개요

법인세비용도 다른 비용과 같이 수익 · 비용 대응의 원칙이 적용되어야 한다는 관점에서, 회계이익에 법인세비용을 대응시키는 개념으로 개발된 분야가 이연법인세입니다.

이연법인세를 인식하는 방법은 자산 · 부채법과 이연법이 있는데, 현행 기준서는 자산 · 부채법을 지지하고 있습니다. 자산 · 부채법은 결산일 현재 존재하는 일시적차이가 소멸될 것으로 예상되는 회계연도의 예상세율을 적용하여 이연법인세자산(부채)을 계산하는 방법입니다.

일시적차이를 재무상태표상 자산 · 부채 장부금액과 세무기준액의 차이로 정의하고 일시적차이만을 이연법인세자산(부채)의 대상으로 산정하고 있습니다. 일시적차이는 미래의 법인세부담액을 증가 또는 감소시키는 효과가 있으므로, 재무회계 개념상 자산이나 부채의 개념에 부합하기 때문입니다.

〈예제 1〉에서 2002년 말 시점을 기준으로 이연법인세를 생각해 봅시다. 2002년 말에는 일시적차이로 인하여 420원의 법인세가 감소될 것이 예상되므로(현금지출이 줄어들기에 경제적 효익이 있으므로) 자산 요건을 충족합니다. 따라서 2002년 말에는 이연법인세자산을 420원 인식합니다. 매년 말 인식할 이연법인세자산은 다음과 같습니다.

구분	2001년	2002년	2003년	2004년
누적일시적차이	1,100	1,400	1,000	–
이연법인세자산	330	420	300	–

제 2 절 총법인세비용의 계산

회계상 총법인세비용은 당기법인세와 이연법인세 변동액의 합계금액으로 구성됩니다. 당기법인세는 실제로 현금이 유출될 금액인데, 다음의 수식으로 표현됩니다.

> 총법인세비용
>
> • 총법인세비용=당기법인세+이연법인세
> • 당기법인세=세무조정 결과+법인세추납액−법인세환급액

1. 당기법인세

회계상 법인세비용은 당기법인세와 이연법인세 변동액의 합계금액으로 구성되는데, 일시적차이로 인한 법인세효과를 설명하기 이전에 당기법인세에 관한 회계처리를 살펴봅시다.

당기법인세는 크게 연차 세무조정 결과 납부할 세액과, 세무조사 결과 납부하게 되는 법인세추납액 및 과거에 납입한 세액을 되돌려 받는 법인세환급액으로 구분됩니다. 법인세추납액과 법인세환급액은 과거의 세무조정 이후 더 납부하거나 환급받은 세액이므로 전기의 오류를 수정하는 성격입니다. 따라서 전기오류수정손익으로 표시해야 한다는 의견도 있으나, 현행 K-IFRS나 일반기업회계기준에서는 모두 법인세비용에 반영하도록 규정하고 있습니다.

중간예납세액은 과세기간 중간에 세액의 일부를 납부하는 제도를 말합니다. 과세기간이 경과한 후에 확정된 소득금액에 의하여 과세하는 것이 원칙이나 조세수입의 조기확보, 부담의 분산 및 조세회피를 미연에 방지할 목적 등으로 이 제도를 운영하고 있습니다.

중간예납세액을 납부하는 시점에는 당기법인세자산(선급법인세)으로 처리하고, 결산 후 납부할 세액이 결정되면 납부해야 할 법인세부담액과 상계하고, 추가로 납부해야 할 세액은 당기법인세부채(미지급법인세)로 계상합니다.

당기법인세에 대한 회계처리를 예시하면 다음과 같습니다.

① 중간예납

(차변) 당기법인세자산(선급법인세) ××× (대변) 현금 ×××

② 법인세 신고

(차변) 법인세비용	×××	(대변) 당기법인세자산(선급법인세)	×××
		당기법인세부채(미지급법인세)	×××

③ 법인세추납액 또는 법인세환급액

(차변) 법인세비용	×××	(대변) 현금	×××
현금	×××	법인세비용	×××

당기법인세에 관한 회계처리를 구체적으로 살펴봅시다.

예제 02 당기법인세

- 회계기간 중 중간예납으로 20,000원의 법인세를 납부함.
- 회계기간 중 세무조사 결과 3,000원의 법인세추납세액을 납부함.
- 결산 시점에 실제 납부할 법인세는 33,000원으로 결정됨.
- 일시적차이로 인한 법인세효과는 발생하지 아니함.

요구사항 ▼ 재무제표에 반영될 법인세비용과 당기법인세부채(미지급법인세)를 계산하시오.

일시적차이가 없으므로 당기법인세와 법인세비용은 일치합니다. 당기법인세는 연차 세무조정 결과 납부할 세액과 법인세추납세액으로 구성됩니다.

- 당기법인세 = 33,000원 + 3,000원 = 36,000원
- 당기법인세부채(미지급법인세) = 36,000원 − (3,000 + 20,000원) = 13,000원

① 중간예납

(차변) 당기법인세자산	20,000	(대변) 현금	20,000

② 법인세추납액

(차변) 법인세비용	3,000	(대변) 현금	3,000

③ 법인세신고

(차변) 법인세비용	33,000	(대변) 당기법인세자산	20,000
		당기법인세부채	13,000

2. 가산할 일시적차이

가산할 일시적차이는 미래 과세소득의 부담을 가중시키는 차이로서, 실무상 '자본금과 적립금 조정명세서 을(乙)표'에 표시되어 있는 △유보를 통하여 인식됩니다.

예제 03 가산할 일시적차이

- 장부상 자산 · 부채 금액과 세무상 기준액의 차이는 미수수익임.
- 미수수익으로 발생한 유보는 △6,000원이며 2002년에 모두 해소될 예정임.
- 2001년과 2002년의 회계이익은 20,000원임.
- 2001년과 2002년의 법인세율은 30%임.

요구사항 ▼ 재무제표에 표시될 이연법인세자산(부채)과 법인세비용을 계산하시오.

2001년의 회계이익은 20,000원입니다. 그러나 과세소득은 20,000원에서 △유보인 6,000원을 차감한 14,000원으로 계산됩니다. 반면, 2002년의 회계이익은 20,000원이지만, △유보가 소멸되어 과세소득은 26,000원으로 계산됩니다.

법인세부담액(당기법인세)이 산출되는 과정은 다음과 같습니다.

구분	2001년	2002년
회계이익	20,000	20,000
일시적차이	(6,000)	6,000
과세소득	14,000	26,000
세율	30%	30%
법인세부담액(당기법인세)	4,200	7,800

미수수익이 2001년과 2002년의 납부세액에 미치는 영향을 생각해 봅시다. 만일 미수수익이라는 세무조정이 발생하지 않았다면 2001년과 2002년의 법인세부담액은 6,000원(=20,000원×30%)으로 산출되었을 것입니다. 그러나 유보의 영향으로 2001년에는 1,800원(=6,000원×30%)이 절감되어 4,200원이 되었고, 2002년에는 반대로 법인세부담액이 1,800원이 증가하여 7,800원으로 결정됩니다.

2001년 결산 시점에는 미수수익이라는 유보가 소멸되면서 향후 1,800원만큼 법인세부담액이 증가(가산)할 것으로 예상할 수 있습니다. 그래서 △유보를 가산할 일시적차이라고 합니다. 가산할 일시적차이는 과거의 의무로 인하여 미래의 경제적효익이 감소된다는 부채의 정의를 충족하므로 이연법인세부채로 인식됩니다.

지금까지 설명한 내용을 회계처리로 예시하면 다음과 같습니다.

① 이연법인세부채의 인식(2001년)

(차변) 법인세비용	6,000	(대변)	현금(당기법인세부채)	4,200
			이연법인세부채	1,800

② 이연법인세부채의 감소(2002년)

(차변) 법인세비용	6,000	(대변)	현금(당기법인세부채)	7,800
이연법인세부채	1,800			

당기법인세와 법인세비용의 관계를 정리하면 다음과 같습니다.

구분	2001년	2002년
당기법인세(세무)	4,200	7,800
이연법인세부채의 증가(감소)	1,800	(1,800)
법인세비용(회계)	6,000	6,000
회계상 이익	20,000	20,000

일시적차이에 대한 이연법인세가 없었다면, 2001년과 2002년의 세율은 각각 21%(=4,200원÷20,000원)와 39%(=7,800원÷20,000원)로 산정됩니다. 그러나 가산할 일시적차이에 대한 이연법인세를 인식하여, 회계상 이익 대비 법인세비용의 비율은 30%로 일관성 있게 표시됩니다. 이것이 이연법인세를 도입한 목적입니다.

본 예제를 통해 법인세비용과 당기법인세는 다음 관계가 성립되고 있음을 알 수 있습니다.

법인세비용

- 총법인세비용(회계)=당기법인세(세법) ± 이연법인세
- 당기법인세=법인세부담액+법인세추납액-법인세환급액
- 이연법인세=기말이연법인세자산(부채)-기초이연법인세자산(부채)
- 이연법인세를 통해 법인세비용과 회계이익 간 수익·비용 대응이 이루어짐.

당기법인세와 이연법인세가 법인세비용에 미치는 효과를 요약하면 다음과 같습니다.

① 당기법인세

- 당기에 발생한 법인세 납부 의무액이 법인세비용에 미치는 효과

• 재무상태표상 관련 계정 : 당기법인세자산(부채)

② 이연법인세

• 일시적차이가 미래의 법인세 납부액에 미치는 효과
• 재무상태표상 관련 계정 : 이연법인세자산(부채)

3. 차감할 일시적차이

차감할 일시적차이는 미래 과세소득의 부담을 경감(차감)시킬 수 있는 세무조정 사항으로 유보, 세무상 결손금 및 이월세액공제가 있습니다.

(1) 유보

유보는 △유보와 반대의 성격입니다. 발생한 회계기간에는 법인세부담액을 증가시키지만, 미래에 납부할 법인세부담액을 감소시킵니다. 유보가 당기법인세와 이연법인세에 영향을 다음 예제로 살펴봅시다.

예제 04 유보

• 장부상 자산 · 부채 금액과 세무상 기준액의 차이는 대손충당금임.
• 대손충당금으로 발생한 유보는 6,000원이며 2002년에 모두 해소될 예정임.
• 2001년과 2002년의 회계이익은 20,000원임.
• 2001년과 2002년의 법인세율은 30%로 예상됨.

요구사항 ▼ 법인세비용을 계산하시오.

법인세부담액(당기법인세)과 법인세비용이 산출되는 과정을 살펴 보면 다음과 같습니다.

구분	2001년	2002년
회계이익	20,000	20,000
대손충당금	6,000	(6,000)
과세소득	26,000	14,000
세율	30%	30%
당기법인세(세무)	7,800	4,200
이연법인세자산의 감소(증가)	(1,800)	1,800
법인세비용(회계)	6,000	6,000

대손충당금이 2001년과 2002년의 납부세액에 미치는 영향을 생각해 봅시다. 만일 대손충당금이라는 세무조정이 발생하지 않았다면, 2001년의 법인세부담액은 6,000원(=20,000원×30%)으로 산출됩니다. 그러나 대손충당금의 영향으로 1,800원(=6,000원×30%)이 증가되어 7,800원으로 결정되었습니다. 반면, 2002년에는 2001년과는 반대로 법인세부담액이 1,800원만큼 감소하여 6,000원이 아닌 4,200원으로 계산됩니다.

2001년 결산 시점에서 보면 대손충당금이라는 세무조정으로 2002년에는 1,800원의 법인세부담액이 감소할(차감될) 것으로 예상할 수 있는데, 이러한 특성으로 차감할 일시적차이라고 합니다. 차감할 일시적차이는 과거 또는 현재의 권리로 인하여 미래의 경제적효익이 증가된다는 자산의 정의를 충족하므로 이연법인세자산으로 인식합니다.

회계처리를 예시하면 다음과 같습니다.

① 이연법인세자산 인식(2001년)

(차변)	이연법인세자산	1,800	(대변)	현금	7,800
	법인세비용	6,000			

② 이연법인세자산 감소(2002년)

(차변)	법인세비용	6,000	(대변)	현금	4,200
				이연법인세자산	1,800

(2) 세무상 결손금

세무상 결손금이란 각 사업연도 소득금액 계산 시 손금 총액이 익금 총액을 초과하는 금액을 말합니다. 결손금은 추후 과세소득이 발생하면, 그 과세소득과 상계되어 납부할 세액을 감소시킵니다.

예제 05 세무상 결손금

- 결손금 이외의 세무조정 사항은 발생하지 아니함.
- 2001년과 2002년의 회계이익은 각각 (−)10,000원과 20,000원임.
- 2001년과 2002년의 결손금 사용 전 과세소득은 각각 (−)10,000원과 20,000원임.
- 2001년과 2002년의 법인세율은 30%로 예상됨.

요구사항 ▼

1. 결손금이 이월될 경우의 법인세비용을 계산하시오.
2. 직전 회계기간에 납부한 법인세로 인하여 세액을 소급공제 받게 될 경우 법인세비용을 계산하시오.

법인세부담액(당기법인세)과 법인세비용이 산출되는 과정을 살펴 보면 다음과 같습니다.

구분	2001년	2002년
회계이익	(10,000)	20,000
이월결손금	–	(10,000)
과세소득(세무상 결손금)	(10,000)	10,000
세율	30%	30%
당기법인세(세무)	–	3,000
이연법인세자산의 감소(증가)	(3,000)	3,000
법인세비용(회계)	(3,000)	6,000

세무상 결손금이 납부세액에 미치는 영향을 생각해봅시다. 만일 세무상 결손금이 발생하지 않았더라면 2002년에는 법인세가 6,000원(=20,000원×30%)이지만, 세무상 결손금으로 인해 법인세가 3,000원으로 감소됩니다. 따라서 2001년 결산 시점에는 현재 보유한 세무상 결손금이 미래에 법인세를 감소시킬 수 있는 효과를 자산으로 인식하게 됩니다.

회계처리는 다음과 같습니다.

① 세무상 결손금의 발생(2001년)

(차변)	이연법인세자산	3,000	(대변) 법인세비용	3,000

② 세무상 결손금의 감소(2002년)

(차변)	법인세비용	6,000	(대변) 이연법인세자산	3,000
			현금	3,000

만일 회계기간 중에 결손금이 발생하였으나 결손금 소급공제 대상에 해당하여 세액을 환급 받는 경우에는 다음의 회계처리가 이루어집니다.

① 결손금 소급공제(2001년)

(차변)	미수법인세환급액	3,000	(대변) 법인세비용	3,000

② 법인세부담액의 환급(2002년)

(차변)	현금	3,000	(대변) 미수법인세환급액	3,000
	법인세비용	6,000	현금	6,000

③ 2002년 법인세부담액(2002년)

(차변)	법인세비용	6,000	(대변) 현금	6,000

결국 세무상 결손금이 소급공제되거나 이월공제되는 경우에 관계없이 회계기간 중에 인식하게 될 법인세비용의 금액은 동일합니다.

구분	결손금의 이월		결손금의 소급공제	
	2001년	2002년	2001년	2002년
당기법인세	–	3,000	(3,000)	6,000
이연법인세	(3,000)	3,000	–	–
법인세비용(수익)	(3,000)	6,000	(3,000)	6,000

(3) 이월세액공제

법인세법상 최저한세가 적용되어 세액공제 또는 세액감면 등이 적용배제되었으나 세무상으로 이월된다면, 미래에 납부할 세액이 감소하므로 이연법인세자산으로 인식합니다. 이때 최저한세를 적용받는 회사가 일시적차이에 대한 법인세효과를 계산할 때 적용하는 세율은 최저세율이 아니라 일반세율임에 유의해야 합니다.

예제 06 이월세액공제

- 이월세액공제 이외의 세무조정 사항은 발생하지 아니함.
- 2001년과 2002년의 회계이익(과세소득)은 각각 10,000원과 20,000원임.
- 2001년과 2002년의 법인세율은 30%로 예상됨.
- 2001년에는 4,000원의 세액공제가 발생하였으나, 1,500원만큼은 2001년에 공제받지 못하고 2002년에 공제받음.

요구사항 ▼

1. 법인세비용을 계산하시오.
2. 세액공제 금액에 대한 20%를 농어촌특별세로 납부할 경우 법인세비용을 계산하시오.

세액공제로 인하여 2001년에는 2,500원의 법인세부담액이 감소하고, 2002년에는 1,500원의 법인세부담액이 감소하게 됩니다. 따라서 2001년 결산 시점에는 이월세액공제가 향후 1,500원만큼의 법인세부담액을 감소시킬 수 있으므로 이연법인세자산을 인식합니다. 여기서 유보나 세무상 결손금이 법인세부담액에 미치는 효과를 계산하기 위해서는 세율을 곱해야 하지만, 이월세액공제는 세율을 곱하지 않은 금액 자체가 법인세부담액에 영향을 미친다는 점에 차이가 있습니다.

법인세부담액(당기법인세)과 법인세비용이 산출되는 과정은 다음과 같습니다.

구분	2001년	2002년
회계이익, 과세소득	10,000	20,000
세율	30%	30%
산출세액	3,000	6,000
세액공제	(2,500)	(1,500)
법인세부담액(당기법인세)	500	4,500
이연법인세자산의 감소(증가)	(1,500)	1,500
법인세비용(회계)	(1,000)	6,000

세액공제를 받을 경우 농어촌특별세 등의 납부의무가 발생한다면, 실제로는 농어촌특별세 등을 제외한 금액만큼만 절감됩니다. 따라서 세액공제에 대한 법인세효과는 다음의 식으로 정리할 수 있습니다.

세액공제에 대한 법인세효과

- 법인세효과=세액공제×(1−부담세율)

농어촌특별세의 부가를 전제한다면 법인세효과는 다음과 같습니다.

구분	2001년	2002년
산출세액	3,000	6,000
세액공제	(2,000)(*1)	(1,200)
법인세부담액(당기법인세)	1,000	4,800
이연법인세자산의 감소(증가)	(1,200)(*2)	1,200
법인세비용(회계)	(200)	6,000

(*1) (2,500)원×(1−20%)=(2,000)원
(*2) (1,500)원×(1−20%)=(1,200)원

4. 적용세율

(1) 한계세율과 평균세율

이연법인세자산(부채)은 일시적차이의 소멸 등으로 인하여 미래에 경감될(추가적으로 부담할) 법인세효과로 측정합니다. 여기서 일시적차이가 법인세부담액에 영향을 미치는 시기는 현재가 아닌 향후 일시적차이가 소멸되는 미래 시점이므로 미래 시점에 적용될 세율을 반영하게 됩니다.

일반기업회계기준은 한계세율을 적용하도록 규정하고 있으나, K-IFRS에서는 평균유효세율을 적용할 것을 요구하고 있습니다. 평균유효세율은 과세소득 대비 법인세부담액으로 계산됩니다. 그러나 과세소득이 어느 일정 수준을 초과하는 경우에는 한계세율과 평균세율이 유사하므로 실무상 한계세율을 적용하는 경우가 많습니다.

한편, 우리나라는 법인세부담액에 대한 10%만큼은 주민세로 납부하고 있습니다. 따라서 실질적인 세 부담액은 법인세와 주민세를 합산한 금액입니다.

예제 07 **평균세율과 한계세율**

- 대손충당금으로 발생한 100,000원의 유보가 2003년에 소멸할 것으로 예상됨.
- 누진세율을 고려한 직전 5년 평균 평균유효세율은 28%였으며, 동 추세는 유지할 것으로 예상됨.
- 과세소득에 따른 세율과 미래 세율은 다음과 같이 예상됨.

구분	10,000원 이하	10,000원 초과
2001년	10%	30%
2002년	10%	30%
2003년	12%	36%

요구사항 ▼ 2001년 재무제표 작성 시 표시될 이연법인세자산을 계산하시오.
1. 한계세율을 적용할 경우
2. 평균세율을 적용할 경우
3. 법인세에 대한 주민세를 10% 납부하고 한계세율을 적용할 경우

2001년에 적용될 세율은 10% 및 30%이나 차감할 일시적차이가 법인세부담액에 영향을 미칠 시기는 2003년이므로 2003년의 세율을 적용합니다.

① **한계세율을 적용하는 경우** : 100,000원×36%=36,000원

② **평균세율을 적용하는 경우** : 100,000원×28%×1.2(세율 상승 효과)=33,600원

③ **주민세 및 한계세율을 적용하는 경우** : 100,000원×36%×(1+10%)=39,600원

(2) 최저한세

일반기업회계기준은 최저한세를 적용받더라도 일반세율을 적용할 것을 규정하고 있지만 K-IFRS는 별도의 언급을 하고 있지 않습니다.[10] 그러나 US GAAP과 일반기업회계

10) US GAAP에서는 기업이 지속적으로 미래에 이익을 일정 수준 이상 획득하여 최저한세를 유지할 것이라는 확신을 가지기 어려우며, 최저한세 제도가 일정액의 법인세를 납부하게 하려는 제도인데

기준을 참조하여 K-IFRS에서도 최저한세를 적용하는 것이 타당하다는 명확한 근거가 없다면 일반세율을 적용하는 것이 적절하다고 판단됩니다.

5. 기타

(1) 이연법인세자산(부채)의 표시

이연법인세자산(부채)은 미래 효과이므로 현재가치를 적용하는 것이 개념상 적절합니다. 그러나 실무적으로 과세소득, 일시적차이의 소멸시기 등을 합리적으로 추정하기 어렵거나 복잡하므로 현재가치를 적용하지 않고 있습니다. K-IFRS에서는 이연법인세자산(부채)을 비유동성자산(부채)으로 표시하도록 규정하고 있는 반면, 일반기업회계기준은 다음과 같이 분류하도록 규정하고 있습니다.

① 자산항목 또는 부채항목의 재무상태표상 분류에 따라 유동성 분류를 실시

② 세무상 결손금이나 세액공제와 같이 재무상태표상 계정과목과 직접적인 관련이 없다면, 예상 소멸시기에 따라서 유동성분류를 결정

마지막으로 당기법인세자산(선급법인세)과 당기법인세부채(미지급법인세)는 법적으로 집행 가능한 상계권리를 가지고 있으며, 회사가 순액으로 결제할 의도가 있지 않으면 총액으로 표시합니다.

(2) K-IFRS와 일반기업회계기준의 비교

법인세회계에 대한 K-IFRS와 일반기업회계기준은 대부분의 내용이 유사하나, 적용세율 및 재무상태표상 표시에 있어 차이를 보입니다. 그리고 이연법인세자산(부채)의 인식에 있어서 일반기업회계기준은 K-IFRS에 비하여 다소 보수적인 판단을 요구하고 있습니다.

구분	K-IFRS	일반기업회계기준
적용세율	이연법인세자산(부채)은 자산이 실현되거나 부채가 상환될 기간에 적용될 것으로 예상되는 평균세율을 사용하여 측정	이연법인세자산(부채)은 당해 자산이 회수되거나 부채가 상환될 기간에 적용될 것으로 예상되는 한계세율을 적용하여 측정
재무상태표 표시	비유동자산(부채)으로 분류	이연법인세자산(부채)은 관련된 자산항목 또는 부채항목의 재무상태표상 분류에 따라 유동자산(부채)이나 기타비유동

적용세율을 낮추어 법인세비용을 낮은 금액으로 계상하는 것은 합리적이지 않다는 이유 등으로 일반세율을 적용하도록 규정하고 있습니다.

구분	K-IFRS	일반기업회계기준
		자산(부채)으로 분류 다만, 세무상 결손금과 같은 항목은 예상 소멸시기에 따라서 분류를 결정
이연법인세자산 인식요건	차감할 일시적차이가 사용될 수 있는 과세소득의 발생가능성이 높은(Probable) 경우에 인식	이연법인세자산은 향후 과세소득의 발생이 매우 높아서 미래의 법인세 절감효과가 실현될 수 있을 것으로 기대되는 경우에 인식
사업결합에 따른 이연법인세 인식	취득자가 사업결합 전에 인식할 수 없었던 자신의 미사용 세무상 결손금 등에 대한 이연법인세자산이 피취득자의 미래 과세소득으로 인하여 자산성을 회복할 경우 관련 이연법인세자산은 법인세비용에 반영	매수기업이 사업결합 전에 이연법인세자산으로 인식할 수 없었던 자신의 세무상 결손금 등에 대하여 피매수기업의 미래 과세소득으로 인하여 자산성을 회복할 경우 관련 이연법인세자산은 영업권(또는 부의영업권)에 반영
종속기업, 지점, 관계기업 및 조인트벤처에 대한 투자와 관련된 이연법인세 인식	예측 가능한 미래에 일시적차이가 소멸하지 않을 가능성이 높은(probable) 경우에는 이연법인세부채를 인식하지 아니함. 차감할 일시적차이가 예측 가능한 미래에 소멸할 가능성이 높고(probable), 일시적차이가 사용될 수 있는 과세소득이 발생할 가능성이 높은(probable) 경우에는 이연법인세자산을 인식함.	예측 가능한 미래에 일시적차이가 소멸하지 않을 가능성이 거의 확실한 경우에는 이연법인세부채를 인식하지 아니함. 차감할 일시적차이가 예측 가능한 미래에 소멸할 가능성이 거의 확실한 경우에는 이연법인세자산을 인식함.

(3) 주석 작성 요령

▶▶ 법인세비용의 구성내역

아래 양식은 손익계산서에 표시된 법인세비용이 어떻게 산출되었는지를 보여줍니다.

구분	당기	전기
법인세부담액(또는 당기법인세)		
이연법인세비용		
자본에 반영된 이연법인세		
법인세비용		

본 양식은 다음의 수식을 의미합니다.

법인세비용(P/L)

- 총법인세비용=당기법인세+이연법인세
- 총법인세비용=법인세비용(PL, 당기손익)+법인세비용(자본손익)

따라서,
- 법인세비용(당기손익)+법인세비용(자본손익)=당기법인세+이연법인세
- 법인세비용(당기손익)=당기법인세+이연법인세-자본에 대한 법인세

자본에 반영된 법인세비용은 법인세 기간 배분을 통하여 계산된 금액인데, 자세한 내용은 〈제3절〉에서 살펴봅니다.

▶▶ 회계이익과 법인세비용의 관계

본 주석은 회계이익과 법인세비용의 관계는 법인세비용차감전순이익에 적용세율을 곱한 금액과 손익계산서상 법인세비용에 차이가 있는 경우 그 차이를 규명하는 양식입니다. 본 주석정보는 법인세비용에 관한 회계처리가 정확하게 반영되었는지를 검증할 수 있는 양식이므로 그 내용을 숙지하기를 바랍니다.

구분	당 기	전 기
법인세비용차감전순이익		
적용세율에 따른 법인세비용		
조정사항		
-비공제수익비용 효과		
-세액공제 및 세액감면		
-세율변동효과		
-이연법인세자산 미인식 및 감액효과		
과거 기간의 당기법인세액에 대한 조정 효과		
당기손익으로 인식된 법인세비용		
평균유효세율		

① 적용세율에 따른 법인세비용

- 법인세비용차감전순이익에 따른 법인세비용은 법인세차감전순이익이 부(負)의 금액이더라도 적용세율을 곱하여 부의 법인세비용을 계산합니다.
- 법인세비용차감전순이익이 부의 금액이라는 것은 세무상 결손금이 발생하였다는 것을 의미하고, 세무상 결손금으로 인하여 이연법인세자산이 증가하여 법인세비용이 부의 금액으로 산출할 수 있기 때문입니다.

② 비공제수익 · 비용 효과

- 비공제수익 · 비용은 세무조정 결과 파악된 영구적차이의 합계액에 적용세율을 곱한 금액입니다.
- 여기서 주의할 점은 당기손익에 영향을 미친 영구적차이만 가산하며, 자본손익에 대한 영구적차이는 제외합니다. 왜냐하면 본 양식은 법인세비용차감전순이익과 손익계산서상 법인세비용의 관계를 규명하는 것이므로, 자본손익에 관한 조정사항은 손익계산서에 포함되지 않기 때문입니다.

③ 세액공제 및 세액감면

- 세액공제 및 세액감면은 세액공제와 세액감면이 손익 법인세비용에 미친 효과를 의미합니다.
- 본 양식은 법인세비용차감전순이익에 적용세율을 곱한 금액이 법인세비용과 동일하다는 전제가 있으므로, 세액공제와 세액감면이 법인세비용의 감소 효과가 있었다면 별도로 차감하는 것입니다.
- 여기서 조정되는 금액은 실제 공제받거나 감면받은 금액이 아니라 이연법인세자산(부채)까지 고려된 법인세효과입니다.

④ 세율변동효과

- 세율변동효과는 일시적차이에 대한 세율이 변경된 경우 발생하며, 다음 산식에 따라 계산됩니다.
- 세율변동효과＝소멸시기별 일시적차이×소멸시기별 적용세율
－일시적차이의 합계×종전 세율

⑤ **이연법인세자산 미인식 및 감액 효과** : 다음의 금액의 합계로 구성되는데, 자세한 내용은 〈제3절〉에서 다룹니다.

- 이연법인세자산 미인식 효과 : 차감할 일시적차이가 증가하였으나 이연법인세자산으로 인식하지 않은 금액
- 이연법인세자산 감액 효과 : 종전에 인식한 이연법인세자산 중 향후 과세소득이 감소할 것으로 예상하여 감액한 금액

⑥ 과거 기간의 당기법인세액에 대한 조정 효과

- 회계기간 중에 발생한 법인세추납액과 법인세환급액을 의미합니다.

⑦ 당기손익으로 인식된 법인세비용

- 양식에 따라 계산된 내용을 합산하여 구한 값으로서 손익계산서에 표시된 법인세비용과 일치합니다.

⑧ 유효세율

- 법인세비용을 법인세비용차감전순이익으로 나눈 비율
- 법인세비용이나 법인세비용차감전순이익이 부(負)의 금액이면 표시하지 않습니다.

▶▶ 누적일시적차이와 이연법인세자산(부채)의 증감내역

누적일시적차이와 이연법인세자산(부채)의 증감내역은 회계기간 중 일시적차이와 그로 인한 법인세효과의 변동 내역을 보여주는 양식입니다. 먼저 일시적차이로 발생한 법인세효과를 총액으로 보여주고, 미인식되거나 감액된 이연법인세자산이 있는 경우에는 총액에서 차감 표시합니다.

계정과목	누적일시적차이			이연법인세자산(부채)		
	기초	증감	기말	기초	증감	기말
재고자산						
매출채권						
…						
세무상 결손금						
합계						
이월세액공제						
차감 : 미인식된 이연법인세자산						
차감 : 감액된 이연법인세자산						
이연법인세자산						

▶▶ 자본에 대한 법인세비용 내역

법인세비용 중 법인세 기간 배분에 따라 자본 항목에서 직접 가감된 금액을 표시하는 양식으로서, 해당 자본항목과 자본에 대한 법인세비용을 보여줍니다.

구분	금액		법인세효과	
	기초	기말	기초	기말
금융자산평가이익				
해외사업환산손익				

구분	금액		법인세효과	
	기초	기말	기초	기말
…				
합 계				

▶▶ 세무상 결손금

세무상 결손금의 회계기간 중 증감내역과 결산일 현재의 법인세효과를 나타내는 양식입니다.

구분	기초	발생	사용	소멸	기말	법인세효과
2000년 발생						
2002년 발생						
…						
합 계						

▶▶ 이연법인세자산의 자산성 검토

가산할 일시적차이와 과세소득의 범위 내에서 이연법인세자산을 인식하였는지를 보여주고 있는 양식입니다. 자세한 내용은 〈제4절〉에서 살펴봅니다.

구분	2001년	2002년	2003년	2004년
가산할 일시적차이 소멸액 합계				
세무조정사항 반영 전 예상 과세소득				
합계				
차감할 일시적차이(유보)의 소멸액				
세무상 결손금의 소멸액				

▶▶ 이연법인세자산(부채)의 장 · 단기 구분

아래의 양식은 결산일 현재 이연법인세자산(부채)의 장 · 단기를 구분한 것입니다. 일반기업회계기준에서는 유동성을 반영하여 재무상태표에 계정을 표시하고 있으므로, K-IFRS에서만 공시하고 있는 사항입니다.

구분	당기	전기
유동성		
비유동성		
합 계		

사례 01 이연법인세 계산

1. 2002년 법인세부담액 계산내역

① 법인세비용차감전순이익		1,000,000
② 영구적차이		
접대비한도초과액	70,000	
비과세이자소득	(50,000)	20,000
③ 일시적차이		
재고자산평가손실	100,000	
대손상각비	200,000	
퇴직급여부채	200,000	
미수이자	(80,000)	
감가상각비 한도초과 조정액	(60,000)	
기술개발준비금전입액	(120,000)	240,000
④ 과세소득(법인세 과세표준)		1,260,000
⑤ 법인세율(30%)		30%
⑥ 법인세부담액		378,000

2. 2002년 유보사항의 변동내역

구분	기초	변동	기말
재고자산평가손실	50,000	100,000	150,000
대손상각비	300,000	200,000	500,000
퇴직급여부채	100,000	200,000	300,000
미수이자	(10,000)	(80,000)	(90,000)
감가상각비 한도초과 조정액	200,000	(60,000)	140,000
기술개발준비금전입액	(300,000)	(120,000)	(420,000)
합 계	340,000	240,000	580,000

3. 기타

① 2001년 재무상태표에 102,000원의 이연법인세자산이 표시됨.

② 2002년에 계상한 유보가 2003년 중에 모두 실현될 것으로 예상하고 있음.

③ 2001년과 2002년 중 법인세부담세율은 30%이며, 2002년 이후에도 변동이 없을 것으로 예상됨.

④ 이연법인세자산을 계상할 수 있을 만큼 향후 충분한 과세소득이 발생할 것으로 예상됨.

요구사항 ▼

1. 2002년 재무제표에 표시될 법인세비용을 계산하시오.
2. 2003년부터 적용될 법인세율이 20%일 경우 법인세비용을 계산하시오.
3. 주석정보를 표시하시오.

해설

1. 이연법인세의 계산

구분	유보		이연법인세자산(부채)	
	기초	기말	기초	기말
재고자산평가손실	50,000	150,000	15,000	45,000
대손상각비	300,000	500,000	90,000	150,000
퇴직급여부채	100,000	300,000	30,000	90,000
미수이자	(10,000)	(90,000)	(3,000)	(27,000)
감가상각비 한도초과 조정액	200,000	140,000	60,000	42,000
기술개발준비금전입액	(300,000)	(420,000)	(90,000)	(126,000)
합 계	340,000	580,000	102,000	174,000

① 2002년 재무제표에 표시될 이연법인세자산=580,000원×30%=174,000원

② 이연법인세자산(부채)의 변동액=당기말 이연법인세자산－전기말 이연법인세자산
=174,000원－102,000원=72,000원

③ 총법인세비용=법인세부담세액+이연법인세변동액
=378,000원－72,000원=306,000원

④ 회계처리

(차변) 법인세비용	378,000	(대변) 현금	378,000
이연법인세자산	72,000	이연법인세자산	72,000

2. 세율변동 시 이연법인세 계산

구분	유보		이연법인세자산(부채)	
	기초	기말	기초	기말
재고자산평가손실	50,000	150,000	15,000	30,000
대손상각비	300,000	500,000	90,000	100,000
퇴직급여부채	100,000	300,000	30,000	60,000

구분	유보		이연법인세자산(부채)	
	기초	기말	기초	기말
미수이자	(10,000)	(90,000)	(3,000)	(18,000)
감가상각비 한도초과 조정액	200,000	140,000	60,000	28,000
기술개발준비금전입액	(300,000)	(420,000)	(90,000)	(84,000)
합 계	340,000	580,000	102,000	116,000

① 2002년 재무제표에 표시될 이연법인세자산=580,000원×20%=116,000원

② 이연법인세자산(부채)의 변동액=116,000원−102,000원=14,000원

③ 총법인세비용=당기법인세+이연법인세

=378,000원−14,000원=364,000원

④ 회계처리

(차변) 법인세비용	378,000	(대변) 현금	378,000
이연법인세자산	14,000	법인세비용	14,000

3. 주석정보

① 법인세의 구성내역

구분	Case 1	Case 2
당기법인세 부담액	378,000	378,000
이연법인세비용	(72,000)	(14,000)
자본에 반영된 법인세비용	−	−
법인세비용(P/L)	306,000	364,000

② 회계이익과 법인세비용의 관계

구분	Case 1	Case 2
법인세비용차감전순이익	1,000,000	1,000,000
적용세율에 따른 법인세비용	300,000	300,000
조정사항	−	−
비공제 수익 · 비용 효과	6,000	6,000
세액공제 및 감면효과	−	−
세율변동효과	−	58,000
과거기간의 당기법인세액에 대한 조정 효과	−	−
당기손익으로 인식된 법인세비용	306,000	364,000
평균유효세율(법인세비용÷법인세비용차감전순이익)	31%	36%

③ 누적일시적차이와 이연법인세자산(부채)의 증감내역(Case 1)

계정과목	누적일시적차이			이연법인세자산(부채)	
	기초	증감액	기말	기초	기말
재고자산평가손실	50,000	100,000	150,000	15,000	45,000
대손상각비	300,000	200,000	500,000	90,000	150,000
퇴직급여부채	100,000	200,000	300,000	30,000	90,000
미수이자	(10,000)	(80,000)	(90,000)	(3,000)	(27,000)
유형자산	200,000	(60,000)	140,000	60,000	42,000
기술개발준비금	(300,000)	(120,000)	(420,000)	(90,000)	(126,000)
합 계	340,000	240,000	580,000	102,000	174,000

④ 이연법인세자산의 유동성 분류(Case 1)

구분	당기	전기
유동성	168,000	102,000
비유동성	6,000	–
합 계	174,000	102,000

본 사례를 통해 검토한 내용은 다음과 같습니다.

▶ 법인세비용의 계산 구조

- 법인세비용＝당기법인세±이연법인세
- 이연법인세＝기말이연법인세자산(부채)－기초이연법인세자산(부채)
- 기말이연법인세자산＝일시적차이×세율＝580,000원×30%＝174,000원
- 법인세비용＝378,000원－(174,000원－102,000원)＝306,000원

▶ 회계처리(Case 1)

- K-IFRS는 이연법인세자산(부채)을 비유동성으로 처리하며, 유동성분류에 관한 정보를 주석으로 공시합니다.
- 회계처리(K-IFRS)

(차변)	이연법인세자산	72,000	(대변) 현금(당기법인세부채)	308,000
	법인세비용	306,000		

- 일반기업회계기준은 일시적차이가 관련되어 있는 자산과 부채가 유동성인지 비유동성인지 여부에 따라 유동성분류를 실시합니다. 세무상 결손금 등 계정과목이 불분명

한 경우에는 동 일시적차이의 소멸시기에 따라 구분합니다.

• 회계처리(일반기업회계기준)

(차변)			(대변)	
	유동성이연법인세자산	66,000	현금(당기법인세부채)	308,000
	비유동성이연법인세자산	6,000		
	법인세비용	306,000		

▶ 적용 세율

• 일시적차이가 법인세부담액에 영향을 미치는 시기는 결산 시점이 아니라 일시적차이가 소멸되는 미래시점입니다.

• 일시적차이가 소멸되는 시점의 세율을 적용하여 이연법인세자산(부채)를 계산합니다.

▶ 주석정보

① 영구적차이가 없고 세율변동이 없을 경우, 법인세비용차감전순이익에 세율을 곱한 금액과 법인세비용은 일치합니다.

② 세율변동효과＝580,000원×20%－102,000원＝58,000원

(4) 세무조정 등의 자료 검토

당기 세무조정 사항의 분석절차는 법인세비용차감전순이익에서 출발하여 과세소득을 산출하기까지의 세무조정 사항을 일목요연하게 파악하여 정리하는 단계입니다. 이 절차는 당기법인세를 계산하는 기초자료로 활용될 뿐만 아니라 영구적차이와 일시적차이의 구분을 통하여 이연법인세를 계산하는 데 있어서도 반드시 필요합니다.

당기법인세를 파악하는 데 필요한 주요 서식은 다음과 같습니다.

① 법인세법 시행규칙 별지 제3호 서식 '법인세 과세표준 및 세액조정계산서'

② 별지 제15호 서식 '소득금액조정합계표' 및 동 부표

③ 별지 제50호 서식 '자본금과 적립금조정명세서' 갑과 을

세무조정이 완료되면 먼저 별지 제15호 서식의 소득금액 조정 내역 중 일시적차이와 영구적차이를 구분하게 됩니다. 유보와 관련된 일시적차이는 제50호 서식(을)에 정리됩니다. 이연법인세 검토 시 당해 사업연도까지 누적되어 온 일시적차이의 해소(소멸) 시기를 합리적으로 예측해야 합니다.

이월결손금과 이월세액공제는 만기에 유의해야 합니다. 관련 자료는 별지 제50호 서식(갑)과 별지 제8호 서식에 기재되어 있습니다.

제 3 절 법인세비용 기간 배분

1. 법인세 기간 배분 : 기간 간 배분

법인세비용의 기간 배분은 다음과 같이 구분됩니다.

① 법인세 기간 간 배분 : 일시적차이에 대한 법인세효과를 여러 회계기간에 걸쳐 배분

② 법인세 기간 내 배분 : 특정 회계기간에 발생한 총법인세비용을 발생원천에 따라 손익과 자본으로 배분

앞서 이연법인세를 계산할 때 회계기간 말에 인식된 일시적차이에 적용할 세율은 현행 세율이 아니라 일시적차이가 법인세부담액에 영향을 미칠 시점의 세율임을 강조했습니다. 세율이 변경되면 법인세 기간 간 배분 이슈가 발생하는데, 다음 예제로 살펴보겠습니다.

예제 08 법인세 기간 간 배분

- 2000년 말 현재 차감할 일시적차이는 대손충당금 30,000원임.
- 2000년 말 이연법인세 계산 시 적용된 세율은 30%임.
- 2001년 말 현재 차감할 일시적차이는 대손충당금은 40,000원임.
- 향후 예상되는 세율과 대손충당금의 소멸시기는 다음과 같음.

구분	2002년	2003년	2004년	2005년
대손충당금	12,000	15,000	10,000	3,000
세율	30%	30%	40%	40%

요구사항 ▼

1. 세율이 변경되지 않았음을 가정하고 2001년 재무제표 계상될 이연법인세자산을 계산하시오.
2. 변경된 세율에 따라 2001년 재무제표 계상될 이연법인세자산을 계산하시오.
3. 2001년에 발생한 세율변동차액을 계산하시오.

세율이 변경되지 않았다면, 2001년에 이연법인세자산은 12,000원(=40,000원×30%)입니다. 그러나 세율이 변경될 것으로 예상되므로 이연법인세자산은 13,300원(=12,000원×30%+15,000원×30%+10,000원×40%+3,000원×40%)으로 계상됩니다. 세율변동으로 이연법인세자산이 1,300원만큼 증가했습니다.

세율이 변동된 경우에는 세율변동효과를 주석사항으로 기재하도록 되어 있는데, 세율변동효과는 세율변동으로 인한 법인세효과의 차이입니다.

사례 02 결손금 및 세액공제와 기간 배분

1. 법인세부담액 계산내역

① 법인세비용차감전순이익		(500,000)
② 영구적차이		
접대비한도초과액	70,000	
비과세이자소득	(50,000)	20,000
③ 일시적차이		
재고자산평가손실	100,000	
대손상각비	200,000	
퇴직급여부채	200,000	
미수이자	(80,000)	
감가상각비 한도초과 조정액	(60,000)	
기술개발준비금전입액	–	360,000
④ 과세소득(법인세 과세표준)		(120,000)
⑤ 법인세율(30%)		30%
⑥ 법인세부담액		–

2. 2002년 유보사항의 변동내역

구분	기초	변동	기말
재고자산평가손실	50,000	100,000	150,000
대손상각비	300,000	200,000	500,000
퇴직급여부채	100,000	200,000	300,000
미수이자	(10,000)	(80,000)	(90,000)
감가상각비 한도초과 조정액	200,000	(60,000)	140,000
기술개발준비금전입액	(300,000)	–	(300,000)
합 계	340,000	360,000	700,000

3. 이월결손금

① 2000년에 발생하여 이월된 결손금은 200,000원이며, 2010년 중에 공제기간이 만료됨.

② 2002년에 발생한 결손금은 120,000원이며, 2012년 중에 공제기간이 만료됨.

4. 세액공제

① 2001년 말 현재 공제받지 못한 이월세액이 5,000원 있음.

② 회계기간 중 세액공제액이 2,000원만큼 발생하였으나 결손으로 인하여 공제 혜택을 받지 못함.

③ 세액공제를 받을 경우 공제액의 20%를 농어촌특별세로 납부해야 함.

5. 기타

① 2001년 재무상태표에 166,000원의 이연법인세자산이 표시됨.

② 2002년에 계상한 유보가 2003년 중에 모두 실현될 것으로 예상하고 있음.

③ 2001년과 2002년 중 법인세부담세율은 30%이며, 2002년 이후에도 변동이 없을 것으로 예상됨.

④ 이연법인세자산을 계상할 수 있을 만큼 향후 충분한 과세소득이 발생할 것으로 예상됨.

⑤ 2002년 세무조사를 통하여 법인세 25,000원을 납부함.

요구사항 ▼

1. 2002년 재무제표에 표시될 법인세비용을 계산하시오.
2. 일시적차이의 소멸시기와 과세소득 추정내역이 다음과 같을 때, 법인세비용을 계산하시오. (단, 2005년부터 법인세율은 20%로 변경될 예정임.)

구분	2003년	2004년	2005년	2006년	2007년	합 계
재고자산평가손실	(40,000)	(10,000)	(100,000)	–	–	(150,000)
대손상각비	(100,000)	(100,000)	(200,000)	(100,000)	–	(500,000)
퇴직급여부채	(50,000)	(50,000)	(50,000)	(50,000)	(100,000)	(300,000)
미수이자	90,000	–	–	–	–	90,000
감가상각비 한도초과 조정액	(60,000)	(60,000)	(20,000)			(140,000)
기술개발준비금전입액	–	–	100,000	100,000	100,000	300,000
소 계	(160,000)	(220,000)	(270,000)	(50,000)	–	(700,000)
세무조정사항 반영 전 예상 과세소득	800,000	800,000	1,200,000	350,000	750,000	3,900,000
이월세액공제	2,000	2,000	3,000	–	–	7,000

3. 주석정보를 표시하시오.

해설

1. 이연법인세자산(부채)의 계산

구분	일시적차이		이연법인세자산(부채)	
	기초	기말	기초	기말
재고자산평가손실	50,000	150,000	15,000	45,000
대손상각비	300,000	500,000	90,000	150,000
퇴직급여부채	100,000	300,000	30,000	90,000

구분	일시적차이		이연법인세자산(부채)	
	기초	기말	기초	기말
미수이자	(10,000)	(90,000)	(3,000)	(27,000)
감가상각비 한도초과 조정액	200,000	140,000	60,000	42,000
기술개발준비금전입액	(300,000)	(300,000)	(90,000)	(90,000)
이월결손금	200,000	320,000	60,000	96,000
이월세액공제	5,000	7,000	4,000	5,600
합 계			166,000	311,600

① 2002년 재무제표에 표시될 이연법인세자산=311,600원

② 이연법인세자산(부채)의 변동액=311,600원－166,000원=145,600원

③ 총법인세비용=당기법인세+이연법인세=25,000원－145,600원=(120,600)원(수익)

④ 회계처리

(차변)	법인세비용	25,000	(대변)	현금	25,000
	이연법인세자산	145,600		법인세비용	145,600

2. 이연법인세자산(부채)의 계산

구분	2003년	2004년	2005년	2006년	2007년	합 계
소멸되는 유보	(160,000)	(220,000)	(270,000)	(50,000)	-	(700,000)
공제되는 결손금	(320,000)	-	-	-	-	(320,000)
합 계	(480,000)	(220,000)	(270,000)	(50,000)	-	(1,020,000)
예상세율	30%	30%	20%	20%	20%	
유보 및 결손금 관련 이연법인세자산	144,000	66,000	54,000	10,000	–	274,000
이월세액공제 관련 이연법인세자산	1,600	1,600	2,400	–	–	5,600
이연법인세자산 합계	145,600	67,600	56,400	10,000	–	279,600

① 2002년 재무제표에 표시될 이연법인세자산=279,600원

② 이연법인세자산(부채)의 변동액=279,600원－166,000원=113,600원

③ 총법인세비용=당기법인세+이연법인세=25,000원－113,600원=(88,600원)(수익)

④ 회계처리

(차변)	법인세비용	25,000	(대변)	현금	25,000
	이연법인세자산	113,600		법인세비용	113,600

3. 주석정보

① 법인세의 구성내역

구분	Case 1	Case 2
당기법인세	–	–
법인세추납액	25,000	25,000
이연법인세비용	(145,600)	(113,600)
자본에 반영된 법인세비용	–	–
법인세비용(P/L)	(120,600)	(88,600)

② 회계이익과 법인세비용의 관계

구분	Case 1	Case 2
법인세비용차감전순이익	(500,000)	(500,000)
적용세율에 따른 법인세비용	(150,000)	(150,000)
조정사항		
비공제 수익 · 비용 효과	6,000	6,000
세액공제 및 감면효과	(1,600)	(1,600)
세율변동효과	–	32,000
과거기간의 당기법인세액에 대한 조정 효과	25,000	25,000
당기손익으로 인식된 법인세비용	(120,600)	(88,600)
평균유효세율(법인세비용÷법인세비용차감전순이익)	(*)	(*)

(*) 세전이익이 부(負)의 금액이므로 평균유효세율은 산정하지 아니함.

③ 누적일시적차이와 이연법인세자산(부채)의 증감내역(Case 1)

계정과목	누적일시적차이			이연법인세자산(부채)	
	기초	증감액	기말	기초	기말
재고자산평가손실	50,000	100,000	150,000	15,000	45,000
대손상각비	300,000	200,000	500,000	90,000	150,000
퇴직급여부채	100,000	200,000	300,000	30,000	90,000
미수이자	(10,000)	(80,000)	(90,000)	(3,000)	(27,000)
유형자산	200,000	(60,000)	140,000	60,000	42,000
기술개발준비금전입액	(300,000)	–	(300,000)	(90,000)	(90,000)
세무상결손금	200,000	120,000	320,000	60,000	96,000

계정과목	누적일시적차이			이연법인세자산(부채)	
	기초	증감액	기말	기초	기말
소 계	540,000	480,000	1,020,000	162,000	306,000
이월세액공제	5,000	2,000	7,000	4,000	5,600
합 계				166,000	311,600

④ 세무상결손금의 증감(Case 1)

구분	기초	당기발생	당기소멸	기말	법인세효과
2000년 발생	200,000	–	–	200,000	60,000
2002년 발생	–	120,000	–	120,000	36,000
합 계	200,000	120,000	–	320,000	96,000

⑤ 자산성 검토

구분	2003년	2004년	2005년	2006년	2007년
가산할 일시적차이 소멸액 소계	90,000	–	100,000	100,000	100,000
세무조정사항 반영 전 예상 과세소득	800,000	800,000	1,200,000	350,000	750,000
합 계	890,000	800,000	1,300,000	450,000	850,000
유보와 세무상 결손금 소멸액 소계	(480,000)	(220,000)	(270,000)	(50,000)	–
이월세액공제 소멸액 소계	(2,000)	(2,000)	(3,000)	–	–

세무조정사항 반영 전 예상 과세소득과 가산할 일시적차이의 합계액이 차감할 일시적차이를 초과하므로 이연법인세자산을 전액 인식하였습니다.

⑥ 이연법인세자산(부채)의 유동성 표시는 생략함.

본 사례를 통해 검토한 내용은 다음과 같습니다.

▶ 일시적차이의 대상

- 가산할 일시적차이의 대상 : △유보
- 차감할 일시적차이의 대상 : 유보, 세무상 결손금 및 이월세액공제

▶ 법인세효과

- 유보와 세무상 결손금에 대한 법인세효과=일시적차이×세율
- 유보와 세무상 결손금에 대하여 적용할 세율은 일시적차이가 소멸되는 시점에 적용될 것으로 예상되는 세율입니다.
- 이월공제세액에 대한 법인세효과=일시적차이×(1－부담세율)

▶ 법인세 기간 간 배분

- 법인세 기간 간 배분은 적용세율이 변동되거나, 이연법인세자산에 대한 자산성 이슈가 있을 경우 반드시 수행되어야 합니다.
- 세율변동효과 = 소멸시기별 일시적차이 × 소멸시기별 적용세율
  − 일시적차이의 합계 × 종전 세율
  = (530,000원 × 30% + 490,000원 × 20%) − 1,020,000원 × 20%
  = 49,000원
- 이월세액공제의 경우 부가되는 세율이 변동되지 않는다면 세율변동효과가 없습니다.

▶ 회계이익과 법인세비용의 관계(주석정보)

- 법인세차감전순이익이 부(負)의 금액이더라도 세율을 곱하여 법인세비용을 계산합니다.
- 비공제수익비용은 손익에 관한 영구적차이에 적용세율을 곱한 금액입니다.
- 세액공제효과는 공제받았거나 향후 공제받을 것으로 예상되는 금액으로서, 세액공제 금액에서 추가적인 부담세액을 차감하여 계산합니다.
- 과거기간의 당기법인세액에 대한 조정 효과는 법인세추납액이나 법인세환급액을 의미합니다.
- 법인세차감전순이익이나 법인세비용이 부(負)의 금액인 경우 유효세율은 산정하지 않습니다.

▶ 이연법인세자산 자산성검토

- 이연법인세자산에 대한 자산성검토 절차는 본 절의 3.에서 살펴봅니다.

2. 법인세 기간 배분 : 기간 내 배분

법인세 기간 내 배분

- 법인세 기간 배분
  - 총법인세비용 = 당기손익에 대한 법인세 + 자본손익에 대한 법인세
  - 배분 결과
- 회계처리 Practice

총법인세비용	당기법인세	이연법인세
자본 법인세비용	자본 당기법인세	자본 이연법인세
법인세비용(P/L)	손익 당기법인세	손익 이연법인세

  - 1단계 : 총법인세비용을 손익법인세로 회계처리(PL로 먼저 인식)
  - 2단계 : 자본 법인세를 파악하여 오류 수정 처리(PL 중 일부를 자본으로 대체)

법인세 기간 배분 시 주의할 사항은 다음과 같습니다.

① 자본에 대한 법인세 항목은 많지 않기 때문에, 총법인세비용에서 자본에 대한 법인세를 차감하여 손익에 대한 법인세비용을 계산합니다.

② 자본에 대한 법인세비용은 별도의 계정으로 계상하지 않고, 자본에 대한 법인세효과를 야기하는 해당 계정에서 직접 가감합니다. 예를 들어 자기주식처분이익이 법인세비용이 발생할 경우, 별도의 계정을 사용하지 않고 자기주식처분이익을 차감합니다.

(1) 자본에 대한 이연법인세

다음 예제로 법인세 기간 배분 과정을 살펴봅시다.

예제 09 자본법인세(이연법인세)

- 당기법인세는 1,000원임.
- 회계기간 중 금융자산평가이익이 1,000원 발생하여, 손금산입(유보) 1,000원 및 익금산입(기타) 1,000원의 세무조정이 이루어짐.
- 적용세율은 30%임.
- 당기와 전기의 일시적차이는 다음과 같음

구분	당기말	전기말
가산할 일시적차이(유보)	(1,000)	–
차감할 일시적차이(유보)	3,000	3,000
합 계	1,500	3,000

요구사항 ▼ 손익계산서에 표시될 법인세비용을 계산하시오.

총법인세비용의 계산절차는 다음과 같습니다.

① 총법인세비용 = 당기법인세 ± 이연법인세
= 1,000원 − (1,500원 × 30% − 3,000원 × 30%) = 1,450원

총법인세비용은 법인세기간 배분 과정을 거쳐 당기손익에 대한 법인세와 자본손익에 대한 법인세로 구분됩니다.

② 자본손익에 대한 법인세비용 = 1,000원 × 30% = 300원

③ 당기손익에 대한 법인세비용(PL) = 1,450원 − 300원 = 1,150원

실무상 총법인세를 손익에 대한 법인세비용으로 인식하고, 자본에 대한 법인세가 발견되면 오류수정하듯이 조정합니다. 구체적으로 살펴보겠습니다.

먼저 당기법인세와 이연법인세 전액, 즉 총법인세비용이 당기손익으로 발생한 것처럼 회계처리합니다.

(차변)	법인세비용	1,000	(대변)	현금	1,000
	법인세비용	450		이연법인세자산	450

자본에 대한 법인세비용은 해당 계정과목에서 직접 인식합니다. 따라서 금융자산평가이익(기타포괄손익)이라는 계정 자체를 감소시키면서, 손익에 대한 법인세비용을 조정합니다. 총법인세비용을 모두 당기손익으로 인식한 후 오류를 수정하는 형식입니다.

(차변)	금융자산평가이익	300	(대변)	법인세비용	300

지금까지의 과정을 표로 정리하면 다음과 같습니다.

구분	합 계	당기법인세	이연법인세
총법인세	1,450	1,000	450
자본 법인세	(300)	–	(300)
손익 법인세	1,750	1,000	750

따라서, 손익계산서에 표시될 법인세비용은 1,750원이며, 재무상태표상 기타포괄이익은 700원(=1,000원–300원)입니다.

자본에 대한 법인세비용 대상으로는 금융자산평가손익, 파생상품평가손익, 재평가손익 및 자기주식처분손익 등을 예로 들 수 있습니다.

실무에서 빈번하게 발생하는 보험수리적손익에 대해 살펴보겠습니다. K-IFRS에서의 확정급여채무는 결산일 현재 모든 임직원이 미래에 퇴사할 경우에 지급하게 될 퇴직금을 현재가치로 계산하여 재무제표에 계상되는데 이 과정에서 이직률, 임금상승율 및 할인율 등 여러 가지 보험수리적 가정이 사용됩니다. 이때 보험수리적 가정으로 발생한 퇴직급여는 기타포괄손익으로 인식하는데, 자세한 내용은 〈제8장〉〈제3절〉에서 설명합니다. 확정급여채무에 관한 회계처리를 예시하면 다음과 같습니다.

(차변)	퇴직급여	6,000	(대변)	확정급여채무	6,800
	보험수리적손실	800			
(차변)	이익잉여금	800	(대변)	보험수리적손실	800

예제 10 자본법인세(이연법인세)

- 회계기간 중 인식한 당기순이익은 10,000원임.
- 세무조정을 통하여 퇴직급여과 보험수리적손실은 각각 1,000원과 800원씩 부인됨.
- 과세소득은 11,800원으로 계산되어 법인세납부액이 계산됨.
- 적용세율은 30%로서 변동이 없음.

요구사항 ▼ 보험수리적손실이 이익잉여금이 상계될 경우 법인세 회계처리를 예시하시오.

확정급여채무에 대한 회계상 금액과 세무기준액의 차이는 1,800원이므로 540원(=1,800원×30%)만큼의 이연법인세자산이 증가합니다.

(차변)	이연법인세자산	540	(대변)	법인세비용	540

이후 보험수리적손익(자본손익)에 대한 법인세 기간 배분을 실시합니다.

(차변)	법인세비용	240	(대변)	보험수리적손실	240

법인세 인식 후 남은 보험수리적손익 560원(=800원−240원)은 이익잉여금과 상계합니다.

(차변)	보험수리적손실	560	(대변)	이익잉여금	560

(2) 자본에 대한 당기법인세

자본에 대한 법인세는 이연법인세뿐만 아니라 당기법인세에서도 발생합니다. 다음 예제를 통해 살펴봅시다.

예제 11 자본법인세(당기법인세)

- 회계기간 중 인식한 당기순이익은 10,000원임.
- 세무조정을 통하여 퇴직급여과 보험수리적손실은 각각 1,000원과 800원씩 부인됨.
- 과세소득은 11,800원으로 계산되어 법인세납부액이 계산됨.
- 적용세율은 30%로서 변동이 없음.

요구사항 ▼ 재무제표에 표시될 법인세비용과 자기주식처분이익을 계산하시오.

자기주식처분과 법인세 납부 시점에 이루어질 회계처리는 다음과 같습니다.

(차변)	현금	15,000	(대변)	자기주식	10,000
				자기주식처분이익	5,000

당기법인세에 대한 회계처리는 다음과 같습니다(1단계 : PL로 인식).

(차변) 법인세비용 6,000 (대변) 현금 6,000

법인세부담액 6,000원에는 자기주식처분이익으로 발생한 1,500원(=5,000원×30%)이 포함되어 있습니다. 따라서 법인세비용의 기간 배분을 통하여 자본에 대한 법인세와 손익에 대한 법인세로 구분해야 합니다.
자본에 대한 법인세 회계처리는 다음과 같습니다(2단계 : 오류수정).

(차변) 자기주식처분이익 1,500 (대변) 법인세비용 1,500

이를 표로 정리하면 다음과 같습니다.

구분	합계	당기법인세	이연법인세
총법인세	6,000	6,000	–
자본 법인세	–	1,500	–
손익 법인세	4,500	4,500	–

따라서, 손익계산서에 표시될 법인세비용은 4,500원이며, 재무상태표상 자본잉여금(자기주식처분이익)은 3,500원(=5,000원−1,500원)입니다.

법인세 기간 배분을 반영한 법인세비용 계산절차는 다음과 같습니다.

법인세비용 계산절차

① 총법인세비용=당기법인세 ± 이연법인세
- 당기법인세=세무조정+추납액−환급액
- 이연법인세의 변동=기말이연법인세−기초이연법인세

② 자본에 대한 법인세비용 배분(법인세 기간 내 배분)

③ 회계처리 Practice
- 1단계 : 총법인세비용을 PL로 먼저 인식
- 2단계 : 자본에 대한 법인세비용을 파악하여 오류 수정(PL 중 일부를 자본으로 대체)

사례 03 법인세 기간 배분

1. P사의 법인세부담세액 계산내역

① 법인세비용차감전순이익		1,000,000
② 영구적차이		
금융자산평가이익	70,000	
자기주식처분손실	(50,000)	20,000
③ 일시적차이		
재고자산평가손실	100,000	
대손상각비	200,000	
퇴직급여부채	200,000	
금융자산평가이익	(70,000)	
감가상각비 한도초과 조정액	(60,000)	
기술개발준비금전입액	(120,000)	250,000
④ 과세소득(법인세 과세표준)		1,270,000
⑤ 법인세율(30%)		30%
⑥ 법인세부담액		381,000

2. 2002년 유보사항의 변동내역

구분	기초	변동	기말
재고자산평가손실	50,000	100,000	150,000
대손상각비	300,000	200,000	500,000
퇴직급여부채	100,000	200,000	300,000
금융자산평가이익	–	(70,000)	(70,000)
감가상각비 한도초과 조정액	200,000	(60,000)	140,000
기술개발준비금전입액	(300,000)	(120,000)	(420,000)
합 계	350,000	250,000	600,000

3. 기타

① 2001년 재무상태표에 105,000원의 이연법인세자산이 표시됨.

② 2002년 중에 취득한 금융자산에 대하여 70,000원의 평가이익을 인식함.

③ 2002년 중 자기주식을 처분하는 과정에서 자본손실 50,000원을 인식함.

④ 이연법인세자산을 계상할 수 있을 만큼 향후 충분한 과세소득이 발생할 것으로 예상됨.

⑤ 2001년과 2002년 중 법인세부담세율은 30%이며, 2002년 이후에도 변동이 없을 것으로 예상됨.

요구사항 ▼

1. 2002년 재무제표에 표시될 법인세비용을 계산하시오.
2. 주석정보를 표시하시오.

해설

1. 이연법인세자산(부채)의 계산

구분	유보		이연법인세자산(부채)	
	기초	기말	기초	기말
재고자산평가손실	50,000	150,000	15,000	45,000
대손상각비	300,000	500,000	90,000	150,000
퇴직급여부채	100,000	300,000	30,000	90,000
금융자산평가이익	–	(70,000)	–	(21,000)
감가상각비 한도초과 조정액	200,000	140,000	60,000	42,000
기술개발준비금전입액	(300,000)	(420,000)	(90,000)	(126,000)
합 계	350,000	600,000	105,000	180,000

① 2002년 재무제표에 표시될 이연법인세자산=180,000원

② 이연법인세사산(부채)의 변동액=180,000원−105,000원=75,000원

③ 총법인세비용=당기법인세+이연법인세=381,000원−75,000원=306,000원

(차변)	법인세비용	381,000	(대변) 당기법인세부채	381,000
	이연법인세자산	75,000	법인세비용	75,000

④ 법인세비용의 배분

- 자기주식처분손실에 배분할 금액=(50,000)원 × 30%=(15,000)원
- 금융자산평가손익에 배분할 금액=70,000원 × 30%=21,000원

(차변)	법인세비용	15,000	(대변) 자기주식처분손실	15,000
	금융자산평가이익	21,000	법인세비용	21,000

⑤ 재무상태표 표시

- 금융자산평가이익=70,000원−21,000원=49,000원
- 자기주식처분손실=50,000원−15,000원=35,000원

2. 주석정보

① 법인세의 구성내역

구분	금액
당기법인세	381,000
이연법인세비용	(75,000)
자본에 반영된 법인세비용	(6,000)
법인세비용(P/L)	300,000

② 회계이익과 법인세비용의 관계

구분	금액
법인세비용차감전순이익	1,000,000
적용세율에 따른 법인세비용	300,000
조정사항	
비공제 수익 · 비용 효과	–
세액공제 및 감면효과	–
세율변동효과	–
과거기간의 당기법인세액에 대한 조정 효과	–
당기손익으로 인식된 법인세비용	300,000
평균유효세율(법인세비용÷법인세비용차감전순이익)	30%

③ 누적일시적차이와 이연법인세자산(부채)의 증감내역

계정과목	누적일시적차이			이연법인세자산(부채)	
	기초	증감액	기말	기초	기말
재고자산평가손실	50,000	100,000	150,000	15,000	45,000
대손상각비	300,000	200,000	500,000	90,000	150,000
퇴직급여부채	100,000	200,000	300,000	30,000	90,000
금융자산평가이익	–	(70,000)	(70,000)	–	(21,000)
감가상각비 한도초과 조정액	200,000	(60,000)	140,000	60,000	42,000
기술개발준비금전입액	(300,000)	(120,000)	(420,000)	(90,000)	(126,000)
합 계	350,000	250,000	600,000	105,000	180,000

④ 자본에 대한 법인세비용 내역

구분	금액	법인세효과	재무제표
자기주식처분손실	(50,000)	(15,000)	(35,000)
금융자산평가이익	70,000	21,000	49,000

⑤ 이연법인세자산(부채)의 유동성 표시는 생략함.

본 사례를 통해 검토한 내용은 다음과 같습니다.

▶ 법인세비용의 기간 내 배분

- 총법인세비용을 계산한 후 그 중 일부를 자본에 대한 법인세로 대체합니다.
- 자본에 대한 법인세비용은 별도 계정으로 인식하지 않고, 해당 자본 계정에서 직접 가감합니다.
- 사례에서는 총법인세비용 중 자본에 대한 법인세 15,000원과 21,000원은 각각 자기주식처분손실과 금융자산평가이익으로 대체됩니다.
- 법인세비용 기간 배분 과정을 표로 정리하면 다음과 같습니다.

구분	총법인세	당기법인세	이연법인세
법인세	306,000	381,000	(75,000)
자본 법인세	6,000	(15,000)	21,000
손익 법인세	300,000	396,000	(96,000)

▶ 재무제표에 계상되는 자본계정

- 금융자산평가이익과 자기주식처분손실은 자본에 대한 법인세비용이 차감된 잔액만 재무상태표에 표시됩니다.

▶ 회계이익과 법인세비용의 관계(주석)

- 비공제수익비용에 대한 조정은 당기손익에 대한 영구적차이만 대상으로 합니다. 본 사례에서 영구적차이는 전액 자본손익에 관한 것이므로 비공제수익비용에 대한 조정 사항은 발생하지 않습니다.

(3) 중단영업손익에 대한 법인세 배분

중단영업이 존재하면 중단영업손익과 계속영업손익을 별도로 구분하게 됩니다. 이에 따라 법인세효과도 그에 따라 각각 구분해야 하는데, 그 절차는 다음과 같습니다.

① 총법인세비용＝당기법인세＋이연법인세

② 자본에 대한 법인세비용 배분

③ 중단영업손익에 대한 법인세비용 배분

④ 계속영업손익에 대한 법인세비용＝총법인세비용－자본에 대한 법인세비용
－중단영업손익에 대한 법인세비용

예제 12 **중단사업에 대한 법인세효과**

- 회계기간 중 발생한 법인세부담액은 5,000원임
- 회계기간 중 이연법인세자산이 1,500원 증가함
- 회계기간 중 자기주식처분이익이 2,000원 발생함
- 회계기간 중 중단영업이익이 3,000원임
- 적용 법인세율은 30%임

요구사항 ▼ 계속영업이익에 대한 법인세비용을 계산하시오.

계속영업이익에 대한 법인세비용 계산절차는 다음과 같습니다.

① 총법인세비용 = 5,000원 − 1,500원 = 3,500원

② 자본에 대한 법인세비용 = 2,000원 × 30% = 600원

③ 중단영업이익에 대한 법인세비용 = 3,000원 × 30% = 900원

④ 계속영업이익에 대한 법인세비용 = 3,500원 − 600원 − 900원 = 2,000원

참고로 중단영업이 존재할 경우 법인세비용의 구성 내역에 대한 주석사항은 다음과 같습니다.

구분	금 액
법인세부담액(또는 당기법인세)	5,000
이연법인세비용	(1,500)
자본에 반영된 이연법인세	(600)
중단영업이익에 대한 법인세비용	(900)
계속영업이익에 대한 법인세비용	2,000

제 4 절 이연법인세자산에 대한 자산성 검토

1. 이연법인세자산 인식요건

가산할 일시적차이에 대한 이연법인세부채는 기준서에 예시한 사유가 아니라면 모두 인식해야 합니다.

① 영업권을 최초로 인식하는 경우

② 사업결합이 아니며, 거래 당시 회계이익과 과세소득에 영향을 미치지 아니하고, 동일한 금액의 가산할 일시적차이와 차감할 일시적차이가 발생하지 않는 거래에서, 자산이나 부채를 최초로 인식하는 경우

반면, 차감할 일시적차이는 이연법인세자산의 대상인데, 모든 자산은 향후 미래경제적 효익을 전제로 한다는 점에 유의해야 합니다.

이연법인세자산은 다음의 경우에 인식합니다.

① 충분한 가산할 일시적차이가 예상되는 경우

- 차감할 일시적차이가 소멸될 것으로 예상되는 회계기간에 소멸이 예상되는 충분한 가산할 일시적차이가 있는 경우

② 충분한 과세소득이 예상되는 경우

- 차감할 일시적차이가 소멸될 것으로 예상되는 회계기간에 충분한 과세소득이 발생할 가능성이 있는 경우

③ 세무정책에 의하여 과세소득이 창출될 수 있는 경우

- 세무정책으로 적절한 기간에 과세소득을 창출할 수 있는 경우
- 여기서 세무정책이란 세무상 결손금이나 세액공제의 이월기간이 만료되기 이전의 특정 기간에 과세대상 수익을 발생시키거나 증가시키기 위하여 기업이 행할 수 있는 정책임.

상기 내용을 정리하면 다음과 같습니다.

이연법인세자산 검토

① 법인세 기간 간 배분 결과 가산할 일시적차이의 범위 내에 있는 차감할 일시적차이는 자산성이 있다고 보며,
② 가산할 일시적차이를 초과하는 차감할 일시적차이는 과세소득을 고려하여 자산성 여부를 판단

즉, 자산화 가능한 차감할 일시적차이는 가산할 일시적차이에 과세소득을 합산한 금액보다 적거나 같다라고 표현할 수 있습니다. 식으로 표현하면 다음과 같습니다.

- 자산성이 있는 차감할 일시적차이
  =Min(차감할 일시적차이, 가산할 일시적차이+과세소득)
- 상기 식의 과세소득은 세무조정을 반영하기 이전 금액입니다.

2. 자산성 검토 절차

(1) 법인세 기간 간 배분의 영향

법인세 기간 간 배분을 통해 향후 기간별로 소멸될 차감할 일시적차이와 가산할 일시적차이를 비교한 후, 과세소득의 여부에 따라 이연법인세자산에 대한 자산성을 검토하게 됩니다.

예제 13 **법인세 기간 간 배분과 이연법인세자산**

- 장부상 자산 · 부채 금액과 세무기준액의 차이는 대손충당금과 미수수익임.
- 대손충당금으로 발생한 유보는 10,000원이며 2002년과 2003년에 각각 5,000원씩 해소 예정임.
- 미수수익으로 발생한 △유보는 6,000원이며 2002년에 모두 감소될 예정임.
- 2001년 말 현재 2002년과 2003년의 법인세율은 30%와 35%로 예상됨.

요구사항 ▼

1. 과세소득이 충분하다고 가정하고 이연법인세자산(부채)을 계산하시오.
2. 미래에 예상되는 과세소득이 없을 것으로 가정하고 이연법인세자산(부채)를 계산하시오.

과세소득이 충분하다고 가정할 경우 2001년 말에 인식할 이연법인세자산(부채)은 다음과 같이 계산됩니다.

구분	2002년	2003년	합 계
대손충당금	(5,000)	(5,000)	(10,000)
미수수익	6,000	–	6,000
소계	1,000	(5,000)	(4,000)
예상세율	30%	35%	–
이연법인세자산(부채)	(300)	1,750	1,450

반면, 향후 과세소득의 불확실성으로 이연법인세자산의 실현가능성이 적다고 판단하였을 경우에는, 각 연도별로 유보와 △유보를 비교하여 △유보를 초과하는 유보는 자산성이 없는 것으로 보아 이연법인세자산을 인식하지 않습니다.

구분	2002년	2003년	합 계
대손충당금	(5,000)	(5,000)	(10,000)
미수수익	6,000	–	6,000
소계	1,000	(5,000)	(4,000)
이연법인세자산(부채) 대상	1,000	–	1,000
예상세율	30%	35%	–
이연법인세자산(부채)	(300)	–	(300)

이연법인세자산이 실현 가능하다고 판단할 경우에는 2001년 말에 1,450원의 이연법인세자산을 재무제표에 계상하게 되나, 그렇지 않을 경우에는 오히려 이연법인세부채를 300원만큼 재무제표에 표시합니다.

이와 같이 법인세 기간 간 배분은 세율이 변동하는 경우 인식해야 할 이연법인세자산(부채)의 금액에 영향을 미칠 뿐만 아니라, 이연법인세자산의 자산성 판단에도 영향을 줍니다.

(2) 과세소득의 추정

앞서 자산화 가능한 차감할 일시적차이는 가산할 일시적차이에 과세소득을 합산한 금액보다 적거나 같다고 했습니다. 그리고 다음의 식으로 표현했습니다.

- 자산성이 있는 차감할 일시적차이
  =Min(차감할 일시적차이, 가산할 일시적차이+과세소득)

상기 식에서 과세소득은 세무조정을 반영하기 이전의 소득으로 추정됩니다. 그 이유는 일시적차이에 대한 소멸시기는 법인세 기간 간 배분을 통하여 이미 반영되었기 때문입니다. 과세소득의 추정을 위한 사업계획은 〈제4장〉〈제4절〉에서 설명한 현금흐름할인모형과 달리 세전이익 단계까지 이루어집니다.

예제 14

자산성 검토 절차

- 적용세율은 30%로서 변동되지 않을 것으로 예상됨.
- 일시적차이는 모두 유보이며 소멸시기와 과세소득은 다음과 같이 예상됨.

구분	2002년	2003년	2004년	2005년
차감할 일시적차이	(10,000)	(15,000)	(2,000)	(12,000)
가산할 일시적차이	4,000	2,000	5,000	–
세무조정에 영향을 받지 않는 과세소득	15,000	5,000	12,000	6,000

요구사항 ▼ 2001년 재무제표에 표시될 이연법인세자산을 계산하시오.

자산성 검토절차는 다음과 같습니다.

구분	2002년	2003년	2004년	2005년
가산할 일시적차이(i)	4,000	2,000	5,000	–
세무조정에 영향을 받지 않는 과세소득	15,000	5,000	12,000	6,000
소계(ii)	19,000	7,000	17,000	6,000
자산성이 있는 차감할 일시적차이(iii)	(10,000)	(7,000)	(2,000)	(6,000)
이연법인세 대상 일시적차이(iv = iii + i)	(6,000)	(5,000)	3,000	(6,000)
세율	30%	30%	30%	30%
이연법인세(=iv×세율)	1,800	1,500	(900)	1,800

(*) (iii)=Min(차감할 일시적차이, 가산할 일시적차이+과세소득)

따라서 재무제표에 인식될 이연법인세자산은 4,200원으로 계산됩니다.

(3) 세무상 결손금

세무상 결손금과 세액공제에 대한 이연법인세자산의 판단기준은 유보로 발생한 차감할 일시적차이의 자산성 판단기준과 원칙적으로 동일합니다. 그러나 미사용 세무상 결손금이 존재한다는 것은 미래에 과세소득이 발생하지 않을 수 있는 가능성이 높다는 것을 의미합니다. 따라서 최근에 손실이 발생하였다면, 충분한 가산할 일시적차이가 있거나 미래에 과세소득이 발생할 것이라는 합리적인 설명이 있을 경우에만 이연법인세자산을 인식합니다.

세무상 결손금과 세액공제가 활용될 수 있는 미래과세소득의 발생가능성을 평가함에 있어서 고려할 사항은 다음과 같습니다.

① 세무상 결손금과 세액공제의 이월공제 가능기간이 소멸되기 전까지 이를 활용할 수 있는 충분한 가산할 일시적차이가 있는지의 여부
② 세무상 결손금과 세액공제의 이월공제 가능기간이 소멸되기 전까지 활용 가능한 과세소득이 발생할 수 있을지의 여부
③ 세무상 결손금이 비반복적이고 확인 가능한 원인으로 발생하였는지의 여부
④ 세무상 결손금과 세액공제의 이월공제 가능기간 내에 과세소득을 창출할 수 있는 세무정책이 활용 가능한지의 여부

예제 15 결손금에 대한 이연법인세자산 인식

- 적용세율은 30%로서 변동되지 않을 것으로 예상됨.
- 2001년 말 현재 2003년과 2004년에 소멸될 세무상 결손금이 각각 10,000원씩 존재함.
- 유보로 발생한 일시적차이의 소멸시기와 과세소득은 다음과 같이 예상됨.

구분	2002년	2003년	2004년	2005년
차감할 일시적차이	(10,000)	(15,000)	(2,000)	(12,000)
가산할 일시적차이	4,000	2,000	5,000	–
세무조정에 영향을 받지 않는 과세소득	15,000	5,000	12,000	6,000

요구사항 ▼ 2001년 재무제표에 표시될 이연법인세자산을 계산하시오.

자산성 판단 절차는 다음과 같습니다.

구분	2002년	2003년	2004년	2005년
가산할 일시적차이(i)	4,000	2,000	5,000	–
세무조정에 영향을 받지 않는 과세소득	15,000	5,000	12,000	6,000
소계(ii)	19,000	7,000	17,000	6,000
자산화 가능한 차감할 일시적차이(유보) (iii)	(10,000)	(7,000)	(2,000)	(6,000)
사용 가능한 세무상 결손금(iv)	(9,000)	–	(10,000)	–
자산성 있는 차감할 일시적차이 합계(v = iii + iv)	(19,000)	(7,000)	(12,000)	(6,000)
이연법인세 대상 일시적차이(= i + v)	(15,000)	(5,000)	(7,000)	(6,000)
세율	30%	30%	30%	30%
이연법인세자산	4,500	1,500	2,100	1,800

(*1) (ⅲ)=Min(차감할 일시적차이, 가산할 일시적차이+과세소득)
(*2) (ⅳ)=Min(가산할 일시적차이+과세소득−자산성 있는 차감할 일시적차이, 세무상 결손금)
=Min(ⅱ + ⅲ, 세무상 결손금)
(*3) 2003년에 만기가 도래하는 세무상 결손금은 2001년에 9,000원 사용하고 잔액은 소멸됨.

따라서 재무제표에 인식될 이연법인세자산은 9,900원으로 계산됩니다. 연도별 자산성 검토절차는 다음과 같습니다.

① 2002년

- 가산할 일시적차이와 과세소득의 합계액이 19,000원이므로 유보에 대한 차감할 일시적차이 10,000원 이외에도 9,000원의 세무상 결손금이 공제 가능합니다.
- 따라서 자산화 가능한 차감할 일시적차이는 19,000원입니다.

② 2003년

- 가산할 일시적차이와 과세소득의 합계액이 7,000원이므로 유보에 대한 차감할 일시적차이 중 7,000원만 자산성이 인정됩니다.

③ 2004년

- 가산할 일시적차이와 과세소득을 합산하면 17,000원이므로 유보에 대한 차감할 일시적차이 2,000원 이외에도 10,000원의 세무상 결손금이 공제 가능합니다.
- 2001년에 존재하는 세무상 결손금은 10,000원이나, 9,000원은 2001년에 사용하였고 1,000원은 2003년에 기한이 도래하여 소멸되었습니다. 따라서 2004년에 사용 가능한 세무상 결손금은 10,000원으로 제한됩니다.
- 이와 같이 소멸시기가 정해져 있는 세무상 결손금이나 이월세액공제는 소멸시점이 자산화 금액에 영향을 미치므로 소멸시기에 유의해야 합니다.

④ 2005년

- 가산할 일시적차이와 과세소득의 합계액이 6,000원이므로 유보에 대한 차감할 일시적차이 중 6,000원만 자산성이 인정됩니다.

이연법인세의 자산성을 판단하기 위하여 미래 과세소득을 산정하는 과정은 다음과 같습니다.

① 회사의 사업계획을 바탕으로 미래의 손익계산서를 추정
② 동 손익계산서에 근거하여 '세무조정을 반영을 받지 않는 과세소득' 산출
③ 결산 시점 이후 소멸될 것으로 예상되는 유보로 인한 일시적차이와 세무상 결손금 추정

상기 과정은 주관적인 가치판단이 개입되어 실무상 논쟁을 불러일으킬 여지가 있으므로 근거 자료를 충실하게 문서화해야 합니다.

(4) 인식가능성에 대한 재검토

과거에 실현가능성 문제로 인식하지 아니한 이연법인세자산은 매 결산시점마다 인식가능성에 대해 재검토해야 합니다.

예제 16 자산성 재검토

- 전기에 실현가능성 판단에 따라 100,000원의 결손금이 있음에도 불구하고 이연법인세자산을 전액 인식하지 아니함.
- 적용할 법인세율은 30%임.

요구사항 ▼ 다음의 경우에 이루어질 이연법인세 회계처리를 판단하시오.

1. 세무정책이 변경되어 향후 과세소득이 200,000원 이상 창출될 것으로 예상되는 경우
2. 가산할 일시적차이가 10,000원 증가하는 경우
3. 회계기간 중 투자주식을 취득하여 10,000원의 금융자산평가이익이 발생하였으며, 동 금융자산은 익년도에 처분할 예정인 경우

▶▶ 과세소득이 증가할 것으로 예상되는 경우

과거에 실현가능성 이슈로 세무상 결손금에 대한 이연법인세자산을 인식하지 않았으나 향후 과세소득이 창출될 가능성이 높아지면, 세무상 결손금에 대해 자산을 인식합니다.

(차변)	이연법인세자산	30,000	(대변)	법인세비용	30,000

▶▶ 가산할 일시적차이가 증가하는 경우

가산할 일시적차이가 증가한다면, 가산할 일시적차이의 범위 내에서 차감할 일시적차이를 이연법인세자산으로 인식합니다. 만일 가산할 일시적차이와 차감할 일시적차이가 모두 당기손익에 대한 것이라면 다음과 같이 회계처리됩니다.

① 가산할 일시적차이에 대한 이연법인세 인식

(차변)	법인세비용	3,000	(대변)	이연법인세부채	3,000

② 차감할 일시적차이에 대한 이연법인세 인식

(차변)	이연법인세자산	3,000	(대변)	법인세비용	3,000

결국 상기 회계처리는 서로 상계되어 재무제표에 미칠 영향은 발생하지 않습니다.

▶▶ 기타포괄이익이 증가하는 경우

가산할 일시적차이가 자본손익(금융자산평가이익)에 대한 것이므로 이연법인세부채의 증가와 함께 회계처리될 대상은 법인세비용이 아닌 해당 계정의 자본손익입니다. 따라서 다음과 같은 회계처리가 이루어집니다.

① 가산할 일시적차이에 대한 이연법인세 인식

(차변) 금융자산평가이익	3,000	(대변) 이연법인세부채	3,000

② 차감할 일시적차이에 대한 이연법인세 인식

(차변) 이연법인세자산	3,000	(대변) 법인세비용	3,000

상기 회계처리가 상계되면 결국 다음 회계처리만 재무제표에 반영됩니다.

(차변) 금융자산평가이익	3,000	(대변) 법인세비용	3,000

(5) 미래 과세소득의 발생가능성에 대한 판단 예시

다음과 같은 경우에는 향후 과세소득의 발생 가능성이 높다고 판단할 수 있습니다.

① 현재 매출가격과 원가구조하에서 향후 매출이 증가할 확률이 충분하여 과세소득을 창출할 수 있는 경우

② 장기계약을 체결하였으며 동 계약을 통하여 과세소득이 창출할 수 있는 경우

③ 안정적인 수익을 획득할 수 있는 기업을 M&A 한 경우

④ 자산의 공정가치가 취득금액에 비하여 높은 상황에서, 동 자산을 처분하여 상당한 과세소득이 예상되는 경우

⑤ 과거 과세소득의 추이가 현재의 세무상 손실이 일시적임을 시사하는 증거가 있을 때

반면, 다음의 경우에는 향후 과세소득의 발생 가능성이 높지 않다고 판단됩니다.

① 회계 및 세무상으로 최근 손실이 발생하고 있는 경우 또는 수년간 누적기준 회계상 순손실이 회계상 영업이익을 초과하는 경우

② 최근 M&A를 통하여 신설된 사업부문이 회계 및 세무상 손실이 발생하고 있는 경우

③ 신설기업, 개발단계기업, 회생절차 중인 기업 또는 파산한 기업인 경우 : 이러한 형태의 기업은 보통 세무상 손실상태이고 예산을 도달하지 못하는 경우가 많음

④ 최근연도에 세무상 결손금 또는 이월세액공제 금액이 사용되지 못하고 소멸되는 경우

⑤ 이러한 공제가능금액을 사용할 세무계획(Tax planning strategy)이 없는 경우

⑥ 잘 팔리던 제품을 제품 결함이나 정부의 정책 등에 의하여 판매중지할 수 있는 부득이한 이유가 발생한 경우

일반기업회계기준에서는 다음 중 하나 이상에 해당할 경우 차감할 일시적차이와 세무상 결손금에서 발생하는 법인세효과의 실현가능성은 매우 높다고 예시하고 있습니다.

① 차기 이후의 각 회계연도에 소멸되는 가산할 일시적차이를 한도로 하여 계산된 차감할 일시적차이

② 결산일 현재 존재하는 미이행계약에서 기대되는 미래의 과세소득이 차감할 일시적차이와 세무상 결손금을 초과하는 경우. 미이행계약이 매출과 관련된 경우 미래의 과세소득은 당기의 매출이익률을 적용하여 계산함.

③ 당기를 포함하여 최근 3년간 계속하여 계속사업이익이 발생한 회사로서 차기 이후 예상 연평균 계속사업이익이 각 회계연도에 소멸되는 차감할 일시적차이와 세무상 결손금을 초과하는 경우.

반면, 다음 중 하나 이상에 해당하는 경우에는 차감할 일시적차이와 세무상 결손금에서 발생하는 법인세효과의 실현가능성은 낮다고 봅니다.

① 당기를 포함하여 최근 3년간 계속하여 결손금이 발생한 경우

② 누적된 계속사업손실로 인하여 결산일 현재 완전자본잠식 상태인 경우

사례 04 이연법인세자산의 자산성 검토

1. 2002년 유보사항의 변동내역

구분	기초	변동	기말
재고자산평가손실	50,000	100,000	150,000
대손상각비	300,000	50,000	350,000
퇴직급여부채	100,000	50,000	150,000
미수이자	(10,000)	(80,000)	(90,000)
감가상각비 한도초과 조정액	200,000	(60,000)	140,000
기술개발준비금전입액	(300,000)	–	(300,000)
합 계	340,000	60,000	400,000

2. 세무상결손금(2002년 현재)

① 2000년부터 이월된 결손금은 200,000원이며, 2005년 중에 공제기간이 만료됨.

② 2001년에 발생한 결손금은 100,000원이며, 2006년 중에 공제기간이 만료됨.

3. 유보의 소멸시기와 세무조정 반영 전 추정 과세소득이 다음과 같을 때 법인세비용을 계산하시오. (단, 법인세율은 30%로서 변경되지 않을 것으로 예상됨.)

구분	2003년	2004년	2005년	2006년	2007년	합 계
재고자산평가손실	(40,000)	(10,000)	(50,000)	(30,000)	(20,000)	(150,000)
대손상각비	(100,000)	(100,000)	(50,000)	(50,000)	(50,000)	(350,000)
퇴직급여부채	(50,000)	(50,000)	(30,000)	–	(20,000)	(150,000)
미수이자	90,000	–	–	–	–	90,000
감가상각비 한도초과 조정액	(60,000)	(60,000)	(20,000)	–	–	(140,000)
기술개발준비금	100,000	100,000	100,000	–	–	300,000
소 계	(60,000)	(120,000)	(50,000)	(80,000)	(90,000)	(400,000)
추정 과세소득	100,000	150,000	270,000	100,000	100,000	720,000

4. 기타

① 2001년 재무상태표에 192,000원의 이연법인세자산이 표시됨.

② 2002년에 발생한 법인세추납액은 38,000원이며, 당기 법인세부담액은 0원임.

③ 법인세비용차감전순손실은 (60,000)원임.

요구사항 ▼

1. 2002년 재무제표에 표시될 법인세비용을 계산하시오.
2. 2003년부터 2007년까지 매년 과세소득이 다음과 같이 추정될 경우 법인세비용을 계산하시오.

구분	2003년	2004년	2005년	2006년	2007년
세무조정사항 반영 전 예상 과세소득	70,000	150,000	40,000	90,000	250,000

3. 요구사항 2.에 대한 주석정보를 표시하시오.

해설

1. 이연법인세자산(부채)의 계산

구분	2003년	2004년	2005년	2006년	2007년	합 계
가산할 일시적차이 소멸액	190,000	100,000	100,000	–	–	390,000
추정 과세소득	100,000	150,000	270,000	100,000	100,000	720,000
합 계	290,000	250,000	370,000	100,000	100,000	1,110,000
차감할 일시적차이 소멸액(유보)	(250,000)	(220,000)	(150,000)	(80,000)	(90,000)	(790,000)
세무상결손금 사용가능액	(40,000)	(30,000)	(220,000)	(10,000)	–	(300,000)
이연법인세 대상	(100,000)	(150,000)	(270,000)	(90,000)	(90,000)	(700,000)
세율	30%	30%	30%	30%	30%	0%
이연법인세자산(부채)	30,000	45,000	81,000	27,000	27,000	210,000

① 2002년 재무제표에 표시될 이연법인세자산=210,000원

② 이연법인세자산(부채)의 변동액=210,000원－192,000원=18,000원

③ 총법인세비용=당기법인세+이연법인세=38,000원－18,000원=20,000원

④ 회계처리

(차변)	법인세비용	38,000	(대변)	현금	38,000
	이연법인세자산	18,000		법인세비용	18,000

2. 이연법인세자산(부채)의 계산

구분	2003년	2004년	2005년	2006년	2007년	합 계
가산할 일시적차이 소멸액	190,000	100,000	100,000	－	－	390,000
추정 과세소득	70,000	150,000	40,000	90,000	250,000	600,000
합 계	260,000	250,000	140,000	90,000	250,000	990,000
차감할 일시적차이 소멸액(유보)	(250,000)	(220,000)	(150,000)	(80,000)	(90,000)	(790,000)
차감할 일시적차이(유보) 사용가능액	(250,000)	(220,000)	(140,000)	(80,000)	(90,000)	(780,000)
세무상결손금 사용가능액	(10,000)	(30,000)	-	(10,000)	-	(50,000)
이연법인세 대상	(70,000)	(150,000)	(40,000)	(90,000)	(90,000)	(440,000)
세율	30%	30%	30%	30%	30%	
이연법인세자산(부채)	21,000	45,000	12,000	27,000	27,000	132,000

① 2002년 재무제표에 표시될 이연법인세자산=132,000원

② 이연법인세자산(부채)의 변동액=132,000원－192,000원=(60,000)원

③ 총법인세비용=법인세납부액+이연법인세변동액=38,000원+60,000원=98,000원

④ 회계처리

(차변)	법인세비용	38,000	(대변)	현금	38,000
	법인세비용	60,000		이연법인세자산	60,000

3. 주석정보

① 법인세의 구성내역

구분	Case 1	Case 2
당기법인세 부담액	－	－
법인세추납액	38,000	38,000
이연법인세비용	(18,000)	60,000
자본에 반영된 법인세비용	－	－
법인세비용(P/L)	20,000	98,000

② 회계이익과 법인세비용의 관계

구분	Case 1	Case 2
법인세비용차감전순이익	(60,000)	(60,000)
적용세율에 따른 법인세비용	(18,000)	(18,000)
조정사항		
비공제 수익 · 비용 효과	–	–
세액공제 및 감면효과	–	–
세율변동효과	–	–
이연법인세자산 감액효과	–	60,000
이연법인세자산 미인식효과	–	18,000
과거기간의 당기법인세액에 대한 조정 효과	38,000	38,000
당기손익으로 인식된 법인세비용	20,000	98,000
평균유효세율(법인세비용÷법인세비용차감전순이익)	(*)	(*)

(*) 세전이익이 부(負)의 금액이므로 평균유효세율은 산정하지 아니함.

③ 누적일시적차이와 이연법인세자산(부채)의 증감내역

계정과목	누적일시적차이			이연법인세자산(부채)	
	기초	증감액	기말	기초	기말
재고자산평가손실	50,000	100,000	150,000	15,000	45,000
대손상각비	300,000	50,000	350,000	90,000	105,000
퇴직급여부채	100,000	50,000	150,000	30,000	45,000
미수이자	(10,000)	(80,000)	(90,000)	(3,000)	(27,000)
감가상각비 한도초과 조정액	200,000	(60,000)	140,000	60,000	42,000
기술개발준비금	(300,000)	–	(300,000)	(90,000)	(90,000)
세무상결손금	300,000	–	300,000	90,000	90,000
합 계	640,000	–	700,000	192,000	210,000
차감 : 미인식된 이연법인세자산				–	(18,000)
차감 : 감액된 이연법인세자산				–	(60,000)
이연법인세자산				192,000	132,000

④ 세무상결손금

구분	기초	당기발생	당기소멸	기말	법인세효과
2000년 발생	200,000	–	–	200,000	12,000
2001년 발생	100,000	–	–	100,000	3,000
합 계	300,000	–	–	300,000	15,000

⑤ 자산성 검토

구분	2003년	2004년	2005년	2006년	2007년
가산할 일시적차이 소멸	190,000	100,000	100,000	–	–
추정 과세소득	70,000	150,000	40,000	90,000	250,000
합 계	260,000	250,000	140,000	90,000	250,000
차감할 일시적차이 소멸액(유보)	(250,000)	(220,000)	(150,000)	(80,000)	(90,000)
세무상결손금 소멸액	–	–	–	(200,000)	(100,000)

미래 추정 회계기간 중 세무조정사항 반영 전 예상 과세소득과 가산할 일시적차이의 합계액이 차감할 일시적차이에 미달한 회계기간이 존재하여, 실현가능한 차감할 일시적차이에 대해서만 이연법인세자산을 전액 인식하였습니다.

⑥ 이연법인세자산(부채)의 유동성 표시는 생략함.

본 사례를 통해 검토한 내용은 다음과 같습니다.

▶ 이연법인세자산 자산성 검토절차

- 차감할 일시적차이에 대한 자산성은 가산할 일시적차이와 예상 과세소득의 합계액 내에서 인정됩니다.
- 세무상 결손금은 소멸시기에 따른 자산성 검토가 필요합니다.

▶ 세무상 결손금에 대한 자산성

- 요구사항 1은 매년 충분한 과세소득이 예상되어, 유보와 세무상 결손금으로 발생한 차감할 일시적차이에 대한 이연법인세자산을 전액 인식하고 있습니다.
- 요구사항 2는 유보로 발생한 차감할 일시적차이 중 2003년에 10,000원에 대해 자산성이 인정되지 않고 있습니다.
- 2000년에 발생한 세무상 결손금은 2001년과 2002년에 각각 10,000원과 30,000원만 사용되고 160,000원은 2005년에 소멸되었습니다.

▶ 누적일시적차이와 이연법인세자산(부채)의 증감내역

- 자산성 검토 결과 당기에 재무제표에 계상할 이연법인세자산은 132,000원이나, 전기에 192,000원이 계상되어 있으므로 60,000원의 이연법인세자산은 회계기간 중 감액합니다. 여기서 감액한 이연법인세자산은 손상차손이 아닌 법인세비용 계정으로 반영합니다.
- 회계기간 중에 유보가 60,000원만큼 변동되었으므로 이연법인세자산이 18,000원만큼 증가하지만, 자산성이 없으므로 인식하지 않습니다.
- 이연법인세자산의 손상차손(감액)은 재무제표에 인식하였던 이연법인세자산을 비용화하는 것이며, 미인식이연법인세자산은 자산성이 없으므로 재무제표에 반영하지 않은 차감할 일시적차이라는 면에서 성격이 다릅니다.

3. Backward Tracing

향후 과세소득의 부족하여 이연법인세자산으로 인식하지 아니한 차감할 일시적차이는 매 결산일마다 자산성을 재검토하게 됩니다. 예를 들어 세무상 결손금이나 대손충당금에 대한 유보를 이연법인세자산으로 인식하지 않았다가 과세소득이 증가하면 손익 법인세에 반영합니다.

(차변) 이연법인세자산 ××× (대변) 법인세비용 ×××

반면에 금융자산평가손실(자본손익)에 대하여 이연법인세자산을 인식하지 않다가, 향후 과세소득이 예상될 것으로 예상되면 자본에 반영하는 회계처리를 반영합니다.

(차변) 이연법인세자산 ××× (대변) 매도가능금융자산평가손실 ×××

그렇다면 손익과 자본에 대한 차감할 일시적차이가 모두 이연법인세자산으로 인식되지 않는 상황에서, 향후 과세소득이 증가할 것으로 예상하면 이연법인세자산을 손익으로 인식해야 할지 자본으로 인식해야 할지에 대한 이슈가 제기됩니다.

① Backward Tracing 허용 : IFRS 견해

- 자본에 인식된 법인세의 후속변동은 자본에 반영
- 후속변동을 정확하게 추적하기가 어려운 경우 합리적으로 배분
- 개념 체계에 따를 경우 일반기업회계기준도 K-IFRS와 동일하다고 해석됩니다.

② Backward Tracing 금지 : US GAAP 견해

- 다른 회계기간의 변동은 당기손익으로 인식

예제 17

Backward Tracing

- 전기에 이연법인세자산으로 인식하지 않은 대손충당금은 10,000원임
- 전기에 이연법인세자산으로 인식하지 않은 금융자산평가손실은 5,000원임
- 결산일 현재 향후 과세소득이 증가할 것으로 예상하여 차감할 일시적차이 중 9,000원을 이연법인세자산으로 인식하기로 결정함
- 적용할 법인세율은 30%임

요구사항 ▼ 전기에 자산으로 인식하지 아니한 차감할 일시적차이에 대한 회계처리를 K-IFRS에 따라 예시하시오.

향후 과세소득이 증가할 것으로 예상하여 2,700원(=9,000원×30%)의 이연법인세자산을 인식해야 합니다. 손익으로 인식할지 또는 자본으로 인식할지에 대해서는 회계정책을 수립하고 일관되게 적용하게 됩니다. 선택할 수 있는 회계정책으로는 다음과 같습니다.

① 발생원천에 따라 안분하는 방식
② 손익에 먼저 배분하는 방식
③ 자본에 먼저 배분하는 방식

각 회계정책에 따른 회계처리는 다음과 같습니다.

구분	차 변	대 변
발생원천에 따라 안분	이연법인세자산 2,700원 증가	법인세비용 1,800원 감소(*1) 평가손실 900원 감소(*2)
손익에 먼저 배분		법인세비용 2,700원 감소
자본에 먼저 배분		평가손실 2,700원 감소

(*1) 2,700원×10,000원÷(10,000원+5,000원)
(*2) 2,700원×5,000원÷(10,000원+5,000원)

제 6 장 무형자산 : 영업권과 연구개발 회계처리

제 1 절 무형자산의 정의와 취득원가

무형자산이란 물리적 실체가 없지만 영업활동에 장기간 사용할 목적으로 취득하여 보유하는 비화폐성자산을 말합니다. 무형자산 중에 소프트웨어나 산업재산권에 대한 회계처리는 유형자산과 거의 동일합니다. 그러나 영업권이나 개발비 등 특이한 자산에 대한 회계처리는 보다 엄격한 입장입니다.

1. 무형자산의 정의

회사는 과학 · 기술 지식, 새로운 공정이나 시스템의 설계와 실행, 라이선스, 지적재산권, 시장에 대한 지식과 상표(브랜드명 및 출판표제 포함) 등을 취득, 개발, 유지 및 개선하고 있습니다. 이러한 예로는 소프트웨어, 특허권, 저작권, 영화필름, 고객목록, 모기지 관리용역권, 프랜차이즈, 시장점유율과 판매권 등이 있습니다.

이와 같은 사항 중 자산의 정의를 충족하며, 물리적 실체는 없지만 식별 가능한 비화폐성자산을 무형자산이라고 합니다.

① **자산의 정의 충족** : 미래 경제적효익 및 통제

② **무형자산의 특성** : 식별가능성, 물리적 형태의 부재, 비화폐성

(1) 자산의 정의 충족

무형자산이 지니는 미래 경제적 효익은 다음의 형태로 나타납니다.

① 제품 또는 용역의 판매로부터 창출되는 수익

② 비용 절감

대부분의 무형자산은 특정 기업에게만 가치가 있고, 경쟁상의 우위에 의해서 나타나는 '독점적 권리'의 성격을 띤 것이 많습니다. 따라서 경제적 효익이 어느 정도(크기)이고 얼마나 지속될 것인지(내용연수)를 다른 자산에 비해 명확하게 결정하기 어렵습니다. 이러한 이유로 무형자산에 대한 회계처리 이슈는 주로 측정(평가)과 관련이 있습니다.

한편, 기초가 되는 자원에서 유입되는 미래 경제적 효익을 확보할 수 있고, 그 효익에 대한 제3자의 접근을 제한할 수 있다면 자산을 통제하고 있다고 합니다. 통제는 일반적으로 법적 권리의 형태로 나타나지만, 법적 권리가 없더라도 실질적으로 통제하고 있다는 것을 입증할 수 있다면 통제조건을 만족합니다.

(2) 무형자산의 특성

다음 중 하나에 해당하는 경우에는 식별가능하다고 봅니다.

① 기업으로부터 무형자산을 분리 가능함. 즉, 기업의 의도와는 무관하게 기업에서 분리하거나 분할할 수 있고, 개별적으로 또는 관련된 계약, 식별 가능한 자산이나 부채와 함께 매각, 이전, 라이선스, 임대, 교환할 수 있음.

② 기업에 유입될 경제적 효익이 계약상 권리 또는 기타 법적 권리로부터 발생함.

한편, 무형자산은 물리적 실체가 없으며, 비화폐성자산이라는 특성이 있습니다.

2. 무형자산의 취득원가

(1) 측정 지침

무형자산의 측정에 주관성이 개입될 여지가 높아, 무형자산을 객관적으로 측정하기 위하여 다음 세 가지 지침이 제시되고 있습니다.

① 외부에서 구입할 때 지출된 원가는 자본화하고, 내부적으로 발생한 지출은 비용으로 인식함.

② 자본화된 원가는 경제적 효익이 기대되는 기간 동안 상각함.

③ 정액법보다 더 타당한 방법을 제외하고는 정액법을 사용함.

(2) 취득원가

무형자산의 취득원가는 유형자산과 유사합니다. 해당 자산이 인식기준을 최초로 충족한 이후에 발생한 지출과, 경영자가 의도한 방식으로 운영될 수 있도록 하는 직접 관련된 지출을 포함합니다. 그 예는 다음과 같습니다.

① 무형자산의 창출에 사용되었거나 소비된 재료원가, 용역원가
② 법적 권리를 등록하기 위한 수수료
③ 무형자산의 창출에 사용된 특허권과 라이선스의 상각비
④ 무형자산을 개발하는 과정에서 발생한 종업원 급여
⑤ 무형자산의 창출에 발생한 간접비로서 합리적으로 배분된 금액
⑥ 특별한 경우의 차입원가

그러나 상표나 고객명단 등을 창출하는 데 소요되는 원가는, 개별적인 자산이 아닌 사업 전체를 개발하는 데 사용되는 비용과 유사하다고 보아 식별가능성을 충족하지 못하므로 당기비용으로 처리합니다. 그 예는 다음과 같습니다.
① 판매비, 관리비 및 기타 일반경비 지출
② 무형자산이 계획된 성과를 달성하기 전에 비효율로 발생한 손실과 초기 영업손실
③ 무형자산을 운용하는 직원의 교육훈련비
④ 내부에서 창출한 영업권
⑤ 내부에서 창출한 브랜드, 제호, 명의란, 고객 목록
⑥ 연구비
⑦ 설립비용, 초기 투자비용, 초기 운영비용
⑧ 광고 또는 판매촉진 활동비용
⑨ 재배치비용 및 재조직비용

회사가 브랜드를 개발하는 데 발생한 관련 부서의 지출은 비용화됩니다. 그리고 그 과정에서 용역을 제공받았거나 법적으로 등록하는 과정에서 지출이 발생하였다면 비용화됩니다. 내부적으로 브랜드를 창출하는 과정에서 발생한 지출이기 때문입니다. 반면, 다른 회사의 브랜드 자체를 취득한다면 자본화 대상입니다.

(3) 후속원가

무형자산은 그 특성상 자산이 일단 취득이나 완성 후에는 가치가 증가하지 않고 또 부분적 대체도 이루어지지 않는 것이 일반적입니다. 예를 들어 특허를 일단 취득 후의 법률비용 등은 특허의 가치를 증가시킨다기보다는 단순히 특허의 유지비용에 해당합니다. 따라서 당기비용처리합니다. 다만, 지적재산권(IP) 등이 추가 개발을 통해 기능이 증가하거나 내용연수가 연장된다면 자본화가 가능할 것입니다.

한편, 외부에서 브랜드, 제호, 출판표제, 고객목록 등을 취득하여 무형자산으로 계상하였다면, 취득 후의 지출은 항상 비용으로 분류합니다. 이러한 형태의 무형자산은 내부창출

시 자본화가 금지되는데, 일단 구입 후의 추가적 지출은 내부창출에 해당하기 때문입니다.

(4) 웹 사이트 원가

회사가 내부 또는 외부 접근을 위해 개발한 자체 웹 사이트는 무형자산의 일반 요건뿐만 아니라, 〈제4절〉에서 설명하는 개발비 자산화 요건을 충족해야 자산으로 계상할 수 있습니다. 회사 자체의 재화와 용역의 판매촉진과 광고를 위한 웹 사이트는 당기비용으로 분류합니다.

3. 라이선스 접근권과 사용권

요즘에 프로그램을 기간제로 사용하는 경우가 많습니다. 일반적인 라이선스는 무형자산으로 분류하지만, 접근권리에 해당하면 선급비용으로 분류하는 것이 적절하다는 것이 통설입니다.

접근권과 사용권에 대한 차이는 다음과 같습니다.

구분	접근권	사용권
주요 특징	• 특정 기간 동안 지적재산에 접근할 수 있는 권리 • 예를 들어 소프트웨어 업데이트나 향후 버전 이용 권리	• 라이선스 부여 시점에 존재하는 지적재산을 사용할 수 있는 권리 • 예를 들어 특정 버전의 소프트웨어 설치 및 사용
수익 인식 시점	• 사용 기간에 걸쳐 수익을 인식	• 라이선스 통제권이 고객에게 이전된 시점에 일시적으로 수익을 인식
권리 통제	• 라이선스 기간 동안 지적재산에 대한 접근 권한을 유지	• 라이선스 부여 시점에 고객에게 통제권이 이전됨
사용자	• 선급비용	• 무형자산

4. 영업권과 개발비

영업권은 사업결합 과정에서 발생하는 특이한 자산입니다. 영업권은 〈제2절〉에서 살펴봅니다.

외부에서 구입하지 않고, 내부적으로 발생한 지출은 비용으로 처리하는 것이 원칙입니다. 그러나 내부적인 지출이지만 일정 요건을 충족하면 개발비라는 자산을 인식합니다. 큰 원칙에서 벗어나 자산으로 인식하고 있으므로, 그 요건이 매우 까다롭습니다. 개발비에 대해서는 〈제4절〉에서 살펴봅니다.

제 2 절 사업결합과 영업권

영업권은 매우 특이한 자산으로, 실무상 빈번하게 이슈가 됩니다. 영업권을 이해하기 위해서는 사업결합에 대한 개념이 필요합니다. 본 절에서는 사업결합의 개념과 영업권을 다룹니다.

1. 사업결합

사업결합회계(Business combination, Purchase accounting)는 특정 사업(자산 · 부채 및 권리 · 의무에 대한 집합적 일체)을 취득하고, 시간이 경과함에 따라 해당 사업이 어떻게 변동되었는지를 평가하는 회계처리입니다.

사례

영계를 키워 식당 등에 납품하는 MDQ가 있습니다. 요즘 닭이 잘 팔려 기분이 좋습니다. CEO인 MD는 사업을 키우기 위해 새로운 사업을 Launching 하기로 결심했습니다. 그리고 사업을 하기 위한 방법으로 다음을 고민했습니다.

① 회사 내 치킨 사업부 신설
② 치킨회사 자산 및 부채 인수(영업양수)
③ 치킨회사와의 합병
④ 치킨회사 주식 인수

한편, MDQ의 재무제표는 다음과 같습니다.

재무상태표

현금	20,000	양계사업 부채	5,000
양계사업 자산	30,000		
		자본	45,000
자산총계	50,000	부채및자본총계	30,000

2. 매수가격배분 절차

MDQ는 1~2년 내에 치킨 사업을 본 궤도에 올리기를 바랍니다. 그런데 회사 내에 사업부를 신설하여 안정화하기까지는 꽤 오랜 시간이 걸립니다. 성격이 급한 MD는 자신이 꿈꾸는 형태의 치킨 사업을 영위하는 Target을 찾기로 결심했습니다. 그리고 홍대에서 해물치킨으로 유명한 K치킨을 물색했습니다. MDQ는 K치킨과 협상을 진행하고, 10,000원에 취득하기로 결정하였습니다. MOU를 체결하고 구체적인 인수 절차는 MDQ의 편의에 맞추기로 협의하였습니다.

예제 01 사업결합과 영업권

- K치킨은 연간 이익을 2,500원씩 기록함.
- 합병 시점의 K치킨의 재무상태표는 다음과 같음.

재무상태표

현금	1,000	차입금	1,000
건물	2,000		
		자본	2,000
자산총계	3,000	부채및자본총계	3,000

- K치킨이 장사가 잘되는 이유는 레시피에 대한 노하우이며, 이는 시장에서 4,000원으로 평가됨.
- 건물의 시가는 3,000원임.

요구사항 ▼

1. 매수가격배분을 실시하시오.
2. 영업양수 회계처리를 예시하시오.
3. 영업양수 이후 MDQ 재무제표를 작성하시오.

MDQ는 양계업을 하고 있는데, 투자가 종료된 이후에는 MDQ의 사업이 '양계+치킨'으로 변경됩니다. 사업이 결합되기 때문에 사업결합이라고 합니다.

K치킨의 순자산은 2,000원이지만, 연간 이익이 2,500원씩 나고 있습니다. 치킨 회사의 가치가 순자산과 동일한 2,000원이라고 생각하시는 분들은 없을 것입니다. 사업결합이 발생하면, 매수자 관점에서 인수한 개별 자산과 부채를 공정가치로 평가합니다. K치킨의 장부에 있는 자산과 부채에 한정되지 않고, 매수자 관점에서 식별되는 자산과 부채를

대상으로 평가합니다. 매수자 관점에서 인식된 자산과 부채의 일체를 공정가치로 취득했다고 보는 것입니다.

계정과목	장부금액	인수 대상	비고
현금	1,000	1,000	
건물	2,000	3,000	공정가치로 조정
무형자산	–	4,000	공정가치로 인식
차입금	(1,000)	(1,000)	
순자산(인수 대상)	2,000	7,000	

합병 대상은 치킨회사가 장부에 기록한 자산과 부채뿐만 아니라, 장부에 없지만 인식되는 자산과 부채를 모두 포함합니다. K치킨이 자산으로 계상하지 않았지만 가치가 있는 레시피도 평가대상에 포함되어 있습니다.

MD가 합병대가로 지출한 금액은 10,000원인데, 개별 자산과 부채의 집합은 7,000원입니다. 개별 자산과 부채의 합계 금액보다 3,000원 더 지급했습니다. 이를 영업권이라고 하는데, 영업권의 구성요소는 이유는 다음과 같습니다.

① 치킨회사가 동종 업종 대비 추가 수익력이 있음.

② 치킨사업과 양계 사육 사업이 Synergy가 있음.

취득금액을 자산 및 부채의 공정가치와 영업권에 배분하는 과정을 매수가격배분(PPA, Purchase Price Allocation)이라고 합니다. 영업권은 사업결합에서만 발생하며, 치킨 사업 전체를 전제하는 경우에만 정의가 가능한 자산입니다. 이렇게 애매모호한 영업권이라는 자산에 대해서는 엄격한 평가 규정이 있는데, 자세한 내용은 〈제7장〉에서 살펴보겠습니다.

참고로 영업권에 대한 상각은 다음과 같습니다.

① **일반기업회계기준** : 20년 이내 합리적인 기간 동안 상각

② K-IFRS : 상각하지 않고 손상검사만 실시

3. 영업양수와 합병

(1) 영업양수

영업양수 · 도는 한 기업의 영업 전부 또는 일부를 동일성을 유지하면서 다른 기업에 넘기거나 넘겨받는 거래를 말합니다. 이 거래는 인적, 물적 조직의 일체성을 유지하는 방식으로 이루어지며, 자산의 단순 이전과 달리 영업권까지 포괄적으로 이전하는 것이 특징입니다.

MDQ가 영업양수를 하게 되면 인수하는 자산과 부채는 치킨 회사의 재무제표에 있는 장부금액이 아니라, PPA를 통해 인식된 자산과 부채입니다. 따라서 영업양수에 관한 회계처리는 다음과 같습니다.

(차변)	현금	1,000	(대변)	차입금	1,000
	건물	3,000		현금	10,000
	무형자산	4,000			
	영업권	3,000			

회계처리에서 보듯이 MDQ는 K치킨의 장부가 아니라, 개별자산과 부채를 공정가치를 평가하고 영업권을 인식한 내역을 재무제표에 반영합니다. 영업양수 이후 MDQ 재무제표는 다음과 같습니다.

재무상태표

현금	11,000	양계사업 부채	5,000
양계사업 자산	30,000	차입금	1,000
건물	3,000		
무형자산	4,000	자본	45,000
영업권	3,000		
자산총계	51,000	부채및자본총계	51,000

(2) 합병

합병은 둘 이상의 회사나 단체 등이 법적 절차를 통해 하나의 회사로 합쳐지는 것을 의미합니다. 합병은 여러 회사가 하나의 회사로 합쳐지면서 기존 회사가 소멸하는 방식입니다. 영업양수에서는 양도 회사의 법인격이 소멸하지 않는다는 점에서 차이가 있습니다.

예제 02 합병

- 다음 사항을 제외하고 〈예제 1〉과 모든 내용은 동일함.
- MDQ는 K치킨의 주주에게 10,000원을 지급하고 모든 지분을 취득함.
- 지분 취득 이후 MDQ와 K치킨 회사는 합병함.
- 합병비율은 MDQ : K치킨 회사=1 : 0(포합주식에 대한 신주교부는 없음)

요구사항 ▼

1. 합병회계처리를 예시하시오.
2. 합병 후 MDQ 재무제표를 작성하시오.

MDQ는 10,000원을 지급하고 K치킨 주식을 100% 취득하였습니다.

(차변)	투자주식	10,000	(대변)	현금	10,000

MDQ는 피합병 회사인 K치킨 주식을 보유하고 있는데, 이를 포합주식이라 합니다. 포합주식에 대해 신주는 교부하지 않기 때문에, 합병 이후에는 MDQ 주식만 그대로 남게 됩니다. 합병회계처리는 다음과 같습니다.

(차변)	현금	1,000	(대변)	차입금	1,000
	건물	3,000		투자주식	10,000
	무형자산	4,000			
	영업권	3,000			

포합주식에 대해 신주를 교부한다고 가정해 봅시다. 그렇다면 MDQ는 자기가 보유하고 있는 투자주식에 합병신주(MDQ 주식)를 발행하는 것이므로, 결국 합병 이후에 자기주식을 보유하게 됩니다.

포합주식에 대해 합병신주를 교부하지 않을 경우 합병 후 MDQ 재무제표는 다음과 같습니다.

재무상태표

현금	11,000	양계사업 부채	5,000
양계사업 자산	30,000	차입금	1,000
건물	3,000		
무형자산	4,000	자본	45,000
영업권	3,000		
자산총계	51,000	부채및자본총계	51,000

영업양수와 합병 후의 재무제표는 동일합니다. 영업양수 또는 합병이라는 형식만 상이할 뿐, MDQ가 치킨 사업을 원하여 사업결합을 했다는 경제적 실질이 동일하기 때문입니다.

4. 주식인수와 연결재무제표

MDQ가 영업양수나 합병을 진행하게 되면 K치킨의 임직원을 모두 자사의 직원으로 영입하고, 개별자산과 부채를 모두 직접 재무제표에 인식하게 됩니다. MD는 영업양수나 합병을 하게 된다면 양계사업만 하고 있는 상태로 되돌리기 어렵다는 점이 불안했습니다. 기업문화가 다른 MDQ와 K치킨의 임직원의 쉽게 어울리지 못하거나 치킨 사업이 기대에 못 미치더라도, 다시 치킨사업을 떼어 내기 어렵다는 단점이 있기 때문입니다.

사실 지분 100%를 보유하고 있다면 굳이 조직을 합치지 않더라도, 치킨 사업을 실질적으로 보유하고 있음에 차이가 없습니다. 그래서 몇 년간은 주식인수 상태에서 지켜보다가, 사업이 안정되면 합병을 진행하기로 결정하였습니다.

예제 03 주식인수

- 다음 사항을 제외하고 〈예제 1〉과 모든 내용은 동일함.
- MDQ는 치킨 K치킨의 주주에게 10,000원을 지급하고 모든 지분을 취득함.

요구사항 ▼

1. 주식인수 이후 MDQ의 재무제표를 작성하시오.
2. 주식인수 이후 MDQ의 연결재무제표를 작성하시오.

MDQ가 치킨 회사 지분 100%을 취득하면 다음의 회계처리가 이루어집니다.

(차변) 투자주식	10,000	(대변) 현금	10,000

주식취득 이후 MDQ 재무제표는 다음과 같습니다.

재무상태표

현금	10,000	양계사업 부채	5,000
양계사업 자산	30,000		
투자주식(K치킨)	10,000		
		자본	45,000
자산총계	50,000	부채및자본총계	50,000

투자주식을 획득하여 지배력을 확보하면 종속기업주식으로 분류하게 됩니다. MDQ는 K치킨 주식 100%를 보유하고 있으며, 치킨 회사의 영업 및 재무 등 모두 의사결정에 관여할 수 있습니다. 따라서 MDQ는 K치킨에 대해 지배력을 보유하고 있습니다.

여기서 지배력의 대상은 무엇일까요? MDQ가 K치킨 주식을 취득한 이유는 치킨 사업을 하기 위함입니다. 즉, MDQ의 지배력은 '치킨 사업'을 대상으로 합니다. 형식상으로는 주식을 보유하고 있지만, 실질적으로 치킨 사업을 보유하고 있는 것입니다. 따라서 '종속기업주식'='종속기업 사업'입니다.

재무적으로 사업은 사업을 하기 위한 자산과 부채로 구성됩니다. 그러므로 다음 식으로 바꿀 수 있습니다.

종속기업주식=종속기업의 자산과 부채

이때 자산과 부채는 종속기업의 재무제표상 장부금액이 아니라 사업결합 과정에서 인식할 자산과 부채입니다.

MDQ의 별도재무제표에 있는 투자주식을 경제적 실질인 치킨 사업으로 변환시킨 것이 연결재무제표입니다. 연결재무제표를 작성해 보겠습니다.

구분	MDQ	K치킨	단순합산F/S	연결조정	연결FS
현금	10,000	1,000	11,000	–	11,000
양계사업자산	30,000	–	30,000	–	30,000
주식	10,000	–	10,000	(10,000)	–
건물	–	2,000	2,000	1,000	3,000
무형자산	–	–	–	4,000	4,000
영업권	–	–	–	3,000	3,000
양계사업부채	5,000	–	5,000	–	5,000
차입금		1,000	1,000	–	1,000
자본	45,000	2,000	47,000	(2,000)	45,000

연결조정 과정을 간단하게 살펴보겠습니다. 더 관심 있는 분들은 연결회계 실무서를 참조하시기 바랍니다.

① MDQ와 K치킨 재무제표를 단순합산합니다. 단순합산을 통해 K치킨의 사업(관련 자산과 부채의 집합)과 MDQ의 사업 및 K주식(종속기업주식)이 한꺼번에 표시됩니다.

② 종속기업주식(K치킨)은 지배력의 대상인 치킨 사업의 자산과 부채를 의미한다고 했습니다. 그러므로 단순합산하면 K치킨의 자산과 부채 및 K주식이 중복되어 표시됩니다. 따라서 중복을 피하기 위하여 종속기업주식을 제거합니다.

③ K치킨은 건물을 2,000원으로 보고했지만, PPA 과정에서 3,000억원으로 평가되었습니다. 따라서 1,000억원을 가산하였습니다. K치킨의 재무제표에는 표시되지 않았지만 PPA 과정에서 인식된 무형자산과 영업권을 각각 4,000원과 3,000원을 가산합니다.

④ 사업결합은 치킨 사업과 관련된 자산과 부채를 인식하는 과정입니다. K치킨의 장부상 자본과는 하등의 관계가 없습니다. 단순합산과정에서 K치킨의 자본이 허수로 합산되어 있으므로 전액 제거합니다.

MDQ의 연결재무제표를 영업 양수 후의 재무제표와 합병재무제표를 비교해 보시기 바랍니다. 3가지 재무제표는 모두 동일합니다. 당연합니다. MDQ는 치킨 사업을 하기 위하여 몇 가지 대안을 가지고 고민했었습니다. 그러나 동일한 치킨 사업에 대한 사업결합입니다. 다만, 형식만 상이했을 뿐입니다. 따라서 경제적 실질을 보여주는 재무제표는 동일합니다.

지분 20% 이상을 보유하여 유의적인 영향력을 보유하게 되면 관계기업으로 분류하고 지분법을 적용합니다. 그리고 50%를 초과하면 종속기업으로 분류하고 연결결산을 실시합니다. 지분법과 연결은 사업결합 회계를 근거로 이루어지는 회계처리입니다.

지분법과 연결은 본서의 범위가 벗어나므로 아쉽지만 여기까지만 설명해 드림을 양해 바랍니다.

제 3 절 정부보조금 회계처리

회사의 자원으로만 연구개발을 하는 경우도 있으나, 상당 프로젝트는 정부지원을 통해 이루어집니다. 따라서 본 절에서는 정부보조금 회계처리를 먼저 살펴봅니다.

1. 정부보조금

(1) 정부보조금 정의

회계상 정부보조금은 '기업의 영업활동과 관련하여 과거나 미래에 일정한 조건을 충족하였거나 충족할 경우 기업에게 자원을 이전하는 형식의 정부지원'으로 정의됩니다. 여기서 정부는 지방자치단체, 중앙정부 또는 국제기구인 정부, 정부기관 및 이와 유사한 단체를 포함합니다.

정부보조금은 「보조금 관리에 관한 법률」에 의한 보조금뿐만 아니라 실질적으로 국가 또는 지방자치단체 등으로부터 교부받는 보조금을 모두 포함하는 것이므로, 정부출연금에 대해서도 정부보조금에 대한 회계처리를 적용합니다.

정부보조금에 대한 회계처리를 적용함에 있어 유의할 사항은 다음과 같습니다.

① 정부보조금은 회계처리는 반드시 특정 기업활동과 연관될 필요는 없습니다. 예를 들어 특정 지역에서 영업하거나 특정 산업에 속한 기업이 정부지원금을 받는다면 관련 내용도 정부보조금 회계처리를 적용합니다.

② 정부지원이란 일정한 기준을 충족하는 기업에게 경제적 효익을 제공하기 위한 정부의 행위를 말합니다. 개발지역에 기반시설을 제공하거나 경쟁자에게 거래상 제약을 부과하는 등 일반적인 거래조건에 영향을 주는 행위를 통해 간접적으로만 제공하는 효익은 정부보조금 회계처리에 해당하지 않습니다.

③ 정부지원과 유사한 것으로 법인세 감면 등이 있을 수 있는데, 이는 정부보조금이 아닌 '법인세회계' 기준서에 따라 회계처리합니다.

정부보조금은 다음 모두에 대한 합리적인 확신이 있을 때까지 인식하지 않습니다.

① 정부보조금에 부수되는 조건의 준수

② 보조금의 수취

보조금을 수취하는 방법은 보조금에 적용되는 회계처리방법에 영향을 미치지 않습니다. 따라서 보조금을 현금으로 수취하는지 또는 부채를 감소시키는지에 관계없이 동일한 방법으로 회계처리합니다.

예제 04 **보조금 인식 시점**

- A사는 2001년 말 정부로부터 연구개발 프로젝트에 대한 보조금을 신청하여 승인받음.
- 보조금은 프로젝트의 성공을 조건으로 하며, A사는 프로젝트의 성공을 낙관하고 있음.
- 정부보조금은 10,000원이며 수령시기는 2002년 시점으로 예상됨.

요구사항 ▼ 수익관련 보조금을 가정하고 2001년에 반영할 회계처리를 예시하시오.

자금 수령의 형식에도 불구하고 정부보조에 대한 확신 시점에 정부보조금을 인식합니다.

① 2001년

(차변) 미수금	10,000	(대변) 부채(선수수익)	10,000

② 2002년

(차변) 현금	10,000	(대변) 미수금	10,000

한편, 조건부 정부지원의 경우에는 그 특정 조건의 충족이 확실한 시점에 정부보조금으로 대체하는데, 그 사례를 예시하면 다음과 같습니다.

① **해외자원개발과 관련하여 자원의 개발이 성공한 경우 대출을 상환해야 하는 국책대출** : 해외자원개발의 실패가 확실해지는 시점에 정부보조금으로 대체하고 수익을 인식

② **기술개발을 조건으로 정부로부터 받은 지원금을 성공 시점에 일부 또는 전부를 반환하는 조건** : 반환되어야 할 것으로 예상되는 금액을 부채로 계상하고, 실패가 확실시되는 시점에 정부보조금으로 대체하고 수익을 인식

(2) 회계처리 원칙

정부보조금은 자본에 반영하지 않고 손익에 반영하는데 그 기본 원칙은 다음과 같습니다.

① 정부보조금이 기업활동에 따라 발생하는 특정 지출(예 : 경상개발비)을 보전하기 위해 제공되는 경우, 수령한 정부보조금은 관련 지출을 비용으로 인식하는 기간에 걸쳐 체계적인 기준에 따라 당기손익으로 인식합니다.

② 정부보조금이 과거나 미래의 비용 지출과 관련 없이 기업에게 제공되는 경우에는 (즉각적인 금융지원) 정부보조금을 수취할 권리가 발생한 기간의 수익으로 인식합니다.

③ 과거에 이미 발생한 지출이나 손실의 보전에 대한 정부보조금을 받게 되면, 즉 정부보조의 결정이 지출 등의 사건이 일어난 이후에 확정되면 수취할 권리가 발생하는 기간의 수익으로 인식합니다.

④ 정부보조금이 즉각적인 금융지원인 경우에는 정부보조금을 당기수익으로 인식하지만, 정부보조금이 특정 지출을 보전하기 위해서는 다음과 같이 회계처리합니다.

- **자산구입에 사용** : 해당 자산이 손익에 영향을 미치는 감가상각자산 기간 동안 안분되어 손익으로 반영
- **비용보전에 사용** : 해당 지출을 비용에 처리하는 시기(발생시점)에 손익으로 반영

한편, 비상각자산과 관련된 정부보조금이 특정 의무의 이행을 전제한다면, 그 의무를 충족시키기 위한 원가를 부담하는 기간에 그 정부보조금을 당기손익으로 인식합니다. 예를 들어 건물을 건설하는 조건으로 토지를 보조금으로 받았다면, 건물의 내용연수 동안 보조금을 당기손익으로 인식하는 것이 적절합니다.

예제 05 보조금 회계처리

① A사는 2001년 초 현재 향후 3년간 매년 10,000원의 연구비가 발생할 것으로 예상하며, 연구비 중 30%를 보전할 목적으로 9,000원의 정부보조금을 수령함.

② A사는 2001년 중 수해를 당하여 20,000원의 손실이 발생하였으며, 정부에서는 2002년 중 10,000원을 보조하기로 결정하고 지급함.

③ A사는 2001년 중 수해를 당하여 20,000원의 손실이 발생하였으며, 정부에서는 2001년 말에 10,000원을 보조하기로 결정하고 2002년 초에 10,000원을 지급함.

④ IT 업종을 영위하는 A사는 정부의 관련 산업 육성 정책에 따라 2001년 중 5,000원을 수령하였으며, 정부보조금 수령과 관련하여 별도의 조건은 없음.

⑤ A사는 2001년 초 연구개발용 유형자산을 취득하는 데 40,000원을 지출하였으며, 정부는 이를 보조하기 위하여 10,000원을 지급함. 관련 유형자산의 내용연수는 5년이며, 회사는 정액법을 적용하고 있음.

요구사항 ▼ 각 상황마다 정부보조금을 손익에 반영할 시기를 결정하시오.

각 상황에 따른 정부보조금의 손익 인식시점은 다음과 같습니다.

① 정부보조금은 수익관련 보조금으로서 해당 비용을 인식하는 시기(발생시점)에 손익으로 반영합니다. 따라서 9,000원의 정부보조금은 연구비를 인식하는 2001년부터 2003년까지 매년 3,000원씩 손익에 반영합니다.

② 과거에 이미 발생한 지출이나 손실의 보전에 대한 정부보조금을 받게 되면 수취할 권리가 발생하는 기간의 수익으로 인식합니다. 따라서 A사는 2002년에 손익에 반영합니다.

③ A사는 2002년에 현금을 수령하였으나 2001년 말에 정부의 결정에 따라 권리를 획득하였으므로 2001년에 손익에 반영합니다.

④ 정부보조금이 즉각적인 금융지원인 경우에는 정부보조금을 당기수익으로 인식합니다. 따라서 A사는 2001년에 손익에 반영합니다.

⑤ 정부보조금은 자산관련 보조금으로서 해당 자산이 손익에 영향을 미치는 감가상각자산 기간 동안 안분되어 손익으로 반영됩니다. 따라서 A사가 감가상각비를 인식하는 2001년부터 2005년까지 매년 2,000원(=10,000원÷5년)씩 손익에 반영합니다.

2. 수익 보조금과 자산 보조금

(1) 수익 보조금

수익관련 보조금을 받는 경우에는 당기손익에 반영합니다. 다만, 수익관련 보조금을 사용하기 위하여 특정의 조건을 충족해야 한다면, 그 조건을 충족하기 전에 받은 수익관련 보조금은 선수수익으로 회계처리합니다. 수익관련 보조금은 대응되는 비용이 없는 경우 회사의 주된 영업활동과 직접적인 관련성이 있다면 영업수익으로, 그렇지 않다면 영업외수익으로 회계처리합니다.

① 관련 비용이 있는 경우 다음 방법이 모두 인정됩니다.
- 관련 비용에서 차감하는 순액법
- 관련 비용과 보조금수익을 모두 인식하는 총액법

② 관련 비용이 없는 경우에는 수익으로 인식됩니다.

참고로 정부보조금에 대한 수익을 인식할 경우 계정분류 기준은 다음과 같습니다.

① **영업수익 분류** : 기업의 영업활동과 보조금수령이 밀접하게 관련되어 있는 경우(예 : 시내버스 회사의 환승, 청소년 할인에 대한 보조금수령)

② **영업외수익으로 분류** : 기업의 영업활동과 보조금수령이 밀접하게 관련되어 있지 않는 경우

예제 06 수익관련 보조금

- 상황 1
  - 2001년 6월 말에 A사는 수해로 인하여 생산에 차질을 발생함.
  - 정부는 수해지역에 있는 각 기업에게 10,000원의 무조건적인 현금지원을 약속함.
  - 정부보조금은 10,000원이며 수령시기는 2002년 시점으로 예상됨.
- 상황 2
  - A사는 연구활동에 지출되는 비용 중 정부로부터 일부를 보조받음.
  - 총 연구비와 정부보조금은 각각 10,000원 및 3,000원임.

요구사항 ▼

1. 상황 1에 대한 회계처리를 예시하시오.
2. 상황 2를 순액법과 총액법에 따라 회계처리하시오.

▶▶ 상황 1

① 2001년

(차변) 미수금	10,000	(대변) 영업외수익	10,000

② 2002년

(차변) 현금	10,000	(대변) 미수금	10,000

▶▶ 상황 2

구분	순액법		총액법	
지출	(차변) 연구비 (대변) 현금	10,000 3,000	(차변) 연구비 (대변) 현금	10,000 3,000
보조금 수령	(차변) 현금 (대변) 선수수익	3,000 3,000	(차변) 현금 (대변) 선수수익	3,000 3,000
상계/수익	(차변) 선수수익 (대변) 연구비	3,000 3,000	(차변) 선수수익 (대변) 수익	3,000 3,000

순액법을 적용하면 연구비를 7,000원만 인식합니다. 반면, 총액법을 적용하면 연구비는 10,000원, 보조금수익은 3,000원이 인식됩니다. 그러나 순손익은 동일합니다.

(2) 자산 보조금

자산관련 보조금이란 정부지원의 요건을 충족하는 기업이 장기성 자산을 매입, 건설하거나 다른 방법으로 취득해야 하는 일차적 조건이 있는 정부보조금을 말합니다. 부수조건으로 해당 자산의 유형이나 위치 또는 자산의 취득기간이나 보유기간을 제한할 수 있습니다.

자산취득 목적에 사용된 보조금은 자산의 감가상각비에 비례하여 손익에 영향을 미치게 되며, 재무상태표상 표시방법은 다음과 같습니다.

구분	재무제표 표시
K-IFRS	① **자산 차감방식** : 자산의 장부금액을 취득금액에서 정부보조금을 차감하여 표시 ② **이연수익방식** : 정부보조금을 이연수익(부채)으로 계상하는 방법.
일반기업회계기준	자산차감방식만 인정

만일 수령한 정부보조금이 자산의 취득금액을 초과한다면, 자산을 초과하는 금액은 당기손익으로 처리합니다.

자산차감방식이 재무비율에 미치는 영향을 살펴봅시다.

① **부채비율** : 자산차감방식을 적용하면 부채계상액이 없으므로, 이연수익방식보다 부채비율이 양호하게 표시됩니다.

② **영업이익률** : 자산차감방식을 적용하면 영업수익(보조금수익)이 아닌 영업비용(감가상각비)을 감소시키게 되므로, 이연수익방식보다 영업이익율이 양호하게 표시됩니다.

한편, 일반기업회계기준은 자산관련 보조금을 받아 관련 자산을 취득하기 전까지 보유하는 현금은 해당 계정에서 차감하여 표시하도록 규정하고 있습니다. 그러나 K-IFRS는 별도의 규정이 없으므로 차감 표시하지 않습니다.

예제 07 자산 취득 보조금

- A사는 정부로부터 2001년 초에 10,000원을 보조받아 연구개발 목적의 시험장비를 40,000원에 취득함.
- 내용연수는 5년이며 정액법을 적용함.

요구사항 ▼

1. K-IFRS와 일반기업회계기준의 자산 차감방식에 따른 회계처리를 예시하시오.
2. K-IFRS의 이연수익법에 따른 회계처리를 예시하시오.

▶▶ 자산 차감방식

구분	K-IFRS			일반기업회계기준		
수령	(차변)	현금	10,000	(차변)	현금	10,000
	(대변)	선수금	10,000	(대변)	현금보조금	10,000
취득	(차변)	유형자산	40,000	(차변)	유형자산	40,000
	(대변)	현금	40,000	(대변)	현금	40,000
	(차변)	선수금	10,000	(차변)	현금보조금	10,000
	(대변)	유형보조금	10,000	(대변)	유형보조금	10,000
상각	(차변)	감가상각비	8,000	(차변)	감가상각비	8,000
	(대변)	상각누계액	8,000	(대변)	상각누계액	8,000
	(차변)	유형보조금	2,000	(차변)	유형보조금	2,000
	(대변)	상각누계액	2,000	(대변)	상각누계액	2,000

현금보조금과 유형보조금은 해당 자산에서 차감 표시되는 평가 계정입니다.

▶▶ 이연수익법

① 정부보조금 수령

(차변) 현금	10,000	(대변) 이연수익(부채)	10,000

② 자산 취득

(차변) 유형자산	40,000	(대변) 현금	40,000

③ 상각비

(차변) 감가상각비	8,000	(대변) 감가상각누계액	8,000

④ 수익대체

(차변) 이연수익(부채)	2,000	(대변) 수익	2,000

(3) 비화폐성 정부보조금

정부보조는 토지나 그 밖의 자원과 같은 비화폐성자산을 기업이 사용하도록 이전하는 형식을 취할 수 있습니다. 이러한 상황에서는 일반적으로 비화폐성자산의 공정가치를 평가하여 보조금과 자산 모두를 그 공정가치로 회계처리합니다. 예를 들어 정부의 장부에 5,000원으로 계상된 기계장치를 보조받았으나 동 기계장치의 공정가치가 7,000원인 경우, 7,000원의 지원을 받는 것으로 회계처리합니다.

(4) 상환조건부 정부출연금과 추정의 변경

상환조건부로 수령한 정부출연금은 일정 기간 이후에 기술료 등의 명목으로 정부에 반환하게 되므로 정부보조금의 정의에 부합하지 않습니다. 즉, 상환조건부 정부출연금은 그 경제적 실질이 정부로부터 차입한 것에 해당하므로, 장기미지급비용 등의 계정과목을 사용하여 부채로 분류합니다.

한편, 조건의 변화로 인하여 기업이 상환해야 할 정부출연금의 규모는 최초 수령시점에 파악하였던 금액과 상이할 수 있는데, 추정의 변경으로 회계처리합니다.

① 상환의무가 발생한다면 해당 금액을 회계추정의 변경으로 회계처리합니다. 회계추정의 변경은 변경의 효과를 변경이 발생한 기간 및 그 후 미래기간에 대하여 전진적으로 인식하는 방법에 해당합니다.

② 수익관련 보조금을 상환하는 경우, 보조금과 관련하여 인식된 미상각 이연계정(선수수익)에 먼저 적용합니다. 이때 이연계정을 초과하거나 이연계정이 없는 경우에는 초과금액 또는 상환금액을 즉시 비용으로 인식합니다.

③ 자산관련 보조금을 상환하는 경우, 상환금액만큼 자산의 장부금액을 증가시키거나 이연수익에서 차감하여 기록합니다. 이때 보조금이 없었더라면 현재까지 당기손익으로 인식했어야 하는 추가적인 감가상각누계액은 즉시 비용으로 인식합니다.

④ 자산관련 보조금의 상환의무가 발생하는 경우, 자산의 새로운 장부금액에 손상 가능성이 있는지를 고려할 필요가 있습니다. 자산차감방식을 적용할 경우 차감되는 금액이 감소하여, 손상대상이 되는 유형자산의 순장부금액이 증가될 수 있기 때문입니다.

수익 보조금에 대한 추정의 변경을 다음 예제로 살펴봅시다.

예제 08 추정의 변경

- A사는 정부로부터 2001년 초에 50,000원을 보조받아 연구비로 사용함.
- 연구프로젝트를 성공할 경우 20%에 해당하는 금액을 기술료로 상환해야 함.
- A사는 2001년에 프로젝트의 성공을 예상하였으나, 2002년에 실패로 판정됨.
- A사는 2002년에 기술료가 면제됨.

요구사항 ▼ 순액법 전제 시 회계처리를 예시하시오.

각 시점별 회계처리는 다음과 같습니다.

① 정부보조금 수령

(차변) 현금	50,000	(대변)	선수수익	40,000
			장기미지급비용	10,000

② 연구비 사용

(차변) 연구비	50,000	(대변)	현금	50,000
선수수익	40,000		연구비	40,000

③ 실패로 인한 추정의 변경

(차변) 장기미지급비용	10,000	(대변)	수익	10,000

자산 보조금에 대한 추정의 변경을 다음 예제로 살펴봅시다.

예제 09 추정의 변경

- A사는 2001년에 정부로부터 2001년 초에 50,000원을 보조받아 연구장비를 취득함.
- 연구장비의 내용연수는 5년이며 정액법을 적용함.
- 연구프로젝트를 성공할 경우 20%에 해당하는 금액을 기술료로 지급해야 할 것으로 예상됨.
- 2002년에 프로젝트의 성공이 판정되었으며, 기술료로 50%를 지급하기로 결정됨.
- 2003년 중에 기술료로 25,000원을 지급함.

요구사항 ▼ K-IFRS(자산 차감방식)에 따른 회계처리를 예시하시오.

각 시점별 회계처리는 다음과 같습니다.

① 정부보조금 수령

(차변) 현금	50,000	(대변)	선수금	40,000
			장기미지급비용	10,000

② 자산 취득

(차변) 유형자산	50,000	(대변)	현금	50,000
선수금	40,000		유형자산(보조금)	40,000

③ 2001년 상각비 인식

(차변)	감가상각비	10,000	(대변) 상각누계액	10,000
	유형자산(보조금)	8,000	감가상각비	8,000

④ 2002년 상각비 인식

(차변)	유형자산(보조금)	12,000	(대변) 장기미지급비용	15,000
	감가상각비	3,000		

A사는 20%를 기술료로 상환할 것으로 예상하였으나 50%로 확정된 경우, 30%에 해당하는 보조금을 제거합니다. 그리고 2001년에 과소 인식하였던 감가상각비(=10,000원×50%−10,000원×20%)를 즉시 비용으로 인식합니다.

① 2002년과 2003년 상각비 인식

(차변)	감가상각비	10,000	(대변) 감가상각누계액	10,000
	유형자산(보조금)	5,000	감가상각비	5,000

② 기술료 지급

(차변)	장기미지급비용	25,000	(대변) 현금	25,000

3. RCMS

(1) RCMS 개요

실시간통합연구관리시스템(RCMS, Real-time Cash Management System)은 사업비의 투명한 사용과 효율적 관리를 위하여 수행기관이 직접 계좌이체, 신용카드 등을 통하여 사업비를 집행, 정산할 수 있는 통합정보시스템을 의미합니다. RCMS 적용 시에는 실제로 사업비를 사용할 때에 실시간으로 지급됩니다.

(2) RCMS 회계처리

RCMS을 도입하였을 경우 유의해야 할 사항은 다음과 같습니다.

① 정부보조금을 인식하는 시기는 정부보조금의 지급요건을 충족하는 지출이 이루어지는 시점입니다. 협약서 등에 따라 지출이 이루어지는 시점에 정부보조금을 지급받을 수 있는 권리가 발생되기 때문입니다.

② RCMS를 도입하면 지출이 발생한 이후 보조금을 수령하기 때문에, 선수수익이나 선수금 계정은 나타나지 않습니다.

③ RCMS는 회사의 계좌가 아닌 정부에서 지정한 별도의 계좌에서 정부출연금과 민간출연금을 관리합니다. 따라서 회사는 지정된 계좌에 출연할 민간부담금을 입금하게 되는데, 지정 계좌는 회사가 소유하는 계좌가 아니므로 미수금 등의 계정으로 처리합니다.

④ 회사가 지출한 연구비 등에 대해서는 지정된 계좌에서 거래처로 직접 지급됩니다. 따라서 지출 시점에는 미지급 회계처리합니다.

⑤ RCMS 계좌에서 회사 계좌로 입금될 경우 입금된 금액은 민간부담금과 정부출연금으로 구분하고, 정부출연금 중 기술료로 반환할 금액은 장기미지급비용으로 회계처리합니다.

⑥ 회사가 납부하게 되는 기술료에 대한 의무는 정부로부터 출연금을 받는 시점에 확정되므로 RCMS를 적용할 경우, 회사는 장기미지급금비용을 정부출연금 시점마다 적립하게 됩니다.

예제 10 RCMS

- A사는 2001년 7월 1일자로 전담기관 B사와 협약을 체결하여 주식경제기술혁신사업(과제기간 : 2001년 7월 1일 ~ 2002년 6월 30일)을 수행하고 있음.
- 해당 연구 Project는 RCMS 대상임.
- Project에 소요되는 예산은 총 500원이며, 그 구성 중 민간부담금은 100원(20%)이며, 정부출연금은 400원(80%)임.
- A사는 Project가 성공할 경우 기술료로서 정부출연금의 30%에 해당하는 120원을 납부해야 함.
- 2001년 7월에 A사는 전담기관 명의의 통장에 100원을 이체함.
- A사는 2001년과 2002년에 연구비로 각각 300원 및 200원을 사용함.
- A사는 2002년에 기술료로서 120원을 상환함.
- A사는 연구 Project가 성공할 것으로 확신하고 있으며, 2002년에 성공으로 판정됨.

요구사항 ▼

1. 순액법을 적용하여 회계처리를 예시하시오.
2. 만일 2003년에 연구 Project가 실패하여 기술료를 면제받을 경우 회계처리를 예시하시오.

각 시점별 회계처리는 다음과 같습니다.

① 2001년 자금 대체

(차변) 미수금(예치금)	100	(대변) 현금	100

A사가 100원을 입금한 계좌는 전담기관 명의의 통장이므로 A사의 현금으로 표시할 수 없습니다. 따라서 입금한 금액을 미수금 등의 자산 계정으로 대체합니다.

② 연구비 지출

(차변)	연구비	300	(대변) 미지급금	300

A사는 전담기관의 계좌에서 A사의 계좌로 입금된 금액으로 연구비를 지급하게 되므로, 원인행인 시점에는 미지급금으로 계상합니다.

③ 2001년 자금 입금

(차변)	현금	300	(대변) 미수금	60
			장기미지급비용	72
			연구비	168

A사는 연구비에 대한 지출원인 행위 이후 이에 해당하는 금액을 수령하게 되는데, 동 금액은 민간부담금 60원(20%)과 정부출연금 240원(80%)으로 구분됩니다. 정부출연금 중 30%에 해당하는 72원은 향후 기술료로 반납해야 할 금액이므로 장기미지급비용으로 회계처리합니다. 본 예제는 순액법을 전제하고 있으므로 정부출연금 중 기술료에 해당하지 아니하는 168원(=240원-72원)만 연구비와 상계합니다.

만일, A사의 계좌에서 자금이 지출되는 것이 아니라 RCMS 계좌에서 직접 자금을 지급한다면, A사는 연구비 300원에 대한 원인행위 후 자금에 대한 권리를 확정하게 되므로 현금이 아닌 미수금으로 회계처리하는 것이 적절합니다.

④ 2002년 자금 입금

(차변)	미지급금	300	(대변) 현금	300

⑤ 2002년 연구비 지출

(차변)	연구비	200	(대변) 미지급금	200

⑥ 2002년 자금 입금

(차변)	현금	200	(대변) 미수금	40
			장기미지급비용	48
			연구비	112

A사는 연구비에 대한 지출원인 행위 이후 이에 해당하는 금액을 수령하게 되는데, 동 금액은 민간부담금 40원(20%)과 정부출연금 160원(80%)으로 구분됩니다. 정부출연금 중 30%에 해당하는 48원은 향후 기술료로 반납해야 할 금액이므로 장기미지급비용으로 회계처리합니다.

⑦ 기술료 지급

(차변) 장기미지급비용 120 (대변) 현금 120

본 사례는 연구 Project가 성공함을 가정하고 있으며, 실패할 경우에는 면제받습니다. 따라서 A사가 성공할 것이라고 확신하고 계상한 장기미지급비용은 실패 시점에 회계정추정의 변경으로 보아 회계처리합니다.

⑧ 실패 판정

(차변) 장기미지급비용 120 (대변) 수익 120

(3) 포인트제도

RCMS와 유사한 포인트제도가 있는데, 포인트제도는 기존에 현금으로 지급하던 정부출연금을 '기술개발비 포인트'로 지급하고 회사는 동 포인트를 사용하여 기존과 동일하게 신용카드 및 온라인 계좌이체의 방법으로 사업비를 집행합니다.

포인트제도에 따라 정부보조금을 받는 경우 정부보조금은 정부보조금의 정의를 충족하는 시점에 인식하는데, 실무적으로 포인트를 제공받는 시점에 해당합니다. 포인트제도에 따른 정부보조금 회계처리는 현금이 아닌 미수금 계정 등으로 분류한다는 점 이외에는 일반적인 정부보조금 회계처리와 동일하므로 추가적인 설명은 생략합니다.

제 4 절 연구비와 개발비

진행 중인 연구개발 프로젝트를 무형자산으로 인식하는 회계처리는 미국의 소프트웨어 업계가 미국의 재무회계기준위원회(FASB)와 미국 공인회계사협회(AICPA)에 로비한 결과 인정되었습니다. 이후 IFRS도 US-GAAP을 수용하여 기준서를 제정하였습니다.

1. 연구 프로젝트

일반적인 연구 프로젝트의 진행단계와 그에 따른 회계처리를 요약하면 아래와 같습니다.

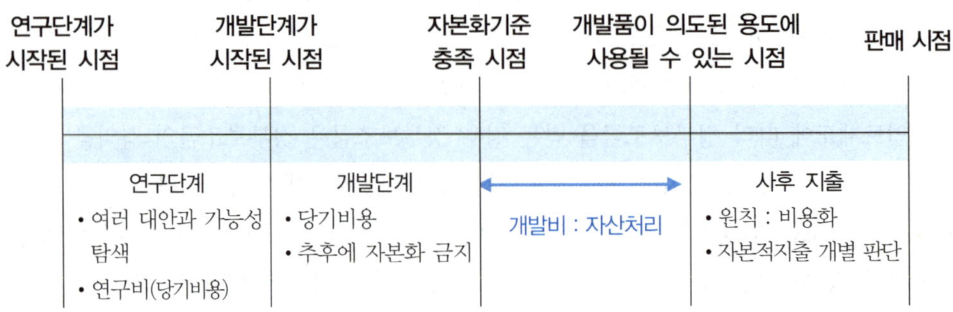

외부에서 취득한 무형자산은 인식기준 충족에 큰 이슈가 없으나, 내부적으로 창출한 자산은 신뢰성이 낮으므로 엄격한 요건의 충족을 요구하고 있습니다. 내부적으로 무형자산을 창출하는 과정은 다음과 같이 구분할 수 있습니다.

① **연구단계** : 당기비용

② **개발단계** : 자본화요건을 만족시키는 일부 원가를 무형자산으로 인식

한편 특정 프로젝트에 대한 지출액을 연구단계와 개발단계로 구분할 수 없는 경우에는 모두 연구단계에서 발생한 것으로 보아 당기비용으로 처리합니다.

2. 연구단계와 개발단계

(1) 연구단계

연구단계는 새로운 과학적 또는 기술적 지식이나 이해를 얻기 위해 수행하는 독창적이고 계획적인 탐구활동을 말합니다. 연구(또는 내부 프로젝트의 연구단계)에 대한 지출은 해당 연구가 성공할 수 있는지 불분명하며, 미래 경제적효익을 창출할 수 있음을 입증하기 어려

우므로 발생시점에 비용으로 인식합니다.

연구활동의 예는 다음과 같습니다.

① 새로운 지식을 얻고자 하는 활동

② 연구결과나 기타 지식을 탐색, 평가, 최종 선택, 응용하는 활동

③ 재료, 장치, 제품, 공정, 시스템이나 용역에 대한 여러 가지 대체안을 탐색하는 활동

④ 새롭거나 개선된 재료, 장치, 제품, 공정, 시스템이나 용역에 대한 여러 가지 대체안을 제안, 설계, 평가, 최종 선택하는 활동

(2) 개발단계

개발단계는 재료, 장치, 제품, 고정, 시스템, 용역 등을 새롭게 하거나 상당히 개량되도록 하기 위해 상업적인 생산이나 사용을 시작하기 전에 연구단계에서 찾은 성과물이나 기타 관련 지식을 생산계획 또는 설계에 적용하는 단계를 말합니다. 즉, 개발활동은 시제품을 만들어 보는 등 새로운 제품이나 공정 또는 기존의 제품이나 공정에 중요한 발전을 위하여 계획이나 설계에 연구결과를 적용하는 활동입니다.

개발활동은 상업적으로 실행 가능한 제품(또는 공정)의 관점에서 연구활동보다 더 진척된 활동입니다. 따라서 미래 경제적효익의 유입가능성에 대한 조건이 충족될 수 있으며, 개발단계에서 발생한 비용은 신뢰성 있게 측정할 수 있어서 자산 인식기준을 만족할 수 있는 가능성이 생깁니다.

개발활동의 예는 다음과 같습니다.

① 생산이나 사용 전의 시제품과 모형을 설계, 제작, 시험하는 활동

② 새로운 기술과 관련된 공구, 지그(jig), 주형, 금형 등을 설계하는 활동

③ 상업적 생산 목적으로 실현가능한 경제적 규모가 아닌 시험공장을 설계, 건설, 가동하는 활동

④ 신규 또는 개선된 재료, 장치, 제품, 공정, 시스템이나 용역에 대하여 최종적으로 선정된 안을 설계, 제작, 시험하는 활동

특정 연구개발 프로젝트가 다음 조건을 모두 충족한다면 경제적 실행력(Economic viability)이 있다고 보아 개발비를 자본화할 수 있습니다.

① **기술적 실현가능성** : 프로젝트를 완수하는 것이 기술적으로 실현 가능해야 합니다.

② **경영자의 의도** : 기업은 프로젝트를 완성하여 사용하거나 판매하려는 의도가 있어야 합니다.

③ **사용 또는 판매 능력** : 무형자산을 사용하거나 판매할 수 있는 실질적인 능력이 있어야 합니다.

④ **시장성 또는 유용성** : 기업이 해당 무형자산으로부터 미래 경제적효익을 창출하는 방법이 존재해야 합니다. 무형자산을 판매하고자 한다면 무형자산의 산출물이나 무형자산 자체를 거래하는 시장이 존재함을 제시할 수 있어야 하고, 무형자산을 내부적으로 사용할 것이라면 그 유용성을 제시할 수 있어야 합니다.

⑤ **자원의 적정성** : 프로젝트를 완료하고 그것을 판매하거나 사용하는 데 필요한 기술적, 재정적 자원 등을 보유해야 합니다. 경우에 따라 기업은 그 사업계획에 대한 대출자의 자금제공 의사표시를 통해 외부자금조달의 가능성을 제시할 수도 있습니다.

⑥ **측정의 신뢰성** : 개발단계에서 발생한 지출을 신뢰성 있게 측정할 수 있는 능력이 있어야 합니다. 원가계산시스템으로 무형자산을 내부적으로 창출하는 데 발생한 원가를 신뢰성 있게 측정할 수도 있습니다. 예를 들어, 저작권이나 라이선스를 획득하거나 컴퓨터소프트웨어를 개발하는 과정에서 발생한 급여 등의 지출을 원가계산시스템으로 신뢰성 있게 측정할 수 있습니다.

(3) 원가 측정의 신뢰성

개발비의 원가는 그 자산의 창출, 제조 및 경영자가 의도하는 방식으로 운영될 수 있게 준비하는 데 필요한 직접 관련된 모든 원가를 포함합니다. 그 예는 다음과 같습니다.

① 무형자산의 창출에 사용되었거나 소비된 재료원가, 용역원가 등

② 무형자산의 창출을 위하여 발생한 종업원급여

③ 법적 권리를 등록하기 위한 수수료

④ 무형자산의 창출에 사용된 특허권과 라이선스의 상각비

그러나 다음은 무형자산의 원가에 포함하지 않습니다.

① 판매비, 관리비 및 기타 일반경비 지출. 다만, 자산을 의도한 용도로 사용할 수 있도록 준비하는 데 직접 관련된 경우는 제외

② 자산이 계획된 성과를 달성하기 전에 발생한 명백한 비효율로 인한 손실과 초기 영업손실

③ 자산을 운용하는 직원의 교육훈련과 관련된 지출

3. 특허권

(1) 개발활동의 산출물로서의 특허권의 취득원가

특허권을 취득하는 데 소요되는 직접비용은 특허권의 취득원가에 해당합니다. 여기서 직접비용의 예로는 법적 비용과 등록 비용 등이 있습니다. 무형자산으로 인식하였던 개발비에 대하여 법적 권리가 확보되었을 때 이를 별도의 무형자산인 특허권(또는 산업재산권)으로 대체할 수 있는지 논란이 있을 수 있습니다. 이러한 경우 가능한 회계처리는 다음과 같습니다.

① **방법 1** : 특허권 취득을 위하여 직접 지출된 금액만을 특허권으로 인식

② **방법 2** : 무형자산으로 인식한 개발비의 미상각잔액에 특허권 취득을 위하여 직접 지출된 금액을 가산하여 특허권 계정으로 대체하여 인식하고, 특허권의 내용연수에 걸쳐 상각

예제 11 **특허권**

- A사는 2003년 7월 초에 연구개발에 필요한 기계장치를 400,000원에 취득하였으며 정부로부터 60,000원을 보조받음.
- 기계장치의 취득과정에서 공정가치가 30,000원인 국채를 50,000원에 취득함.
- 기계장치는 연구활동 이외의 용도에도 사용 가능함.
- 2003년 말에 연구활동이 종료되어 2004년 초부터 개발비 요건을 충족함.
- 2004년 중에 지출한 인건비와 재료비는 20,000원임.
- 2004년 말에 개발활동이 완료되고, 2005년 6월 말에 9,000원을 지급하고 특허권을 취득함.
- 유형자산과 무형자산의 내용연수는 3년이며 정액법을 적용함.
- A사는 정부보조금에 대하여 자산차감방식을 적용하고 있음.

요구사항 ▼

1. 2003년 기계장치의 장부금액과 감가상각비를 계산하시오.
2. 2005년에 취득한 특허권의 취득원가는 얼마인가?

기계장치의 경우 연구활동 이외의 대체적 용도가 없다면 유형자산으로 인식하지 않고, 구입 즉시 연구비로 처리합니다. 본 예제에서는 다른 용도로 사용 가능하기 때문에 유형자산으로 계상합니다.

① 취득원가 = 400,000원 + (50,000원 − 30,000원) = 420,000원

② 감가상각비(총액) = 420,000원 ÷ 3년 × 6월/12월 = 70,000원

③ 감가상각비와 상계될 정부보조금 = 70,000원 × 60,000원 ÷ 420,000원 = 10,000원

④ 손익계산서에 표시될 감가상각비=70,000원-10,000원=60,000원

⑤ 기계장치 장부금액=420,000원-50,000원(보조금)-70,000원(누계액)=300,000원

특허권은 다음 방법에 따라 결정됩니다.

① **방법** 1. 개발비 미상각을 특허권으로 대체=20,000원(개발비)+9,000원=29,000원

② **방법** 2. 특허권과 개발비를 각각 별도로 계상=9,000원

특허권이 인식되려면 먼저, 특허 대상이 되는 개발비가 전제되어야 합니다. 개발비가 없는 상태에서 단지 법률수수료만 자산으로 인식하는 것은 개념상 일관성이 없습니다. 당기비용으로 분류하는 것이 합리적인 상황일 수 있습니다.

(2) 특허권 권리 방어에 소요된 법적 비용

특허권 소송과 관련된 비용(특허권을 성공적으로 방어하는 데 소요되는 소송비용)은 발생시점에 당기비용으로 처리합니다. 그러나 특허권 소송과 관련된 지출로 인하여 미래 경제적 효익이 증가한다면 소송과 관련된 지출을 자본화합니다. 이러한 예로는 소송결과 특허권의 경제적 내용연수가 증가하는 경우를 들 수 있습니다.

4. 제약 · 바이오 기업의 연구개발비 회계처리 관련 감독지침 (2018.9.19. 금융위원회)

(1) 기술의 실현가능성 판단

① 약품유형별로 각 개발단계[11]의 특성과 해당 단계로부터 정부 최종 판매 승인까지 이어질 수 있는 객관적 확률통계 등을 감안하여 개발비의 자산화가 가능해지는(즉, 기술적 실현가능성이 있다고 볼 수 있는) 단계 설정

유형	자산화 가능	설정근거
신 약	임상 3상 개시/승인	• 장기간 다수의 환자를 대상으로 시험약의 안전성 · 약효에 대한 검증을 거치지 않은 상태(임상 3상 개시 승인 이전)에는 일반적으로 자산가치의 객관적 입증이 어려울 것으로 판단됨. • 미국의 제약 · 바이오 업계 통계에 따르면 최근 10년간 임상 3상 개시 승인 이후 정부 최종 승인율은 약 50%임.

11) 개발 단계 : 후보물질 발굴 → 전임상시험 → 임상 1상 → 2상 → 3상 → 정부 승인 신청

유형	자산화 가능	설정근거
바이오 시밀러	임상 1상 개시/승인	• 정부가 오리지널약과의 유사성 검증자료를 확인하지 않은 상태(임상 1상 개시 승인 이전)에서는 일반적으로 자산가치의 객관적 입증이 어려울 것으로 판단됨. • 미국의 연구결과, 임상 1상 개시 승인 이후 최종 승인율 약 60%임.
제네릭	생동성시험 승인[12]	• 정부가 오리지널약과의 화학적 동등성 검증자료를 확인하지 않은 상태에서는 일반적으로 자산가치의 객관적 입증이 어려울 것으로 판단됨.
진단 시약	제품 검증 (허가신청, 외부임상신청 등)	• 외부의 객관적인 제품검증이 없는 상태에서는 일반적으로 자산가치의 객관적 입증이 어려울 것으로 판단됨.

② 회사는 상기 기준에 따라 자산으로 인식하는 경우, 기술적 실현 가능성 판단에 필요한 객관적 증빙 자료를 제시해야 합니다.

③ 상기 기준의 전 단계에서 연구개발비를 자산으로 인식한 경우에는 감리 과정에서 회사의 주장과 논거를 더욱 면밀히 검토할 필요가 있습니다[예 : 기술이전(license-out) 계약을 체결한 경우 진성거래 여부, 이행가능성 등을 점검].

(2) 원가측정의 신뢰성 확보

① 회사는 프로젝트별 투입 원가를 신뢰성 있게 측정하고, 그 중 개발활동과 직접 관련 있는 원가만 자산으로 계상해야 합니다(프로젝트별 투입된 재료비, 노무비, 외주비 등을 개발단계별로 구별하여 집계).

② 개발비와 연구비가 혼재되어 구분이 어려운 경우에는 전액 비용으로 인식합니다.

(3) 상업화 가능성 확인 및 손상 평가

① 회사는 무형자산의 상업화 의도와 능력 및 이에 필요한 기술 · 재정적 자원입수 가능성을 합리적으로 제시해야 합니다(심사 · 감리 과정에서는 사업계획 등을 통해 확인 가능).

② **개발비를 자산으로 인식한 후에는 손상 관련 회계기준에 따라 그 자산에서 얻게 될 미래 경제적 효익을 평가** : 초과분은 손상으로 인식하고, 추가 지출액은 비용 처리합니다.

12) 생동성시험 : 오리지널 약품과 생체이용률이 통계적으로 동등한지 검증하는 과정

제 7 장 자산손상 : 개별 자산과 현금창출단위

자산 손상절차는 상황에 대한 정확한 이해뿐만 아니라, 많은 판단을 요구하는 분야입니다. 그리고 당기순이익에 큰 영향을 미치므로 이해관계자들이 관심을 갖는 주제입니다. 본 장에서는 채권, 재고자산 및 유·무형자산에 대한 손상 절차를 설명합니다.

제 1 절 채권 평가

금융자산은 현금, 다른 기업의 지분상품(주식), 채무상품(채권) 및 파생상품으로 구분할 수 있으며, 그 중 채권 및 투자주식에 대한 결산절차에 유의해야 합니다. 투자주식은 〈제4장〉〈제4절〉에서 다루었으므로, 본 절에서는 채권에 대한 손상절차를 살펴봅니다.

1. 채권에 대한 평가 절차

채권에 대한 손상모형은 크게 다음과 같이 구분됩니다.

① **발생손실(Incurred loss) 모형** : 금융자산의 최초 인식 후에 손상의 객관적인 증거가 있거나 손상사건이 발생한 경우에만 손상(대손)을 인식할 수 있는 모형

② **기대손실(Expected loss) 모형** : 금융자산의 최초 인식 후에 손상이 예상될 경우 대손을 인식할 수 있는 모형

기준서의 표현은 다소 다르지만 K-IFRS와 일반기업회계기준 모두 기대손실 모형에 따라 손상(대손)을 인식하고 있습니다.

(1) 손상 징후

채권에 대해 다음의 징후가 있어 현금흐름에 부정적 영향을 받을 것이라 예상되면, 개별 채권 평가를 진행하게 됩니다.

① 거래처의 유의적인 재무적 어려움

② 계약의 불이행이나 지연

③ 거래처의 재무적 어려움에 관련된 경제적 또는 법률적 이유로 인한 당초 차입조건의 불가피한 완화

④ 거래처의 파산이나 기타 재무구조 조정의 가능성이 높은 상태

⑤ 금융자산의 집합에 속한 개별 금융자산의 추정 미래현금흐름의 감소를 식별할 수는 없지만, 최초인식 후 금융자산 집합의 추정 미래현금흐름의 감소가 있다는 것을 시사하는 경우

- 거래처의 지급능력의 악화
- 금융자산의 집합에 포함된 자산에 대한 채무불이행과 상관관계가 있는 국가나 지역의 경제상황

(2) 개별 손상검토와 집합 손상검토

채권(특히 매출채권)은 다수의 거래처로 구성되어 있으므로, 모든 거래처를 개별 분석하기는 사실상 불가능합니다. 따라서 일부 채권만 개별 분석하고, 그 외 채권은 위험이 유사한 거래처끼리 Grouping한 후 각 Group을 하나의 채권으로 보아 평가하는 것이 일반적입니다.

1단계 : 개별 손상검토

손상 징후가 발견되면 손상 검사를 통해 객관적인 증거가 있는지를 개별적으로 검토합니다.

① **검사 결과 대손(손상)의 징후가 있는 경우** : 대손상각비 인식

② **검사 결과 대손(손상)의 징후가 없는 경우** : 해당 채권과 위험이 유사한 채권으로 분류

개별적으로 검토한 과정에서 손상 징후가 없다면, 동 채권은 집합 평가 집단에서 다시 재검토합니다. 그 이유는 집합 검토를 통해서만 확인할 수 있는 내용이 있기 때문입니다. 예를 들어 위험특성이 유사한 채권의 회수율 정보는 집합 검토 과정에서만 획득됩니다.

2단계 : 집합 손상검토

채권을 먼저 위험특성이 유사한 범주별로 Grouping하고, 각 Group을 하나의 채권으로 보아 손상검토를 실시합니다. 여기서 유사한 위험특성으로 구분한다고 함은 채무자의

신용위험이 유사한 채권 단위로 Grouping 한다는 의미입니다.

Grouping 하는 기준은 자산의 형태, 산업, 지역적 위치, 담보유형, 연체상태와 기타 관련 요소를 고려하는 신용위험 평가 등이 있습니다. 그런데 비금융업종에서 실무상 가장 많이 사용하는 기준은 채권의 발생시점에 따른 연령(Aging) 기준입니다.

예제 01 채권 손상검토 절차

• 개별적으로 검토한 채권의 내역은 다음과 같음.

구분	금액	경과 기일
A사	150,000	60일
B사	98,000	90일

• 그 외 채권의 내역은 다음과 같음.

구분	금액	과거 대손 경험률
60일 경과 채권	200,000	3.0%
90일 경과 채권	100,000	5.0%

• B사에 대한 개별 분석 결과 28,000원의 대손충당금을 설정함.

요구사항 ▼ 대손충당금을 계산하시오.

매출채권에 대한 대손충당금 설정 절차는 다음과 같습니다.

① 1단계 개별적인 손상검토 : 개별검토 결과 B사 채권에 대하여 28,000원의 대손충당금을 설정하고, A사 채권은 집합적인 검토를 추가로 실시합니다.

② 2단계 집합 손상검토 : 60일 경과 채권과 90일 경과 채권으로 구분하여 대손충당금을 계산하는데, A사 채권도 60일 경과 채권에 포함합니다.

- 60일 경과 채권=(200,000원+150,000원)×3%=10,500원
- 90일 경과 채권=100,000원×5%=5,000원

따라서 재무제표에 계상될 대손충당금 43,500원(=28,000원+10,500원+5,000원)으로 계산됩니다.

(3) 과거 경험률 조정

과거 경험률을 분석하여 대손을 설정하였으나 금융위기 등 경제상황이 변화했다면, 과거 경험률을 현재의 상황에 적합하게 조정하는 것이 바람직합니다.

예제 02 경험률 조정

- 기업은 화학제품을 생산하고 있음.
- 보유하고 있는 채권의 집합 및 과거 대손 경험률은 다음과 같음.

구분	금액	과거 대손 경험률
60일 경과 채권	200,000	3.0%
90일 경과 채권	100,000	5.0%

요구사항 ▼

1. 유가 급락으로 화학산업이 침체하여 부도율이 종전에 비하여 2%만큼 증가할 것으로 예상되는 경우 대손충당금을 계산하시오.
2. 중국 경제의 활성화로 업종이 활성화되어 종전에 비하여 부도율이 1%만큼 감소할 것으로 예상되는 경우 대손충당금을 계산하시오.

경제 상황이 변동될 경우에는 경험률을 조정하여, 대손충당금을 설정하는 것이 적절합니다.

구분	경기 침체	경기 활성화
60일 경과 채권	10,000원(=200,000원×5%)	4,000원(=200,000원×2%)
90일 경과 채권	7,000원(=100,000원×7%)	4,000원(=100,000원×4%)
대손충당금	17,000원	8,000원

2. 집합 손상검토

(1) 연령 분석

매출채권에 대한 대손충당금 설정 방법 중 가장 대표적인 것은 채권 연령 분석(Aging analysis)입니다. 'Aging'이란 말에서 알 수 있듯이 이 방법은 채권을 발생시기별로 분류하고 오래전에 발생한 채권일수록 대손가능성이 크다고 보아 기대 회수율을 조정합니다.

① **매출채권의 연령 분석 실시 :** 매출채권을 발생한 시점별로 분류[13)]

13) 약정된 회수 시점을 기준으로 분류하는 것이 개념상 적합하지만, 실무상 비금융기관의 경우 시스템의 한계상 발생 시점을 기준으로 설정하는 경우가 일반적입니다.

② **대손율 설정** : 연령 단위별로 대손율 설정

③ **대손충당금 계산** : 연령 단위별로 채권금액과 대손율을 곱하여 기대가치를 계산

다음 예제를 통하여 채권 연령 분석법을 살펴봅시다.

예제 03 **연령 분석**

• 2005년 채권 잔액은 12,000원임.

• 채권 잔액을 분석한 결과 채권 연령 분석 자료와 회수 및 대손 예상률은 다음과 같음.

구분	3개월~	6개월~	9개월~	1년~	2년~	합계
채권 금액	6,000	2,000	1,500	200	2,000	12,000
회수 예상률	90%	50%	40%	20%	5%	
대손 예상률	10%	50%	60%	80%	95%	

요구사항 ▼ 대손충당금을 계산하시오(단, 현재가치 평가는 고려하지 않음).

대손충당금은 다음과 같이 계산됩니다.

• 대손충당금 = 채권금액 × 대손 예상률(= 1 − 회수 예상률)

= 6,000원 × 10% + 2,000원 × 50% + 1,500원 × 60% + 200원 × 80%

+ 2,000원 × 95%

= 4,560원

연령 분석을 통한 대손충당금 설정은 적용이 간단하며 합리적인 방법으로 평가받고 있으나, 각 연령별 채권에 대한 대손율을 어떻게 추정할 것인가에 대한 실무적인 어려움이 있습니다.

(2) Roll Rate 기법

실무상 연체전이율(Delinquency Roll Rate)을 활용하는 사례가 빈번하게 발견되므로, 해당 기법에 대해 살펴봅시다. 전이율이란 채권이 연체 회차 중 한 구간에서 다른 구간으로 전이되는 확률을 의미합니다. 예를 들어 6개월 미만 채권이 12개월 미만 채권으로 전이되고, 12개월 미만 채권이 18개월 미만 채권으로 이전되는 확률을 의미합니다. 이런 방식으로 오래된 채권으로 전이되다가 결국은 회수하지 못하는 시점을 설정하여 대손충당금을 설정하게 됩니다. 즉, 누적회수율을 차감하여 대손충당금을 설정하는 방식입니다.

예를 들어 채권이 발생한 이후 1년 동안에 80%만큼 회수되고, 그 이후의 1년 동안은 잔여 금액의 50%가 회수되며, 그 이후의 1년에는 잔여 채권 중 30%가 회수된 이후에 회수 불가능하다고 가정해 봅시다. 이 경우 누적 채권 회수율은 다음과 같이 계산됩니다.

- 발생된 이후 1년=80%
- 발생된 이후 1~2년=50%×(1−80%)=10%
- 발생된 이후 2~3년=30%×(1−80%)×(1−50%)=3%
- 현재 채권의 향후 누적 회수율=80%+10%+3%=93%
- 대손충당금 설정률=1−93%=7%

Roll-Rate는 보기 좋지만 다음 측면에서 실질적이지 않다는 비판도 있습니다.

- (채권이 발생한 시점이 아니라) 채권의 Due date를 기준으로 Aging을 관리해야 하는데, Due date에 대한 명확한 협의가 없을 수도 있음.
- (금융기관을 제외한다면) 회수 약정 기간 자체를 관리하는 회사는 거의 없음.
- 중간에 제각되는 채권에 대한 관리가 어려움.

Roll−Rate에 따른 평가 시 유의할 사항은 다음과 같습니다.

① 기업의 영업 환경이 안정적이라는 전제가 필요합니다. 영업 환경이 급변하여 고객구성이 달라진다면 과거 경험률을 조정할 필요가 있습니다. 예를 들어 과거 대손율은 20%이더라도 경제상황이 악화되어 있다면, 경영진의 판단으로 50% 정도를 추가 반영하여 30%로 설정하는 것입니다.

② 이 모델은 구간별로 적정 수의 거래처가 있어야 통계적으로 유의미합니다. 만일, 소수의 채권으로 구성되어 일부 채권이 전체 회수율에 큰 영향을 미친다면, Roll Rate 기법은 적합하지 않을 수 있습니다.

③ 연령 단위는 회수 가능액이 없거나 극히 미미한 수준까지 분류되어야 합니다. 실무상 3년을 기준으로 하는 경우가 많이 발견됩니다. 마지막 구간에서는 회수가능성이 없다고 가정하는 경우가 많습니다.

④ 회계기간 중 제각한 금액이 있다면 가산하여 Aging에 반영해야 합니다. 그렇지 않다면 전기 집합채권 분석에 반영했던 금액이 당기에 회수한 것으로 해석되어 회수율이 왜곡됩니다.

Roll Rate 기법은 그 특성상 다수의 거래처로 구성된 도 · 소매업이나 통신업종 등에 특히 더 유용합니다.

예제 04 Roll Rate

• 2001년 말 채권 잔액

구분	~6월	~12월	~18월	~24월	~30월	~36월	~36월	합 계
집합채권	23,023	1,078	325	105	30	6	394	24,961
개별채권	3	–	25	10	45	15	172	270
합 계	23,026	1,078	350	115	75	21	566	25,231

• 최근 집합채권 내역

구분	~6월	~12월	~18월	~24월	~30월	~36월	~36월	3년 초과 회수채권	합 계
2000년 4Q	20,695	1,200	380	105	130	29	303		22,842
2001년 1Q	21,964	1,053	420	230	100	30	330	2	24,127
2001년 2Q	22,114	305	502	201	65	15	358	2	23,560
2001년 3Q	22,689	2,400	270	195	50	25	370	3	25,999
2001년 4Q	23,026	1,078	350	115	75	21	394	1	25,059

• 개별채권 평가 결과 210원의 대손충당금이 산출됨.

거래처	채권	대손설정	근거
A사	32	16	장기 연체
B사	25	25	파산
C사	12	12	부도
D사	12	5	법원 결정
E사 외	199	152	
합 계	270	210	

요구사항 ▼ 회사는 3년이 초과되어 회수된 채권은 31월~36월 채권의 일부라고 가정하고 있으며, 36개월을 초과한 채권은 회수가능성이 없다고 가정하고 있다. 이 전제하에 Roll rate를 이용하여 2001년 말 현재 대손충당금을 계산하시오.

본 예제에 대해 계산된 Roll rate와 대손충당금은 다음과 같습니다.

구분	~6월	~12월	~18월	~24월	~30월	~36월	~36월
2001년 1Q	5.09%	35.00%	60.53%	95.24%	23.08%	6.90%	100.00%
2001년 2Q	1.39%	47.67%	47.86%	28.26%	15.00%	6.67%	100.00%
2001년 3Q	10.85%	88.52%	38.84%	24.88%	38.46%	20.00%	100.00%
2001년 4Q	4.75%	14.58%	42.59%	38.46%	42.00%	4.00%	100.00%
연체전이율(평균)	5.5%	46.4%	47.5%	46.7%	29.6%	9.4%	100.0%
연체전이율(누적)	0.0%	0.3%	0.6%	1.3%	2.8%	9.4%	100.0%
집합채권	23,023	1,078	325	105	30	6	394
대손충금당	4	3	2	1	1	1	394

평균연체율과 누적연체율은 다음과 같은 차이가 있습니다.

① **평균연체율** : 해당 채권이 해당 구간에서 회수되지 못하고, 이후 기간으로 구간으로 이동할 가능성입니다. 예를 들어 6월 이내 채권의 평균연체율은 5.5%인데, 이 의미는 6개월 내 회수되지 못할 가능성이 5.5%라는 것입니다. 한 회계 기간이 아닌 여러 회계기간의 평균한 연체율을 사용한 이유는, 특정 시점의 비경상적인 회수율이 미치는 영향을 Smoothing 하기 위함입니다.

② **누적연체율** : 해당 채권이 최종적으로 회수되지 못할 가능성입니다. 예를 들어 ~12월 채권의 누적연체율은 0.3%인데, 이 의미는 이 구간에 있는 채권이 최종적으로 회수되지 못할 가능성이 0.3%라는 것입니다.

구체적인 수식을 지면에 기술하기에는 효율적이지 않은 듯합니다. 구체적인 내용은 Down 받은 자료의 엑셀 sheet를 참조하시기 바랍니다. 결과적으로 2001년 말 결산 시 대손충당금은 다음과 같이 산정됩니다.

① 개별채권에 대한 대손충당금 210원

② 집합채권에 대한 대손충당금 406원(=4원+3원+2원+1원+1원+1원+1원+394원)

③ 합계 616원

(3) 손상 징후에 따른 채권 등급 부여

채권을 내부 관리 기준에 따라 몇 개의 등급으로 구분하고, 각 등급에 대한 대손율을 차등하여 대손충당금을 설정하는 방법입니다. 이는 채권을 단순 연체채권, 거래처 화의 채권 및 거래처 파산채권 등으로 구분하고, 각 등급별로 대손율을 다르게 설정하는 방식입니다.

이 방식은 실무적으로 채권 관리 팀의 업무절차를 반영한 방식으로, 문제가 되는 채권들을 성격별로 파악할 수 있다는 장점이 있습니다. 다만, 대손율과 과거 경험률 간의 합리적인 관계를 잘 마련할 필요가 있을 것입니다.

3. 개별 손상검토

(1) 담보와 지급보증

채권회수가 연체되었는데, 동 채권에 대해 담보나 지급보증이 있다고 전제해 봅시다. 이 경우 일반기업회계기준에서는 관행적으로 해당 담보와 지급보증의 공정가치를 고려하여 대손충당금을 설정하고 있습니다.

반면, K-IFRS는 기준서 기대신용손실을 측정하기 위해 기대 현금 부족액을 추정할 때 계약조건의 일부이지만 별도로 인식하지 않는 담보나 그 밖의 신용보강에서 기대되는 현금흐름을 반영해야 한다고 규정되어 있습니다.[14] 따라서 담보나 보험이 거래처와의 계약조건에 포함되어 있어야만 신용보강으로 차감할 수 있습니다. 예를 들어 거래처와의 계약과 별개로 회사가 자신의 비용으로 보험에 가입한 경우에는 기준서에 예시하는 신용보강에 해당하지 않습니다.

예를 들어 회사가 1,000원을 해외 거래처에 수출하면서, 수출보험에 가입하였다고 가정해봅시다. 고객이 1,000원을 지급하지 못하여 부실화된 상황이라면, 보험가입과 관계없이 1,000원에 대한 대손충당금을 인식해야 합니다. 그리고 자신이 가입한 수출보험에 따라 회수금액이 예상된다면, 동 금액에 대한 회계처리는 기준서 제1037호 우발자산에 따라 이루어집니다.

부실화된 거래처의 경우 여러 채권자들이 동일한 토지와 건물 등에 압류를 하고 있는 것이 일반적입니다. 이 경우에는 선순위 채권자를 고려하여 회수가능성을 평가하게 됩니다.

---

14) K-IFRS 제1009호 B5.5.22. 문단 5.5.10을 적용할 때 금융상품의 채무불이행 발생 위험이 낮고, 단기적으로 차입자가 계약상 현금흐름 지급의무를 이행할 수 있는 강한 능력을 갖고 있으며, 장기적으로는 경제 환경과 사업 환경의 불리한 변화 때문에 차입자가 계약상 현금흐름 지급의무를 이행할 수 있는 능력이 약해질 수도 있으나 반드시 약해지지는 않는 경우에 신용위험이 낮은 것으로 봅니다. 단순히 담보가치 때문에 금융상품의 손실에 대한 위험이 낮다고 해서 신용위험이 낮은 것으로 보지는 않고, 그러한 담보가 없는 금융상품이라고 해서 신용위험이 낮은 것으로 보지 않을 것입니다. 단순히 같은 기업이 보유하고 있는 다른 금융상품의 신용위험에 비하여 또는 해당 기업이 영업활동을 수행하고 있는 국가의 신용위험에 비해 채무불이행 발생 위험이 낮다는 이유로 신용위험이 낮은 것으로 보지 아니합니다.

예제 05

개별채권 평가

- P사는 50,000원을 S사에게 대여함.
- S사의 자산가치는 200,000원이며, 이 중 70,000원은 토지에 대한 가치임.
- 채권자들의 총 채권금액은 340,000원이며, S사에 대하여 80,000원을 대여하고 있는 K은행은 S사 토지에 대하여 60,000원의 질권을 설정하였음.
- K은행 이외의 채권자들은 우선순위가 없음.
- 상기 담보가치는 기준서의 예시에 해당하는 신용보강에 해당한다고 전제함.

요구사항 ▼ K은행과 P사의 회수가능액을 계산하시오.

S사의 자산가치는 다음과 같이 배분됩니다.

구분	자산 가치	우선순위 채권자	잔여 가치
토지	70,000	60,000	10,000
그 이외의 가치	130,000	–	130,000
합 계	200,000	60,000	140,000

우선채권자에게 귀속되는 60,000원을 제외한 배분비율과, P사와 K은행에 배분될 금액은 다음과 같습니다.

① 배분율=잔여 가치÷미배분 채권 잔액

=140,000원÷(340,000원−60,000원)=50%

② P사에게 배분되는 금액=50,000원×50%=25,000원

③ K은행에게 배분되는 금액=60,000원+20,000원×50%=70,000원

(2) 청산가치

거래처가 자본자식에 빠져 있는 상태에서 거액의 매출채권이나 대여금을 보유하고 있는 경우, 청산가치를 고려하게 됩니다. 새로운 투자자가 인수하지 않는 한 계속기업 가정이 더 이상 합리적이지 않기 때문입니다. 청산가치는 자산이 경매 등을 통하여 장부금액보다 현저히 낮은 가격으로 거래가 이루어지는 관행을 고려하여 산정됩니다.

업종과 자산의 종류에 따라 조정률은 다양합니다. 거래처가 제조업을 영위할 경우의 사례를 예시하면 다음과 같습니다.

계정과목	차감 조정률	비고
매출채권	40% 내외	매출채권의 조속한 현금화를 위한 부대비용 고려
선급금 및 미수금 등	30~50%	거래의 성격에 따라 상이할 수 있음.
선급부가세 및 선납세금	–	정부로부터 수령하는 것이므로 장부금액이 타당할 경우 별도의 조정은 실시하지 아니함.
선급비용	100%	선급보험료 및 선급이자 등은 청산 시 회수가능성이 없다고 보아 전액 차감함.
재고자산	30~90%	완제품의 경우 처분하는 과정에서 30% 내외, 재공품의 경우에는 70% 내외, 소모품의 경우에는 90% 이상의 가치 하락을 반영함.
토지 및 건물	낙찰률 고려	토지와 건물에 대해서는 주변 시세를 조사하고 토지와 건물이 소재하는 지역의 최근 낙찰률을 감안하여 청산가치를 산정함.
공구, 건설중인자산 및 구축물	100%	공구, 건설중인자산 및 구축물은 사업을 지속하지 않는 한 사실상 회수가능금액이 없다고 추정함.

제 2 절 재고자산 평가

1. 순실현가치 평가

(1) 순실현가치와 순공정가치

순실현가치(Net realized value)는 회사가 보유하는 특정 자산을 외부에 판매할 때 받을 수 있는 금액입니다. 따라서 동일한 자산이더라도 회사 환경에 따라 순실현가치는 다를 수 있습니다. 예를 들어 동일한 회사에서 보유하고 있는 재고자산이라도 기존에 체결한 계약과 거래처에 따라 여러 개의 순실현가치가 존재할 수 있습니다.

반면, 순공정가치(Net fair value)는 공정가치에서 예상되는 추가 가공원가나 판매부대비용을 차감한 금액입니다. 공정가치는 '시장참여자 사이의 정상거래에서 자산을 매도하면서 수취하거나 부채를 이전하면서 지급하게 될 가격'입니다. 따라서 동일한 자산에 대한 순공정가치는 회사마다 유사하거나 같습니다.

예제 06 순실현가치와 순공정가치

- 2001년 말 현재 제품을 100개 보유하고 있음.
- 400개를 단위당 500원에 판매하기로 하는 장기 판매 약정을 체결함.
- 2001년 말 현재 제품의 시장가치는 900원임.
- 판매부대비용은 발생하지 않을 것으로 예상됨.

요구사항 ▼ 제품에 대한 순실현가치와 순공정가치를 계산하시오.

제품의 가치는 다음과 같이 계산됩니다.

① 약정에 의하여 판매될 것으로 예상되는 40개=500원

② 일반 시장에서 판매될 것으로 예상되는 60개=900원

회사 내에는 두 가지의 순실현가치가 존재하며, 그 중 일반 시장에서 판매하는 제품의 순실현가치가 순공정가치와 동일합니다.

(2) 순실현가치 산정 절차

재고자산의 항목별 순실현가치는 다음과 같이 계산됩니다.

① 완성된 제품 재고 : 예상 판매가격에서 판매부대비용을 차감한 금액

② **원재료** : 현행 대체원가를 순실현가치로서 사용할 수 있음(단, 원재료를 투입하여 완성할 제품의 시가가 원가보다 높을 때는 원재료에 대하여 저가법을 적용하지 않음).

③ **재공품** : 시장가격에서 판매부대비용과 제품으로 완성하기 위한 과정에 추가로 투입해야 할 원가를 차감한 금액

재고자산에 대한 저가법은 개별 항목별로 적용하는 것이 원칙이며, 여러 항목들을 묶어서 적용할 수 없습니다. 왜냐하면 개별 항목별로 저가법을 적용하면 산출될 평가손실은 일반적으로 통합하여 저가법을 적용하여 산출될 평가손실보다 크기 때문입니다.

그러나 재고 항목이 유사한 목적 또는 용도를 갖는 동일한 제품군으로 분류되고, 동일한 지역에서 생산되어 판매되며, 그리고 그 제품군에 속하는 다른 항목과 구분하여 평가하는 것이 사실상 불가능한 경우에는 예외적으로 통합하여 저가법을 적용할 수 있을 것입니다.

(3) 재고자산감모손실

재고자산을 실사한 결과 수량이 장부상 수량보다 적은 경우에는 재고자산감모손실을 다음과 같이 인식합니다.

① **매출원가** : 정상적인 생산과정이나 영업과정 과정에서 발생한 감모손실

② **영업외비용** : 비효율적인 보관 및 관리로 발생한 비정상적인 감모손실

한편, 재고자산감모손실과 재고자산평가손실이 동시에 발생하면 재고자산감모손실을 먼저 인식한 후 재고자산평가손실을 계상합니다.

예제 07 감모손실

- 장부상 재고수량은 100개이나, 실사 결과는 90개임.
- 단위당 취득금액은 10원이며, 순실현가치는 8원임.

요구사항 ▼ 재고자산감모손실과 재고자산평가손실을 계산하시오.

재고자산감모손실과 재고자산평가손실은 다음과 같습니다.

① 재고자산감모손실 = 10개 × 10원 = 100원

② 재고자산평가손실 = 90개 × 2원 = 180원

2. 재고자산에 대한 저가법 적용

저가법은 다음의 금액 중 작은 금액을 장부금액으로 하는 방법입니다.

① 재고자산의 취득금액

② 시가(순실현가치)=판매금액-판매부대비용

재고자산의 가치가 하락하여 저가법이 적용되는 경우는 다음과 같습니다.

① 손상을 입은 경우

② 보고기간 종료일로부터 1년 또는 정상 영업주기 내에 판매되지 않았거나 생산에 투입할 수 없어 장기 체화된 경우

③ 진부화하여 정상적인 판매시장이 사라지거나 기술 및 시장 여건 등의 변화에 의해서 판매가치가 하락한 경우

④ 완성하거나 판매하는 데 필요한 원가가 상승한 경우

예제 08 **순실현가치 계산**

• 2001년 말 현재 재고자산의 현황은 다음과 같음.

구분	수량	단가
제품	100	12
재공품	50	10
원재료	200	5

• 제품의 현재 판매가격은 단위당 10원이며, 판매부대비용은 단위당 1원으로 추정됨.

• 재공품을 제품으로 만들기 위해서는 1원만큼의 원가가 추가로 투입되어야 함.

• 시장에서 원재료 단위당 가격(현행 대체가격)은 4원이며, 원재료를 제품으로 만드는 과정에서 3원이 추가로 투입됨.

요구사항 ▼ 재고자산의 순실현가치를 계산하시오.

각 항목별 순실현가치의 산정과정은 다음과 같습니다.

① 제품=판매가격-판매부대비용=10원-1원=9원

② 재공품=판매가격-추가투입 예상원가-판매부대비용=10원-1원-1원=8원

③ 원재료를 제품으로 만드는 데 3원이 예상되므로, 제품의 원가는 8원으로 예상됩니다. 따라서 판매가격인 10원에서 예상되는 제품의 원가(8원)와 판매부대비용(1원)을 차감하면 이익은 1원입니다. 따라서 저가법을 적용하더라도 평가손실은 발생하지

않습니다.

이와 같이 원재료는 취득금액보다 시가가 현저하게 하락하더라도, 최종 산출물 단계에서는 손실이 발생하지 않는다면 평가손실을 인식하지 않습니다.

항목별로 평가충당금을 계산하면 다음과 같습니다.

구분	단위당 평가금액			수량	평가충당금
	취득금액	순실현가치	충당금 대상		
제품	12	9	3(=12-9)	100	300
재공품	10	8	2(=10-8)	50	100
원재료	5	4	-	200	-

재고자산을 평가하여 발생된 평가충당금 전입액은 매출원가로 계상합니다.

(차변)	제품 평가손실	300	(대변)	제품 평가충당금	300
	재공품 평가손실	100		재공품 평가충당금	100

재고자산에 대한 평가는 매 결산 시점마다 실시됩니다. 시가가 상승하는 등의 이유로 평가손실을 초래했던 상황이 해소되어 새로운 시가가 장부금액보다 상승한 경우에는, 최초의 장부금액을 초과하지 않는 범위 내에서 평가손실을 환입합니다.

예제 09 평가충당금의 환입

- 본 예제는 앞 〈예제 8〉의 1년 후 상황임.
- 2002년 말 현재 재고자산의 현황은 다음과 같음.

구분	수량	단가
제품	200	11
재공품	100	8
원재료	300	4

- 제품의 현재 판매가격은 단위당 11원이며, 판매부대비용은 단위당 1원으로 추정됨.
- 재공품을 제품으로 만들기 위해서는 1원만큼의 원가가 추가로 투입되어야 함.
- 시장에서 원재료 단위당 가격(현행 대체가격)은 4원이며, 원재료를 제품으로 만드는 과정에서 3원이 추가로 투입됨.

요구사항 ▼ 재고자산의 순실현가치를 계산하시오.

각 항목별 순실현가치의 산정과정을 살펴봅시다.

① 제품=판매가격-판매부대비용=11원-1원=10원

② 재공품=판매가격-추가투입 예상원가-판매부대비용=11원-1원-1원=9원

③ 원재료=현행대체가격=4원

따라서 항목별로 평가충당금을 계산하면 다음과 같습니다.

구분	단위당 평가금액			수량	평가충당금
	취득금액	순실현가치	충당금 대상		
제품	11	10	1(=11-10)	200	200
재공품	8	9	-	100	-
원재료	4	4	-	300	-

2002년에는 평가충당금 금액이 감소하였으므로 재고자산평가손실을 환입합니다.

(차변)	제품 평가충당금	100	(대변)	제품 평가손실환입	100
	재공품 평가충당금	100		재공품 평가손실환입	100

한편 어떤 개별제품이 손상을 입은 경우에는 다른 정상적인 제품과 구별하여 저가법을 적용합니다.

3. 실무적 고려사항

(1) 다양한 판매가격

저가법은 결산일 현재 순실현가치와 장부금액을 비교하여 결정됩니다. 그러나 실무상 순실현가치는 단일 금액으로 한정되어 있기보다는 일정범위로 결정될 수 있습니다. 예를 들어 정상판매가격으로 판매될 경우도 있으나, 제품 세일 기간에 할인된 가격으로 판매되는 경우도 있습니다. 그리고 직접 판매하는 가격과 중간 유통 경로를 거치는 경우 판매가격이 상이한 경우도 있습니다. 이렇게 하나의 제품에 대하여 여러 가격이 존재하는 경우에는 각 상황의 판매가격과 판매 수량을 고려하여 향후 기대가치를 산정하는 것이 바람직합니다.

(2) 판매가능 수량

평가충당금 설정 시에는 순실현가치의 산정뿐만 아니라, 판매 가능한 수량이 어느 정도인지 검토해야 합니다. 예를 들어 보유하고 있는 재고의 수량이 100,000개(단위당 원가 : 5,000원)이며, 회계기간 중에 1,000개를 단위당 7,000원에 판매하였다고 가정해 봅시다. 이러한 경우 재고자산의 장부금액보다 순실현가치가 크기 때문에 평가손실이 발생하지 않을 것으로 생각할 수 있습니다.

그러나 현 추세가 지속된다면 100년(=100,000개÷1,000개)이 지나야 재고자산을 모두 소진할 수 있을 것인데, 100년 동안 판매한다는 것은 무리한 가정입니다. 따라서 보유하고 있는 제품의 순실현가치뿐만 아니라 연간 소비되는 재고자산 대비 현재 보유하고 있는 재고자산의 규모와 재고의 특성을 고려하고 판매 가능성에 대하여 판단해야 합니다.

① **제품의 특성** : 패션사업과 같이 유행이 빠른 사업의 경우 제품 수명주기가 짧기 때문에 판매 가능한 수량에 큰 영향을 미칩니다.

② **업종의 특성** : IT 산업의 경우 제품 수명 주기가 짧을 수 있으며, 새로운 기술이 등장하였을 경우 기존 제품은 판매가 불가능할 가능성이 있습니다.

③ **제품의 유통 기한** : 법에서 정해진 유통 기한이 있는 제품의 경우에는 시간이 경과할수록 판매 가능성에 제한이 있을 수 있습니다.

(3) 미이행 구매계약

재고자산의 시가 하락은 현재 보유하고 있는 재고자산뿐만 아니라 장기간에 걸쳐 재고자산을 취득하기로 한 구매계약에도 영향을 미칩니다. 예를 들어 기업이 향후 10,000개의 상품을 500원에 구입하기로 한 취소 불가능한 약정을 체결하고, 회계연도 중 2,000개를 구매하였다고 가정해 봅시다. 계약 이후에 상품의 순실현가치가 700원에서 400원으로 하락하였다면, 회사에 미치는 영향은 현재 구입하고 보관하고 있는 2,000개의 재고자산뿐만 아니라, 향후 구매하기로 약정한 8,000개의 상품에도 영향을 미칩니다. 손실이 예상되더라도 계약에 따라 8,000개의 상품을 추가로 취득해야 하기 때문입니다. 이러한 경우에는 미이행 구매계약에 대한 충당부채를 계상하게 됩니다.

만일 구매 약정이 일정액의 penalty를 부담하고 헤지가 가능하다고 하면 다음의 금액 중 작은 금액을 충당부채로 계상합니다.

① Penalty 부담액

② (순실현가치 − 약정 금액)×수량

예제 10 미이행계약에 대한 손실

- 2001년 말 현재 보유하고 있는 상품은 1,000개이며, 취득금액은 단위당 200원임.
- 결산일 현재 예상 판매가격은 150원이며, 예상 판매부대비용은 20원임.
- 2001년 중 거래처로부터 200원에 상품을 5,000개 취득하기로 약정하였으며, 2001년 말까지 실제 취득한 수량은 3,000개임.
- 구매계약을 취소하려면 잔여 수량 단위당 40원을 위약금으로 지급해야 함.

요구사항 ▼ 2001년 재무제표에 반영할 회계처리를 제시하시오.

2001년 말 재무제표에 반영될 평가손실은 다음과 같습니다.

① 재고자산 순실현가치 = 150원 − 20원 = 130원

② 재고자산 평가손실 = 1,000개 × (200원 − 130원) = 70,000원

③ 미이행 구매손실은 아래 금액 중 작은 금액인 80,000원임.

- 예상 위약금 = 40원 × (5,000개 − 3,000개) = 80,000원
- 추가 평가손실 = (200원 − 130원) × (5,000개 − 3,000개) = 140,000원

따라서 다음과 같은 회계처리가 반영됩니다.

(차변)	상품 평가손실	70,000	(대변)	상품 평가충당금	70,000
(차변)	위약비용	80,000	(대변)	충당부채	80,000

(4) 선급금 평가

기업이 재고자산을 취득하기로 약정하고 대금을 지급하였으나 재고자산이 입고처리 되지 않은 경우, 미착품이나 선급금으로 계상합니다.

- **미착품** : 거래처가 재고자산을 운송하였으나 기업에 도달하지 않은 경우
- **선급금** : 거래처가 아직 재고자산을 출고하지 않은 경우

재고자산의 시가가 하락하면 미이행 구매계약과 같이 선급금과 미착품도 영향을 받게 되므로, 순실현가치와 비교하여 그 차액을 선급금은 대손충당금으로 미착품은 평가충당금으로 처리합니다.

선급금의 경우 일반적인 재고자산과 달리 신용위험에 노출되어 있다는 특징이 있습니다. 예를 들어 거래처가 재무적 곤경에 처하여 대금은 지급받았으나, 제품을 기업에게 제공하지 못하는 경우에는 신용위험을 대손충당금으로 계상합니다. 이와 같이 선급금은 재고보유 위험과 신용위험에 동시에 노출될 수 있으므로 그 경제적 실질을 재무제표에 적절하게 반영해야 합니다.

보론 재고자산으로 계상할 수 없는 원가

재고자산으로 계상할 수 없고 (매출원가 등으로 당기비용화) 원가는 다음과 같습니다.

1. 비정상적으로 낭비된 부분
2. 제품생산 이후의 보관원가
3. 간접관리원가
4. 판매원가

그러나 실무적으로 재고가능원가의 판단은 어려운데, US-GAAP은 다음과 같이 규정하고 있습니다.

재고화 가능	재고화 불가능
• 제조설비의 수선유지비 • 생산장소와 관련한 제반 수도광열비 • 생산장소와 관련한 지급임차료 • 간접노무비와 생산 감독 급여 • 간접재료비 및 소모품/저장품비용 • 품질관리 및 검수관련 비용 • 제조에 종사하는 직원의 퇴직금 • 기타 종업원 복리후생비 • 제조 관련 자산의 감가상각비 • 공장 관리비용 • 구매, 생산 및 보관과 관련한 보험료	• 사업 전체와 관련된 일반관리비 • 사업 전체와 관련한 경영진 급여 • 재작업, 스크랩, 망실과 관련한 비정상적 원가 • 마케팅, 광고 및 판매 관련 비용 • 연구비 등 • 로열티 • 상해나 도난 관련 손실 • 구매 관련 비용 • 전산처리비 • 이자비용(장기라면 가능) • 포장설계 비용

연구비와 경상개발비는 특정 제품과 관련이 없는 경우가 많으므로 제조원가에 해당하지 않습니다. 따라서 관련 비용을 매출원가로 분류한다면 제조원가에 산입하지 않고, 기타매출원가 등으로 분류해야 할 것입니다.

제 3 절 유·무형자산 : 개별자산 손상과 현금창출단위

자산손상의 목적은 현재 장부에 계상된 자산 중 미래경제적 효익이 장부금액에 미달하는 자산이 있다면, 회수가능금액으로 조정하는 것입니다.

그런데 유·무형자산은 〈제4장〉에서 살펴보았듯이 회사의 핵심역량이 집적된 자산으로서, 집합적으로 서로 융합되어 재화와 서비스를 창출합니다. 따라서 특별한 상황이 아니라면 개별 자산 자체만으로 가치를 평가하기는 어렵습니다. 이러한 이유로 유·무형자산에 대해서는 현금창출단위라는 개념이 제시되고 있습니다. 현금창출단위는 개별 자산별로 자산 손상이 어렵다는 현실적인 한계가 있기에 활용되는 개념입니다.

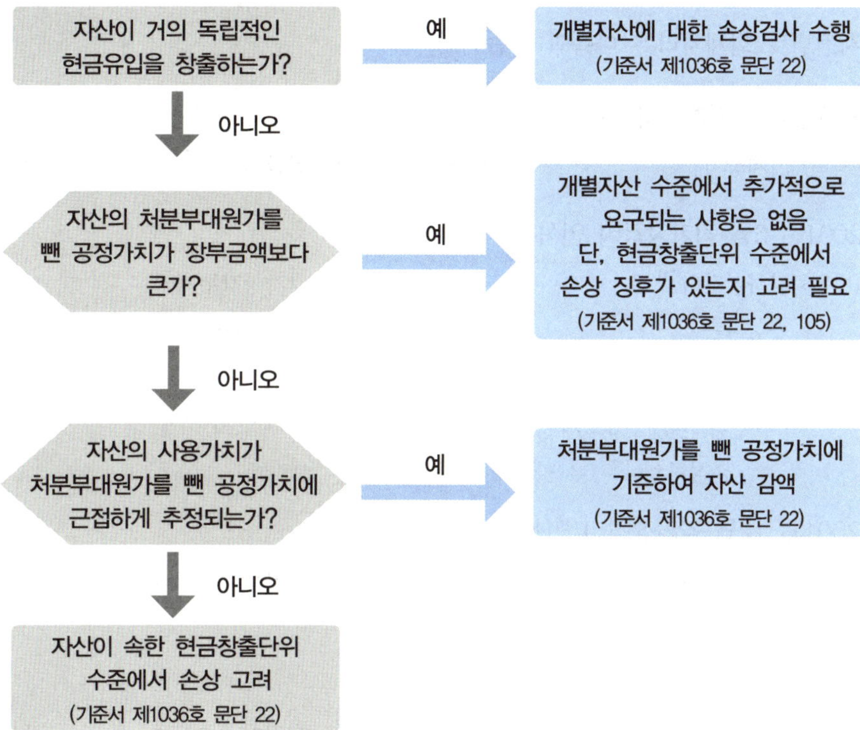

1. 개별자산에 대한 손상

개별 유·무형자산에 대한 손상절차는 다음과 같습니다.

① 1단계 : 손상징후 평가

② 2단계 : 손상검사 실시

③ 3단계 : 손상차손 인식, 손상차손 = 장부금액 − Max(순공정가치, 사용가치)

(1) 유형자산

다음 예제를 통해 개별자산에 대한 손상 절차를 살펴봅시다.

예제 11 개별자산에 대한 손상

- 2001년 초 기계장치를 36,000원에 취득하여 3년간 정액법으로 상각함.
- 2001년 6월 말 기계가 일부 손상되었으나, 수리가 어려워 잔여 내용연수가 2년으로 감소됨.
- 2001년 6월 말 기계장치의 사용가치는 22,000원이며, 순공정가치는 15,000원임.
- 2002년 말 기계장치의 회수가능액은 13,000원으로 평가됨.

요구사항 ▼ 회계처리를 예시하시오.

각 시점별로 회계처리는 다음과 같습니다.

① 2001년 초 기계장치 취득

(차변) 기계장치	36,000	(대변) 현금	36,000

② 2001년 6월 감가상각비 인식

(차변) 감가상각비(*1)	6,000	(대변) 감가상각누계액	6,000
손상차손(*2)	8,000	손상차손누계액	8,000

(*1) 36,000원÷3년×(6월÷12월)=6,000원
(*2) 회수가능액=Max(22,000원, 15,000원)=22,000원
- 장부금액=36,000원−6,000원=30,000원
- 손상차손=30,000원−22,000원=8,000원

③ 2001년 12월 감가상각비 인식

(차변) 감가상각비	5,500	(대변) 감가상각누계액	5,500

(*) 22,000원÷2년×(6월÷12월)=5,500원

④ 2002년 12월 감가상각비 인식

(차변) 감가상각비	11,000	(대변) 감가상각누계액	11,000

(*) 22,000원÷2년=11,000원
- 상각 이후의 순장부금액=22,000원−(5,500원+11,000원)=5,500원

⑤ 2002년 12월 손상차손환입

(차변) 손상차손누계액	5,500	(대변) 손상차손환입	5,500

(*) 장부금액=Min(손상이 없을 경우의 장부금액, 회수가능액)=11,000원
- 손상이 없었을 경우의 장부금액=36,000원−36,000원÷3년×2년=11,000원
- 회수가능액=13,000원
- 손상차손환입 금액=11,000원−5,500원(현재 순장부금액)=5,500원

그리고 2003년부터 감가상각비는 순장부금액인 11,000원을 기준으로 계산됩니다.

(2) 재평가모형에 대한 손상차손

유형자산에 대하여 재평가모형을 적용한 경우 회계처리는 다음과 같습니다.

① 재평가이익의 인식

- **최초 인식** : 재평가이익(기타포괄손익)으로 인식
- **손실 인식 이후** : 이전까지 인식한 재평가손실의 누적금액만큼 재평가이익(당기이익)으로 인식한 후, 그 초과액은 재평가이익(기타포괄손익)으로 인식

② 재평가손실 인식

- **최초 인식** : 재평가손실(당기 비용)으로 인식
- **이익 인식 이후** : 이전까지 인식한 재평가이익(기타포괄손익)의 누적금액을 감소시킨 후, 그 초과액은 재평가손실(당기비용)로 인식

재평가모형을 인식하고 있는 자산에 대한 회수가능액이 하락하여 손상차손을 인식할 경우에는, 먼저 손상차손과 재평가이익을 상계한 후 잔여 금액만 당기손실로 처리합니다. 또한 손상차손환입은 재평가이익(자본손익)으로 처리하지만, 만일 종전에 당기손실로 반영한 부분이 있다면 동 금액만큼은 당기이익으로 반영합니다.

(3) 무형자산

무형자산에 대한 손상검사 절차는 유형자산과 대부분 동일합니다. 다만, 다음의 무형자산은 자산손상을 시사하는 징후가 없더라도 적어도 1년에 한 번씩 정기적으로 손상검사를 실시해야 합니다.

K-IFRS	일반기업회계기준
• 아직 사용하지 않은 무형자산 • 내용연수가 비한정인 무형자산 • 사업결합으로 취득한 영업권	• 아직 사용하지 않은 무형자산

상기 무형자산들은 모두 상각비를 인식하지 않는다는 특징이 있기 때문에, 보수적인 관점에서 손상검사를 실시하도록 규정하고 있다고 해석됩니다. 동 자산들에 대한 손상검사는 어느 시점이라도 할 수 있으나 매년 같은 시점에서 실시해야 합니다.

2. 현금창출단위

기계장치를 비롯한 공장에 있는 자산의 상당부분은 범용성이 떨어지므로 외부에 판매한다면 고철 이상의 가치를 받기 어렵습니다. 제품을 생산하기 때문에 가치가 있는 것입니다. 따라서 제품을 생산하는 데 기여한 자산들을 묶어서, 제품 생산으로 예상되는 효익과 비교하여 가치를 판단하게 됩니다. 이처럼 현금흐름을 창출하는 데 활용하는 유기적인 여러 자산의 집합체를 현금창출단위(CGU, Cash Generating Unit)라고 합니다.

(1) 현금창출단위의 식별

현금창출단위는 다음의 특징이 있습니다.

① 현금을 창출하는 단위

- **현금창출단위의 정의** : 거의 독립적으로 현금유입을 창출하는 자산집단
- **IAS 36의 원문** : A cash-generating unit is the smallest identifiable group of assets that generates cash inflows that are largely independent of the cash inflows from other assets or groups of assets.
- 현금유입이란 기업의 외부 당사자에게서 받는 현금성자산의 유입을 의미합니다.
- 현금창출단위는 재무에서 일반적으로 활용되는 현금유입과 현금유출이 아니라, 현금유입(Cash inflows) 측면을 강조하여 식별하는 자산집단 개념입니다.

② 다른 자산 집합체와 구분되는 단위

- 현금창출단위는 가능한 최소 단위로 식별되어야 하나, 독립적인 현금흐름을 창출하는 단위여야 합니다.
- 현금유입이 거의 독립적인지를 식별하기 위해서는 경영진이 기업의 영업을 관찰하는(monitor) 방법(예 : 제품라인, 사업, 지역 등으로 구분하여 관찰하는 경우)이나 경영진이 기업의 자산 및 영업의 유지 또는 처분에 대한 의사를 결정하는 방법을 포함하여 다양한 요인을 고려해야 합니다.

다음 예제를 통하여 현금창출단위의 개념을 살펴봅시다.

예제 12

현금창출단위

- MD 그룹의 MDQ는 치킨, 절임무 및 골뱅이 사업을 영위하고 있음.
- 2001년 말 현재 치킨, 절임무 및 골뱅이 사업부문의 매출액은 각각 10,000원, 2,000원 및 50,000원임.
- 2001년 12월 3일에 정부는 치킨이 비만에 악영향을 미치므로 판매를 금지함.

요구사항 ▼ 현금창출단위를 결정하시오.

치킨 판매가 금지되면 치킨과 같이 먹는 절임무의 매출도 감소할 것이므로, 치킨과 절임무 사업은 상호 연관성이 있습니다. 현금흐름창출단위는 현금흐름을 구분할 수 있으며 독립적인 현금흐름을 창출할 수 있는 단위이므로, (치킨+절임무) 사업부문과 골뱅이 사업부문이 독립된 현금창출단위로 식별됩니다.

공급계약이 현금창출단위 결정에 미치는 사례를 살펴봅시다.

예제 13

계약을 고려한 현금창출단위 식별

- MD 그룹의 운송회사는 시청과의 계약에 따라 시내버스 운송서비스를 제공함.
- 계약에 따르면 다섯 개 노선에 대하여 일정수준 이상의 서비스를 제공해야 함.
- 노선별로 자산과 현금흐름은 개별적으로 식별 가능함.
- 하나의 노선에서 유의적인 손실이 발생함.

요구사항 ▼ 현금창출단위를 결정하시오.

시청 간에 체결된 계약에 따르면 회사는 다섯 개의 노선에 대하여 일정 수준 이상의 서비스를 제공해야 하며, 손실이 발생한 노선을 폐지할 선택권이 없습니다. 만일 손실이 발생하는 노선에서 영업을 하지 않으려면 계약 자체를 파기해야 합니다. 따라서 모든 노선을 하나의 현금유출단위로 파악하는 것이 합리적입니다.

현금창출단위 결정 시 전용설비와 범용설비가 미치는 영향을 살펴봅시다.

예제 14 설비 운영 현황을 고려한 현금창출단위 식별

- MDQ는 후라이드와 치킨 사업으로 구성되어 있으며, 양 부문의 매출액은 구분됨.
- MDQ의 설비는 총 10개로 구성됨. 그 중 3개는 후라이드 설비, 2개는 양념 전용 설비임.
- 설비 중 5개는 후라이드와 양념치킨을 동시에 생산하며, 상황에 따라 생산하는 제품의 비율을 조절할 수 있음.
- MDQ는 회사 전체 관점에서 매출과 이익을 극대화하는 방향으로 설비 운용 전략을 마련함.

요구사항 ▼ 현금창출단위를 결정하시오.

MDQ는 매출액이 후라이드와 치킨 사업으로 구분되고, 각 제품은 전용설비를 보유하고 있습니다. 그리고 범용설비를 통해 전체 생산량이 조율되고 있습니다. 즉, 최적의 현금창출을 위하여 자산 전체의 운용이 조율되고 있습니다. 따라서 전체 후라이드와 치킨 사업은 하나의 현금창출단위로 식별되는 것이 합리적입니다.

(2) 내부거래가 이루어지는 사업부문의 현금창출단위 판단

회사 내부에 여러 개의 사업부문이 존재하고 사업부문 간 내부거래가 존재할 경우, 활성시장이 존재하는지 여부에 따라 현금창출단위가 달라집니다.

① 활성시장이 존재한다면 중간 제품을 전부 내부에서 사용하더라도 별도의 현금창출단위로 식별합니다.

② 활성시장이 존재하지 않고 경우 중간 단계의 산출물은 기업 내부에서만 사용한다면 별도의 현금창출단위로 식별하지 않는 것이 일반적입니다. 활성시장이 없는 경우 중간재는 독립적인 현금흐름을 창출할 수 없기 때문입니다.

예제 15 내부거래와 현금창출단위

- MDQ 치킨은 생닭 사업부문과 치킨 사업부문으로 구성되어 있음.
- 생닭과 치킨 사업부문 간 이전가격은 치킨 사업부문에 이윤이 이전되는 방식으로 결정됨.

요구사항 ▼ 다음 각 경우의 현금창출단위를 판단하시오.

1. 생닭이 활성화된 시장에서 100원에 거래되고 있는 상황에서, MDQ 치킨의 생닭은 전량 치킨 사업부문으로 이전되고 있다. 내부 이전가격(120원)이 시장가격(100원)보다 높을 경우 현금창출단위를 결정하시오.
2. 생닭에 대한 활성시장이 존재하지 않는 상황에서 내부 이전가격(120원)으로 치킨 사업부문에서 생닭을 전량 사용할 경우 현금창출단위를 결정하시오.

▶▶ 활성화된 시장이 있는 경우

생닭을 활성시장에서 판매할 수 있으므로 생닭 사업부는 독립적인 현금유입을 창출할 수 있으므로, 생닭 사업부문은 현금창출단위로 구분됩니다. 생닭 사업부문이 별개의 현금창출단위로 구분될 경우 사용가치는 활성화된 시장가격을 반영합니다.

① **생닭 사업부문** : 매출 단가는 120원이 아닌 100원을 적용하여 매출액을 추정함.

② **치킨 사업부문** : 매입 단가는 120원이 아닌 100원을 적용하여 매출원가를 추정함.

▶▶ 활성화된 시장이 없는 경우

활성시장이 존재하지 않는다면 생닭과 치킨 사업부문은 하나의 현금창출단위로 분류됩니다.

(3) 부채를 고려한 사용가치

현금창출단위의 특성에 따라 현금창출단위에 귀속되는 부채가 있을 수 있는데, 이 경우 회수가능액을 검토하는 과정은 다음과 같습니다.

예제 16 부채를 고려한 사용가치

- 광산의 장부금액은 1,200원임.
- 광산에 대한 500원의 복구충당부채가 설정되어 있음.
- 광산을 800원에 구입하겠다는 매수자가 있음.
- 향후 발생할 복구비용을 고려하지 않을 경우 사용가치는 1,100원임.

요구사항 ▼ 손상차손 대상인지 판단하시오.

사용가치 산정 과정은 다음과 같습니다.

① 부채를 고려한 현금창출단위의 장부금액 = 1,200원 − 500원 = 700원

② 부채를 고려한 현금창출단위의 순공정가치 = 800원

③ 부채를 고려한 현금창출단위의 사용가치 = 1,100원 − 500원 = 600원

회수가능액은 순공정가치인 800원으로 결정되며, 회수가능액이 장부금액보다 크기 때문에 손상차손은 발생하지 않습니다.

(4) 공통자산의 배분

여러 현금창출단위에서 공통으로 사용하는 자산이 존재한다면, 그 자산은 원가계산 시

배분한 기준을 적용하여 현금창출단위에 배분됩니다. 다만 다른 현금창출단위가 공통자산이 부족한 상황에서 해당 공통자산을 수익성이 양호한 현금창출단위에 활용할 수 있다면, 동 공통자산은 순공정가치로 처분할 수 있다고 보아 사용가치 산정 시 제외할 수 있습니다.

예제 17 공통자산

- MDQ는 치킨과 피자 사업부문으로 구성되어 있으며 각각의 사업부문이 현금창출단위로 결정됨.
- 각 사업부문은 판매 매장을 공동으로 사용하고 있음. 치킨 부문은 매장이 부족하여 임시로 임대차 계약을 통해 실시하고 있음.
- 치킨 사업부문은 현금흐름이 양호하나, 피자 사업부문은 부(負)의 현금흐름을 보이고 있음.
- 피자 사업부문에 대한 사용가치를 검토한 결과 손상차손이 인식되어야 할 것으로 판단됨.

요구사항 ▼ 손상검사 시 판매 매장이 미치는 영향을 검토하시오.

피자 사업부의 사용가치가 장부금액에 미달하여 손상차손이 발생하였을 경우, 손상차손은 공통자산까지 포함하여 배분됩니다. 그러나 치킨 사업부가 더 이상 임차하지 않고 판매 매장을 모두 사용할 수 있다고 가정하면 공통자산을 제외하고 손상검사를 실시합니다.

3. 현금창출단위에 대한 손상검사 절차

(1) 손상 절차

현금창출단위에 대한 손상검사 절차는 다음과 같습니다.

① 1단계 : 손상징후의 평가
② 2단계 : 손상징후가 있다면, 손상검사 실시
③ 3단계 : 손상차손의 인식

현금창출단위의 손상검사 절차는 현금창출단위를 구성하고 있는 개별 자산의 회수가능액을 산정하기 어려운 경우에만 대안으로 수행하는 절차이므로 다음에 유의해야 합니다.

① 현금창출단위 안에 있는 모든 개별 자산들의 회수가능액을 구할 수 있다면 현금창출단위에 대한 손상검사는 불필요함.
② 현금창출단위 자체의 회수가능액은 장부금액을 초과하더라도, 현금창출단위를 구성하는 개별 자산에 대한 손상징후가 있다면 개별 자산에 대한 손상차손은 인식함.
③ 현금창출단위에 대한 손상차손이 발생하여 그 금액을 개별 자산에 배분하는 경우,

특정 개별 자산의 순공정가치가 장부금액을 초과한다면 동 자산을 제외하고 손상차손을 배분함.

(2) 손상징후

기업은 매 보고기간 종료일에 기업의 외부정보와 내부정보를 검토하고 자산손상을 시사하는 징후가 있는지를 판단해야 합니다.

먼저 손상징후를 예시하는 외부정보는 다음과 같습니다.

① 회계기간 중에 자산의 시장가치가 시간의 경과나 정상적인 사용에 따라 하락할 것으로 기대되는 수준보다 유의적으로 더 하락하였음.

② 기업 경영상의 기술, 시장, 경제, 법률 환경이나 해당 자산을 사용하여 재화나 용역을 공급하는 시장에서 기업에 불리한 영향을 미치는 유의적 변화가 회계기간 중에 발생하였거나 가까운 미래에 발생할 것으로 예상됨.

③ 시장이자율이 회계기간 중에 상승하여 자산의 사용가치를 계산하는 데 사용되는 할인율에 영향을 미쳐 자산의 회수가능액을 중요하게 감소시킬 가능성이 있음.

④ 기업의 순자산 장부금액이 당해 시가총액보다 큼(K-IFRS에 한정).

자산의 손상징후를 나타내는 기업의 내부정보는 다음과 같습니다.

① 자산이 진부화되거나 물리적으로 손상된 증거가 있음.

② 회계기간 중 기업에 불리한 영향을 미치는 유의적 변화가 자산의 사용범위 및 사용방법에서 발생하였거나 가까운 미래에 발생할 것으로 예상됨.

- 자산의 유휴화
- 당해 자산과 관련된 영업부문을 중단하거나 구조조정 하는 계획
- 예상 시점보다 앞서 자산을 처분하려는 계획
- 비한정 내용연수를 유한 내용연수로 재평가(K-IFRS에 한정)

③ 자산의 경제적 성과가 기대수준에 미치지 못하거나 못할 것으로 예상되는 증거를 내부보고 자료를 통해 얻을 수 있음.

- 자산의 매입, 운영 및 관리에 쓰이는 현금지출액이 당초 예상수준을 유의적으로 초과
- 자산에서 발생하는 실제 순현금흐름이나 실제 영업손익이 당초 예상수준에 비하여 유의적으로 악화
- 자산에서 발생할 것으로 예상되는 순현금흐름이나 예상 영업손익이 유의적으로 악화

• 자산에서 발생하는 순현금흐름 또는 영업손익의 당기 실적치와 미래 예상치를 합산한 결과 순현금유출이나 영업손실이 발생

예제 18

• MDQ 치킨은 후라이드와 양념치킨 사업을 영위하고 있으며 각각의 사업부가 현금창출단위로 판단되고 있음.

요구사항 ▼ 다음 각 상황이 손상징후를 나타내고 있는지 판단하시오.

1. 세법의 변경으로 치킨에 대한 개별소비세가 신설되어 제품가격이 상승할 것으로 예상되나, 그 반작용으로 양념치킨에 대한 수요가 증가하여 MDQ 치킨의 총 수익성은 유지될 것으로 예상됨.
2. 세계에서 가장 유명한 MM 치킨이 한국에 진출하였으나, MDQ 치킨은 고객들이 한국적인 치킨 맛을 중요하게 생각하기 때문에 매출이 감소하지 않을 것으로 판단하고 있음.
3. 생닭의 가격이 상승하여 후라이드 치킨 가격을 5% 올려야 하나, 물가 억제 정책으로 정부는 1% 상승만 허가함.
4. 2001년 12월 말에 중요한 유형자산의 물리적 손상이 있었음을 익년도 2월에 발견함.
5. 유황오리 사업을 하기 위하여 공장을 인수하였으나, 기대했던 이익보다는 현저하게 낮은 이익을 보고하고 있음.
6. 양념치킨 사업부의 사용가치가 장부금액을 훨씬 초과하고 있는 상황에서, 양념 혼합 기계 1대가 물리적 손상을 입었다.

열거한 모든 상황은 손상징후를 나타내고 있으며 그 이유는 다음과 같습니다.

① **세법의 변경** : 후라이드 치킨에 대한 개별부가세로 인하여 후라이드 치킨 가격이 상승한다면, 현금창출단위로 판별된 후라이드 사업부의 수익성이 악화되어 사용가치가 장부금액에 미달할 가능성이 있으므로 손상징후가 있습니다.

② **경쟁시장의 변화** : 새로운 경쟁자의 등장으로 MDQ 치킨의 매출이 감소하여 수익성이 악화될 수 있으므로 사용가치가 하락하여 수익성이 악화될 수 있으므로 손상징후가 있습니다.

③ **정부 정책의 변화** : 정부가 원가상승률에 미치지 않는 가격 인상을 허가하여 수익성이 악화될 가능성이 있으므로 손상징후가 있습니다.

④ **보고기간 이후의 사건** : 결산일 현재 이미 자산손상 징후가 있었거나, 손상차손을 인식한 이후 환입을 요하는 정보를 입수한 경우에는 2001년에 반영합니다. 따라서 MDQ 치킨은 2001년 결산 시 손상검사가 반영된 재무정보를 작성해야 합니다.

⑤ 예상 사업계획보다 저조한 영업성과는 손상징후에 해당합니다.

⑥ **개별 자산 평가의 우선 적용** : 손상검사는 개별 자산 수준에서 이루어져야 하며, 개별 자산의 회수가능액을 식별할 수 없는 경우에만 현금창출단위를 기준으로 회수가능액을 계산합니다. 따라서 양념치킨 사업부 전체의 수익성은 양호하더라도 개별 자산에 대한 손상을 인식해야 합니다.

(3) 손상검사

자산이 손상된 징후가 발견되면 자산의 장부금액과 회수가능액을 비교하여 회수가능액이 장부금액에 미달하는지를 판단하여 손상차손의 인식 여부를 결정합니다.

손상차손

- 손상차손=장부금액－회수가능액
- 회수가능액=Max(순공정가치, 사용가치)
- 순공정가치=공정가치－판매부대비용

여기서 사용가치(Value in Use)는 현재 기업의 영업상황을 고려하여 추정한 미래현금흐름과 할인율을 통하여 측정한 '기업 특유의 공정가치'입니다. 자산손상기준서 언급하고 있는 사용가치는 객관화된 개념의 사용가치로서 사전적 의미의 사용가치와는 다소 상이합니다.

반면, 일반기업회계기준은 미래 현금흐름 총액(현재가치로 할인하지 않은)이 장부금액에 미달하는 경우에 장부금액을 회수가능액으로 조정하고, 그 차액을 손상차손으로 처리한다고 규정하고 있습니다.

(4) 손상차손의 배분과 환입

현금창출단위에 대하여 손상차손을 인식한 경우 동 손상차손은 다음과 같이 배분합니다.

① 먼저, 영업권의 장부금액을 감소

② 그 다음 다른 자산의 장부금액에 비례하여 손상차손을 배분

이러한 장부금액의 감소는 개별 자산의 손상차손으로 처리하는데, 손상차손을 반영한 개별 자산의 장부금액은 다음 중 가장 큰 금액 이하로 감소될 수 없습니다.

① 처분부대원가를 차감한 공정가치(측정할 수 있는 경우)

② 사용가치(결정 가능한 경우)

③ '0'원

이와 같은 제약으로 인하여 특정 자산에 배분되지 않은 손상차손이 있다면 동 금액은 현금창출단위 내의 다른 자산에 각각 장부금액에 비례하여 배분합니다.

손상차손을 인식한 이후 현금창출단위의 사용가치가 증가하여 손상차손을 환입할 경우, 현금창출단위에 있는 개별 자산의 장부금액은 과거에 손상차손을 인식하기 전 장부금액에서 감가상각 등이 정상적으로 반영되었다고 가정하였을 경우의 잔액을 초과할 수 없습니다.

(5) 영업권에 대한 손상

영업권은 사업결합 과정에서 취득금액과 식별 가능한 순자산 공정가치의 차이로 정의되며, 개별적으로는 식별할 수 없는 자산입니다. 영업권은 합병 등을 통하여 획득한 사업에서 초과수익력이 발생하거나 기업의 기존 사업과 시너지 효과가 발생할 것이 예상되어 지급한 금액이므로, 독립적으로 현금흐름을 창출하지 못합니다. 따라서 영업권에 대한 손상검사는 현금창출단위를 통해서만 가능합니다. 만일 사업결합을 통하여 취득하게 된 현금창출단위가 다수인 경우에는 영업권을 현금창출단위로 배분하고 손상검사를 해야 합니다.

손상차손환입에 대한 징후가 있더라도, 영업권에 대한 손상차손은 환입하지 않습니다. 환입을 인정하지 않는 이유는 종전에 손상했던 영업권의 가치가 회복된 것인지, 새로운 영업권이 발생한 것인지 구별되지 않기 때문입니다.

예제 19

- 2001년 초 MDQ 치킨은 사업확장을 위하여 100,000원을 지급하고 유황오리 전문기업을 인수함.
- 유황오리 사업부의 식별 가능한 자산(기계장치)은 60,000원임.
- 기계장치의 내용연수는 10년임.
- 2003년 초 오리사업부의 부진으로 손상검사를 실시한 결과 순공정가치는 20,000원이며, 사용가치는 40,000원으로 파악됨.
- 회사는 K-IFRS를 적용하고 있음.

요구사항 ▼ 오리사업부의 취득 시점부터 2003년 말까지 회계처리를 제시하시오(단, 영업권은 상각하지 않음을 가정함).

사업결합 시 식별 가능한 순자산 공정가치를 초과하는 금액이 영업권입니다. 따라서 2001년 초의 회계처리는 다음과 같습니다.

(차변)	기계장치	60,000	(대변)	현금	100,000
	영업권	40,000			

K-IFRS에 따르면 영업권은 상각하지 않으므로 매년 손상검사를 실시하도록 규정하고 있습니다. 반면, 일반기업회계기준은 영업권에 대하여 일정 내용연수 동안 상각할 것을 요구하고 있으며 손상징후가 있는 경우에만 손상검사를 실시합니다.

2001년과 2002년 결산 시 기계장치에 대한 상각비는 다음과 같습니다.

(차변)	감가상각비	6,000	(대변)	감가상각누계액	6,000

(*) 60,000원÷10년=6,000원

2002년 말 현재 오리 사업의 장부금액은 다음과 같이 구성됩니다.

① 기계장치=60,000원－6,000원×2년=48,000원

② 영업권=40,000원

그런데 2003년 초 회수가능액은 순공정가치와 사용가치 중 큰 금액인 40,000원이므로, 장부금액과 사용가치의 차이인 48,000원(=88,000원－40,000)원을 손상차손으로 인식합니다. 손상차손은 먼저 영업권에 배분하고, 그 나머지 금액은 영업권을 제외한 자산에 배분하므로 회계처리는 다음과 같습니다.

(차변)	손상차손(*1)	48,000	(대변)	영업권	40,000
				손상차손누계액(*2)	8,000

(*1) 88,000원－Max(20,000원, 40,000원)=48,000원

(*2) 기계장치에 배분된 손상차손

손상차손을 인식한 이후 기계장치의 순장부금액은 12,000원(감가상각누계액)과 8,000원(손상차손누계액)을 차감한 40,000원입니다. 따라서 2003년 말에는 40,000원을 기준으로 감가상각비를 계산합니다.

(차변)	감가상각비	5,000	(대변)	감가상각누계액	5,000

(*) 40,000원÷8년=5,000원

예제 20

- 다음 사항을 제외하고 모든 상황은 〈예제 19〉와 동일함.
- 2004년 초 건강에 대한 관심으로 유황오리에 대한 매출이 증가함.
- 2004년 초 오리사업부의 순공정가치는 15,000원이며, 사용가치는 65,000원으로 파악됨.

요구사항 ▼ 2004년의 회계처리를 제시하시오.

2004년 초 오리사업부의 장부금액은 다음과 같습니다.

① 기계장치=60,000원−6,000원×2년−8,000원(손상차손)−5,000원=35,000원

② 영업권=0원

만일 손상차손이 발생하지 않았다면, 오리사업부의 장부금액은 다음과 같습니다.

① 기계장치=60,000원−6,000원×3년=42,000원

② 영업권=40,000원

2004년 초에 회수가능액이 순공정가치와 사용가치 중 큰 금액인 65,000원으로 결정되었으므로 종전에 인식하였던 손상차손을 환입할 수 있는데, 이때 유의할 사항은 다음과 같습니다.

① 영업권에 대한 손상차손은 환입할 수 없습니다.

② 손상차손환입은 기존에 인식하였던 손상차손의 금액을 초과할 수 없습니다.

③ 손상차손을 환입한 이후의 장부금액은, 손상을 인식하지 않고 정상적으로 상각비를 인식하였더라면 계상되었을 장부금액을 초과할 수 없습니다.

영업권에 대하여 인식한 손상차손은 환입될 수 없으며, 기계장치에 대한 손상차손환입 7,000원(=42,000원−35,000원)만 이루어집니다.

(차변)	손상차손누계액	7,000	(대변)	손상차손환입	7,000

2004년 말에 기계장치에 대하여 인식할 감가상각비는 새로운 장부금액인 42,000원을 기준으로 잔여 내용연수를 적용하여 계산됩니다.

(차변)	감가상각비	6,000	(대변)	감가상각누계액	6,000

(*) 42,000원÷7년=6,000원

(6) 현금창출단위에 속한 개별 자산의 평가

현금창출단위에 대한 손상검사는 개별 자산의 회수가능액을 파악할 수 없는 경우에 대체적으로 이루어지는 평가방법입니다. 만일 개별 자산에 대한 회수가능액을 모두 파악할 수 있는 경우에는 현금창출단위를 파악하여 사용가치를 계산할 필요가 없습니다. 이러한 이유로 개별 자산에 대하여 파악된 회수가능액과 장부금액의 비교는 항상 현금창출단위 수준의 검토보다 먼저 이루어집니다. 그리고 현금창출단위의 회수가능액이 전체 장부금액보다 큰 금액일지라도 개별 자산의 회수가능액이 장부금액에 미달할 경우에는 동 자산에 대한 손상차손을 인식합니다.

예제 21 손상차손의 배분

- 유황오리 사업(현금창출단위)의 회수가능액은 30,000원으로 판단됨.
- 유황오리 사업의 장부금액은 45,000원이며, 개별 자산에 대한 손상검사의 결과는 다음과 같음.

계정과목	장부금액	회수가능액
토지	15,000	17,000
기계장치	20,000	개별적으로 측정이 어려움
구축물	10,000	개별적으로 측정이 어려움
합 계	45,000	

요구사항 ▼ 각 계정과목별로 손상차손을 배분하시오.

현금창출단위에 대한 손상차손이 인식되면 동 손상차손은 현금창출단위에 속한 개별 자산의 장부금액에 비례하여 배분합니다. 그러나 손상차손을 배분한 후의 개별 자산의 장부금액이 회수가능액보다 작을 수가 없습니다. 따라서 토지의 회수가능액이 장부금액보다 크기 때문에 손상차손은 토지를 기계장치와 구축물에만 배분합니다.

(차변)	기계장치 손상차손	10,000	(대변)	기계장치 손상차손누계액	10,000
	구축물 손상차손	5,000		구축물 손상차손누계액	5,000

(*) 손상차손 15,000원은 토지를 제외한 자산의 장부금액에 비례하여 배분됨.

4. 현금창출단위에 대한 사용가치 산정

현금창출단위에 대한 사용가치의 계산 절차는 다음과 같습니다.

① 손익계산서 추정

② 운전자본의 추정

③ 할인율의 결정

④ 사용가치의 산정

(1) 손익계산서 추정

자산손상을 위한 평가과정은 〈제4장〉〈제4절〉에서 살펴본 현금흐름할인법과 유사합니다. 그러나 손상검사목적의 평가는 현재 보유하는 유형자산과 무형자산에 대한 평가를 위한 것이므로 다음의 차이가 있습니다.

① 자산에 대한 미래현금흐름은 현재의 조건과 상황이 지속된다고 가정하고 경영진이 승인한 최근의 재무예산이나 재무예측에 토대하여 추정합니다.

② 결산일 현재의 자산에 대한 손상검사를 목적으로 하는 평가는 현재의 상황을 충실하게 반영해야 하므로 미래의 투자나 구조조정 등은 반영하지 않습니다.

③ 미래현금흐름의 추정 대상 기간은 정당한 사유가 없는 한 최장 5년입니다.

자산손상의 특성상 일부 내용은 현금흐름할인법과 다른데 주요 내용은 다음과 같습니다.

구분	조정 항목	비 고
매출	• 현재 상황에 근거하여 5개년 매출 추정(경영진의 승인이 필요함) • 중간 부품의 경우 시장가격으로 조정 • 미래에 계획된 투자와 그 효과는 반영하지 아니함. • 5년 이후의 성장률은 장기 산업전망이나 국가성장률 등을 초과할 수 없음.	• 보수적인 접근 • 내부이전 가격이 아닌 시장 가격을 반영 • 현재 상황을 충실하게 반영
매출원가, 판매비와관리비	• 이전 공정의 중간부품은 시장가격으로 조정 • 확정되지 않은 미래의 구조조정은 반영하지 아니함.	• 현재 상황을 충실하게 반영
법인세	• 영업이익에 대한 법인세효과 • 세전할인율을 적용하는 경우 법인세효과로 인한 현금흐름을 차감하지 아니함.	
CAPEX, 감가상각비	• 대체투자만 전제하고, 신규 투자와 그로 인한 매출 증가는 고려하지 아니함.	• 현재 보유하고 있는 자산으로 발생할 현금흐름을 파악하기 위함임.

(2) 실무 적용

기준서는 세전할인율을 반영하고 운전자본을 반영하지 않도록 규정하고 있지만, 실무상 관행은 다음과 같습니다.

① **세후 미래현금흐름과 세후 할인율** : 실무상 세전 할인율을 추정하는 것이 불가능하므로 세후 미래현금흐름과 세후 할인율을 적용하는 것이 일반적입니다(K-IFRS 제1036호 BCZ85). 참고로 CAPM 모델 자체가 법인세를 전제한 것이므로, 세후 할인율이 일관성이 있습니다.

② **순운전자본** : 실무상 편의를 위해 운전자본을 현금흐름에 반영하고, 장부금액과 비교할 수 있습니다(K-IFRS 제1036호 문단 79).

③ 할인율은 회사의 자본구조 및 자산구입대금을 조달하는 방법과는 독립적이므로, WACC 산정 시 부채비율은 유사기업의 평균치를 사용합니다(K-IFRS 제1036호 A19).

(3) 사용가치 추정 사례

지금까지 현금창출단위에 대한 손상절차를 살펴보았는데 그 내용을 다음 예제로 살펴봅시다.

예제 22 손상검사

- MDQ 치킨은 유황오리 사업을 3년 전에 인수하였으나, 기대하였던 이익을 시현하지 못하여 손상검사를 실시함.
- 유황오리 사업에 속해 있는 개별 자산의 사용가치는 식별하기 어려우므로 현금창출단위의 사용가치를 계산하기 위하여 다음과 같은 절차를 진행함.
  - MDQ 치킨은 현재 영업상황을 반영하여 5개년 사업계획서를 작성하고 경영진이 승인하였음.
  - 사업계획서를 토대로 세후 잉여현금흐름을 추정함.
  - 유황오리 사업을 영위하는 상장기업들의 베타를 파악하여 산업베타를 계산함.
  - 유사기업들의 부채비율을 목표 자본구조로 하여 가중평균자본비용을 계산함.
  - 추정현금흐름을 현재가치로 할인한 결과 사용가치는 10,000원으로 계산됨.
- 유황오리 사업부 자산과 부채 현황은 다음과 같음.

계정과목	금액	계정과목	금액
매출채권	4,000	매입채무	2,000
재고자산	3,000	단기차입금	8,000
단기매매증권	1,000	순자산	10,000

계정과목	금액	계정과목	금액
유형자산	9,500		
영업권	2,500		
자산총계	20,000	부채및자본총계	20,000

요구사항 ▼ 손상차손 금액을 결정하고 자산별로 배분하시오.

10,000원의 사용가치는 상기 재무상태표 계정 중에서 매출채권, 재고자산, 유형자산, 영업권 및 매입채무가 반영된 것입니다. 즉, 유형자산과 무형자산에 대한 가치를 산정하는 과정에서 운전자본과 관련한 계정이 고려되어 10,000원의 가치가 계산된 것입니다. 따라서 유형자산과 무형자산(영업권)에 대한 가치로 한정하면 5,000원(=10,000원−4,000원−3,000원+2,000원)의 사용가치가 산출됩니다.

따라서 손상차손은 사용가치 5,000원과 장부금액 12,000원(=9,500원+2,500원)의 차이인 7,000원(=12,000원−5,000원)으로 계산되며, 그 금액은 다음과 같이 배분됩니다.

① 영업권=2,500원

② 유형자산=4,500원

(차변)	손상차손	7,000	(대변)	영업권	2,500
				손상차손누계액	4,500

일반적으로 자산손상에 대한 사용가치 산정 시 평가기준일의 재무상태표를 기준으로 하는 경우가 많은데, 본 예제의 계산 과정은 다음과 같습니다.

- 기업가치=영업가치+비영업용자산(단기매매증권)
  =10,000원+1,000원=11,000원
- 손상차손 금액=(이자부부채+순자산)−기업가치
  =(8,000원+10,000원)−11,000원
  =7,000원

(4) 운전자본의 영향

영업이익이 발생하고 매출채권과 매입채무의 회전기일이 유사하다면, 매출액이 매입액보다 클 것이므로 매출채권 금액은 매입채무 금액보다 커야 합니다. 그러나 매출채권 대금이 일시적으로 빨리 회수되거나 일시적으로 매입액이 매출액보다 많은 등의 이유로 특정 시점에는 매입채무가 매출채권보다 클 수도 있습니다.

이러한 비경상적인 현상이 발생한 시점을 평가기준일로 하여 손상검사를 하는 경우에는 다음 중 어떠한 방법을 선택하느냐에 따라 손상검사 결과가 달라진다고 판단할 수도 있는데, K-IFRS는 두 가지 방법을 모두 인정하고 있습니다.

① 대안 1 : 사용가치 추정 시 기초 운전자본을 포함하는 경우

② 대안 2 : 사용가치 추정 시 기초 운전자본을 '0원'으로 가정하는 경우

예제 23 운전자본을 고려한 손상 절차

• 유황오리 사업의 자산과 부채 현황은 다음과 같음.

계정과목	금액	계정과목	금액
현금	200	매입채무	400
매출채권	200	단기차입금	100
유형자산	500	순자산	400
자산총계	900	부채및자본총계	900

• 유형자산의 내용연수는 5년이며, 세후 현금흐름은 다음과 같다고 가정함(단, 현재가치는 무시함).

	2001년	2002년	2003년	2004년	2005년	합계
세후 영업이익	60	60	60	60	60	300
순운전자본의 변동	–	–	–	–	–	–
잉여 현금흐름	60	60	60	60	60	300

요구사항 ▼ 손상차손 금액을 결정하시오.

당기에 발생한 매출액과 매입액은 모두 지급되거나 회수되고, 세후 영업이익은 60원이라고 가정해 봅시다. 이 경우 기초에 존재하는 운전자본과 관계없이 순운전자본의 변동은 0원이므로 대안 1과 대안 2의 사용가치는 300원으로 동일하게 계산됩니다.

그러나 손상검사를 하면 다음과 같이 그 결과는 상이합니다.

계정과목	대안 1	대안 2
매출채권	200	–
유형자산	500	500
매입채무	(400)	–
장부금액 소계	300	500
사용가치	300	300
손상차손(=사용가치－장부금액)	–	(200)

손상을 인식하지 않고자 하는 입장에서는 순운전자본이 부(負)의 금액으로 표시되는 대안 1을 선택하고, 현 상태의 운전자본이 지속된다고 주장할 가능성이 큽니다. 그러나 대안 1은 채권을 조속히 회수하고 채무의 지급은 지연하여 현금을 200원만큼 크게 하였다는 점 이외에는 대안 2와 차이가 없습니다. 그러므로 평가기준일 현재 계상하고 있는 현금, 매출채권, 재고자산 및 매입채무 등의 운전자본이 유형자산이나 무형자산의 손상검사 결과에 영향을 미치는 것은 논리적이지 않습니다.

운전자본의 일시적인 변동이 손상검사에 영향을 미치지 않기 위해 다음과 같이 조정하는 것이 규정의 취지에 적절합니다.

① 안전자금 이상의 초과현금 보유액은 비영업용자산으로 분류

- 초과현금 200원을 사용가치(영업가치)에 가산하면 기업가치는 500원으로 산정되므로, 총장부금액이 500원으로 조정됩니다(대안 1의 변형).
- 따라서 손상차손은 200원(=500원－300원)으로 계산됩니다.

② 평가기준일의 운전자본 계정을 0원으로 조정

- 운전자본의 영향을 모두 제거하기 위하여 평가기준일에 계상하고 있는 운전자본 모두를 0원으로 조정합니다(대안 2의 적용).
- 따라서 손상차손은 200원으로 계산됩니다.

5. 종속기업투자에 대한 손상

종속기업을 보유할 경우 자산손상은 다음과 같이 두 가지 측면에서 고려됩니다.

① 별도재무제표상 투자주식의 손상

② 연결재무제표에 표시된 종속기업의 사업에 대한 손상

한편, 별도재무제표에 표시된 종속기업, 공동기업 또는 관계기업 주식에 대한 손상징후는 다음과 같습니다.

① 별도재무제표에 표시된 주식의 장부금액이 연결재무제표에 있는 영업권을 포함한 피투자기업 순자산의 장부금액을 초과하는 경우(즉, 별도재무제표에 표시된 장부금액이 지분법을 적용하였다고 가정할 경우 계상될 지분법적용투자주식의 장부금액보다 큰 경우)

② 별도재무제표에 인식된 배당금이 종속기업, 공동기업 또는 관계기업의 포괄이익을 초과하는 경우(즉, 청산배당을 실시하는 경우)

별도재무제표에 표시된 투자주식에 대한 손상검사는 투자자산에 대한 평가이므로, 일반적인 투자주식에 대한 손상과정과 유사합니다. 반면, 연결재무제표상 손상은 현금창출단위의 손상절차로 진행됩니다.

예제 24

종속기업투자에 대한 손상

- P사는 양계사업을 영위하고 있으며, S사를 종속기업으로 보유하고 있음.
- P사는 별도재무제표상 원가법을 적용하고 있으며, S사 주식 장부금액은 1,000원임.
- S사는 치킨사업을 실시하고 있음.
- P사의 연결재무제표에 표시된 S사 보유 자산과 부채는 각각 1,200원과 400원임. 그리고 연결결산 과정에서 영업권을 500원 인식하고 있음.
- P사의 별도재무제표상 S사 주식 금액에 대한 손상징후가 식별됨.
- P사의 연결재무제표상 치킨 사업에 대한 손상징후가 식별됨.

요구사항 ▼ S사 주식과 치킨사업에 대한 손상검토 과정을 검토하시오.

P사는 별도재무제표상 S사 지분에 대한 손상징후가 발견되면 S사 지분에 대한 공정가치 평가를 실시하여 손상검사를 실시하게 됩니다. 또한, P사의 연결재무제표상 치킨사업에 대한 손상검사를 하게 되는데, 주의할 사항은 다음과 같습니다.

① 손상 대상은 S사의 별도재무제표상 자산과 부채가 아닙니다. 연결재무제표에 표시된 S사 보유 자산과 부채입니다. 그리고 치킨 사업에 대한 영업권도 포함됩니다.

② 별도재무제표상 손상 절차 진행과정에서 활용하는 S사의 사업계획과, 현금창출단위의 손상검사를 위한 사업계획에는 차이가 있을 수 있습니다.

③ S사의 주주가 P사뿐만 아니라 소액주주(비지배주주)까지 포함하고 있다면, (영업권과 그 외의 자산에 대한) 손상 결과를 적절하게 배분해야 합니다.

④ P사의 연결재무제표상 양계사업과 치킨사업을 영위하고 있습니다. 두 사업을 하나의 현금창출단위로 식별하는 것이 적절할지, 각각을 독립된 현금창출단위로 봐야 할지 분석해야 합니다.

⑤ 별도재무제표상 S사 주식과 연결재무제표상 치킨 사업에 대한 손상검사 결과가 일관성이 있는지 검토해야 합니다.

제 8 장 기타 주제

제 1 절 리스

K-IFRS 제1116호 도입 이전에 리스이용자는 리스계약을 금융리스로 인식하느냐 또는 운용리스로 인식하느냐에 따라, 재무제표에 계상되는 자산과 부채 규모가 크게 달라졌습니다. 금융리스를 인식하면 자산과 부채를 인식하지만, 운용리스는 당기 지출액만 비용으로 처리하기 때문입니다. 이러한 부외부채(簿外負債) 효과를 제거하고, '계약' 자체에 대한 권리와 의무를 인식하는 방향으로 기준서가 제정되었습니다.

제1116호의 주요 취지는 계약을 통해 인식되는 사용권리를 자산으로 인식하고, 지출할 의무를 부채로 인식하는 것입니다. 다만, 이러한 회계처리는 실무상 번거롭기 때문에, 중요성이 미미하다면 제외할 수 있습니다.

① **단기리스** : 12개월 이하 리스기간의 리스 계약

② **소액리스** : 기초자산이(신규 자산 가격이) US$ 5,000 이하인 리스 계약

1. 사용권자산의 측정

사용권자산은 이용자가 계약기간 동안 기초자산을 사용할 권리로 정의됩니다. 사용권자산은 다음 항목들의 합계로 구성되며, 리스개시일 시점을 기준으로 취득원가가 확정됩니다.

① 리스부채의 최초 측정금액

② 리스개시일이나 그 전에 지급한 리스료

③ 인테리어 보조 명목 등으로 수령한 리스 인센티브는 차감

④ 리스이용자가 부담하는 리스개설직접원가

⑤ 계약 종료 후 복구 의무

예제 01 사용권자산의 측정

- 2001년 초부터 2005년 말까지 건물을 사용하기로 계약함.
- 5년간 지출될 임대료의 현재가치는 10,000원임.
- 임차인은 보증금을 3,000원 지급하고, 계약 종료 시점에 환급받음(리스개시일 시점의 현재가치는 2,400원임).
- 임대차 계약을 주선한 부동산에 500원을 지급함.
- 인테리어 공사 시 임대인이 관련 지출 1,000원을 부담함.
- 임대차 종료 후 사무실을 복구하는데, 지출될 금액의 현재가치는 700원임.

요구사항 ▼ 리스 회계처리를 예시하시오.

(차변)	사용권자산	10,800	(대변)	리스부채	10,000
	유형자산	1,000		복구충당부채	700
	보증금	3,000		현금	3,000
				현재가치할인차금	600
				현금(수수료)	500

2. 리스 세부 요소

계약이 리스를 포함하고 있는지를 판단하는 순서도입니다. 식별되는 자산의 유무와 기초자산에 대한 지시권리를 필수요소로 합니다.

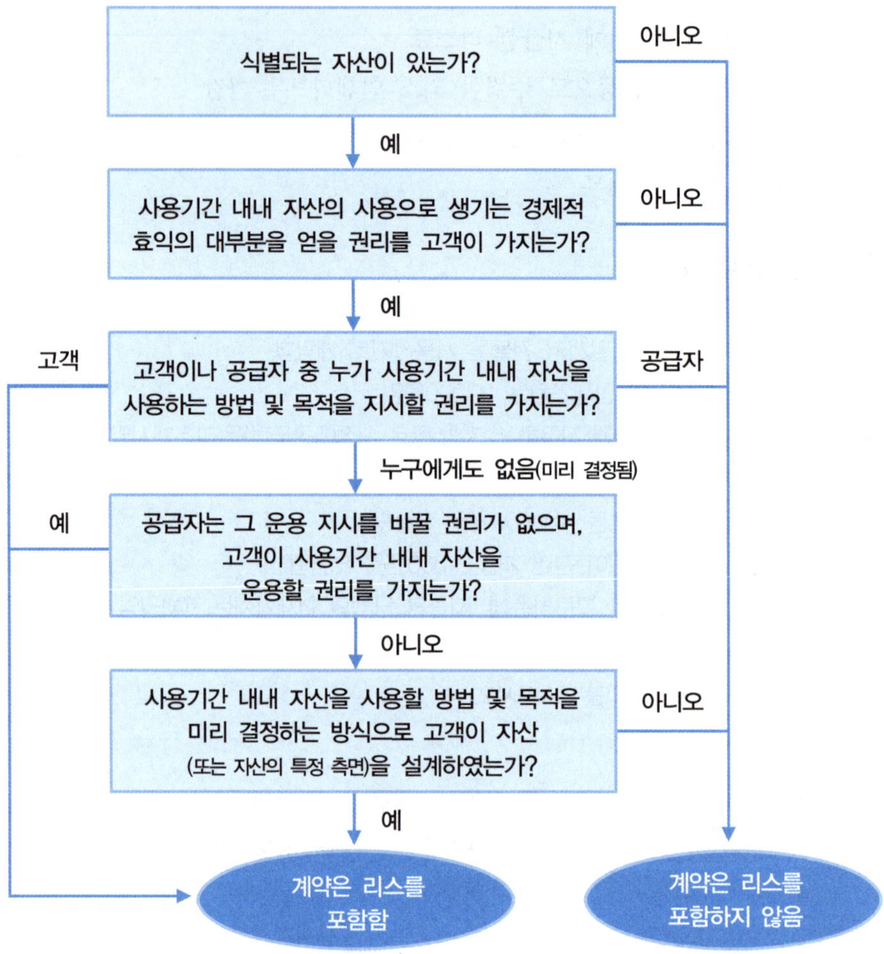

리스회계처리를 위해서는 향후 임대차 예상기간, 할인율, 고정리스료 등에 대한 검토가 필요합니다. 본 절에서는 리스 요소에 대한 세부 사항을 살펴봅니다.

(1) 리스 식별과 비리스요소

리스회계처리 대상 자산은 명시적으로 특정되거나, 암묵적으로 특정될 수 있어야 합니다. 리스 식별 과정에서 검토된 주요 논점은 다음과 같습니다.

① 무형자산은 리스 대상에 해당하지 않고, 무형자산 기준서에 따라 회계처리됩니다. 예를 들어 토지 사용계약은 리스에 해당하지만, 소프트웨어 사용계약은 무형자산에

해당합니다.

② 자산 전체 중 일부분을 사용한다면, 별도로 구분되거나 대부분을 사용할 수 있어야 합니다. 예를 들어 설치된 케이블의 용량 중 50%에 해당하는 데이터를 전송하기로 계약했다면, 물리적으로 구별할 수도 없고 대부분을 사용하는 것도 아니므로 리스 대상이 아닙니다.

③ 리스 대상이 본연의 주된 목적(Primary use)이 아니라면, 리스가 아니라는 것이 US-GAAP의 입장입니다. 그 예로는 버스에 부착되는 광고 계약을 들 수 있습니다.

④ 자산이 특정되더라도 공급자가 그 자산을 다른 자산으로 '실질적인 대체'가 가능하다면, 리스 대상이 아닙니다. 예를 들어 물품보관소가 자의적으로 공간을 지정하여 보관한다면, 리스 대상이 식별되지 않습니다. 반면 고객이 지정한 특정 공간에서만 보관할 수 있다면, 리스에 해당합니다. 다만, 대체권은 계약이 리스인지 여부를 판단하기 위한 절차이며, 만일 리스에 해당한다고 결정되었다면 대체권 유무와 관련 없이 리스기간이 정해집니다.

일부 계약은 리스요소와 비리스요소를 모두 포함하는 경우가 있습니다. 이 경우에는 비리스요소를 제외하고 리스회계처리를 실시해야 합니다. 따라서 계약서를 면밀히 검토하고 대가가 기초자산에 대한 것인지 또는 용역대가에 해당하는지 살펴봐야 합니다.

① 예를 들어 사무실 임차 시 월 120만원을 지급하기로 했는데, 이 중 50만원은 청소나 보완 용역을 제공한 대가라 가정해 봅시다. 이 경우 기초자산(건물)의 사용대가로 지급하는 금액은 70만원이며, 동 금액이 고정리스료에 해당합니다.

② 사용기준에 따라 지급하는 등의 변동리스료는 측정 대상에서 제외됩니다. 그러나 형식상으로는 변동리스료이지만, 실질은 고정리스료라면 해당 금액은 포함됩니다. 다만, 지수나 요율(이율)에 따라 달라지는 변동리스료는 포함됩니다. 예를 들어 첫 해 임대료는 100만원이며, 이후 연도는 물가상승률을 고려하여 임대료가 결정된다고 가정해봅시다. 그렇다면 계약시점에 리스부채는 100만원을 기초로 산정하고, 이후 리스부채는 재측정됩니다.

③ 만일 리스료에 대한 부가가치세가 공제되지 않는다면, 해당 금액은 리스부채 대상에서 제외됩니다. 법률에 따라 부과되어 납부하는 일종의 Penalty로 봅니다.

(2) 리스개시 시점과 리스기간

리스약정일은 리스계약일과 주요 조건을 합의한 날 중 이른 날입니다. 리스개시일은 리스이용자가 기초자산을 사용할 수 있는 시점으로서 리스거래를 재무제표에 인식하는 시점입니다. 리스약정일과 리스개시일은 일치하지 않을 수 있습니다.

① 1월 1일에 계약을 체결하고 1월 1일부터 3개월간 공사를 실시한 후 4월 1일에 입주했다고 가정해 봅시다. 이 경우 4월부터 임차료를 지급하더라도, 실제 공사 단계부터 기초자산을 사용하는 것이므로 1월 1일이 리스개시일입니다.

② 1월 1일부터 3개월간 Rent free 약정이 있다고 가정합니다. 그렇더라도 기초자산은 1월 1일부터 사용할 수 있기 때문에 리스개시일은 1월 1일입니다.

리스기간을 산정할 때는 계약이 집행 가능한(Enforceable) 기간과 경제적 유인을 고려해야 합니다. 당장 체결된 기간뿐만 아니라 연장선택권이나 종료선택권을 감안해야 합니다.

① 리스료가 시장요율을 초과하는 경우 임차인이 연장선택권을 행사하지 않을 가능성이 높습니다. 종료선택권의 경우에는 계약 해지 시 위약금과 잔존가치 보증에 따른 지급액이 고려되어야 합니다.

② 리스이용자가 리스자산을 개선하기 위해 또는 본인의 사용목적에 맞게 상당한 투자를 했다면, 리스이용자가 연장선택권을 행사할 가능성은 높습니다.

③ 적절한 대체자산을 찾기가 어렵거나 기초자산이 전문화된 경우에는 리스이용자가 연장선택권을 행사할 가능성이 높습니다.

④ 연장선택권을 행사함으로써 협상비용, 이전 비용, 대체적인 적절한 자산을 찾는 비용, 새로운 자산의 통합비용 및 계약상 지정된 조건이나 지정된 위치에 원래의 자산을 반환할 때 발생하는 비용 등을 회피할 수 있다면 리스이용자는 연장선택권을 행사할 가능성이 높습니다.

⑤ 상가임대차법에 따른 임차인의 계약갱신요구권은 리스이용자의 리스 연장선택권에 해당합니다. 따라서 연장선택권의 행사가능성을 검토하고 리스기간을 산정해야 합니다.

⑥ 계약 연장 시 상대를 구속(Enforceable)할 수 없다면, 신규 리스로 보는 것이 적절합니다. 그러나 약정에 따라 회사의 결정 하에 연장되었다면, 변경유효일(합의한 날)에 수정할인율로 리스부채를 재측정하고 상대 계정으로 사용권자산을 조정합니다.

(3) 할인율과 임차보증금

할인율은 채무자의 신용위험을 반영합니다. 따라서 리스부채에 대한 할인율은 리스이용자의 신용위험에 따른 증분 차입이자율을 적용합니다. 다만, 리스는 특성상 담보 제공 차입 성격이 있습니다. 따라서 기초자산의 성격에 따라 가산되는 신용위험을 일정 부분 경감하게 됩니다.

① 신용등급에 따른 무보증 할인율은 KOPIA BIS(https://www.kofiabond.or.kr/index.html)에서 검색할 수 있습니다.

② 증분차입 이자율 산정 시 신용 위험(=무보증 할인율−무위험이자율)을 그대로 가산하지 않고, 기초자산의 성격에 따른 경감률을 적용하게 됩니다. 예를 들어 무위험 이자율은 2%, 신용위험은 5%, 부동산 담보에 따른 경감률은 50%라 가정해 봅시다. 이 경우 리스부채 측정 시 적용될 할인율은 4.5%(=2%+5%×50%)로 계산됩니다.

③ 리스료는 정액할부식(또는 연금방식, annuity)이므로, 만기에 일시 상환되는 방식으로 할인율을 산출하면 안 됩니다. 그러나 그 차이가 중요하지 않다면 만기일을 기준으로 산정할 수 있을 것입니다.

④ 리스개시일에 임차보증금을 제공한다면 향후 반환받을 금액의 현재가치와 현재 장부금액의 차이를 사용권자산으로 계상합니다. 임차보증금에 적용될 할인율은 동 보증금을 상환할 임대인의 신용위험을 반영하여 산정합니다.

3. 리스변경

(1) 리스변경의 종류

리스변경이란 변경 전 리스 조건의 일부가 아니었던 리스의 범위 또는 리스대가의 변경을 말합니다. 리스변경의 판단 절차는 다음과 같습니다.

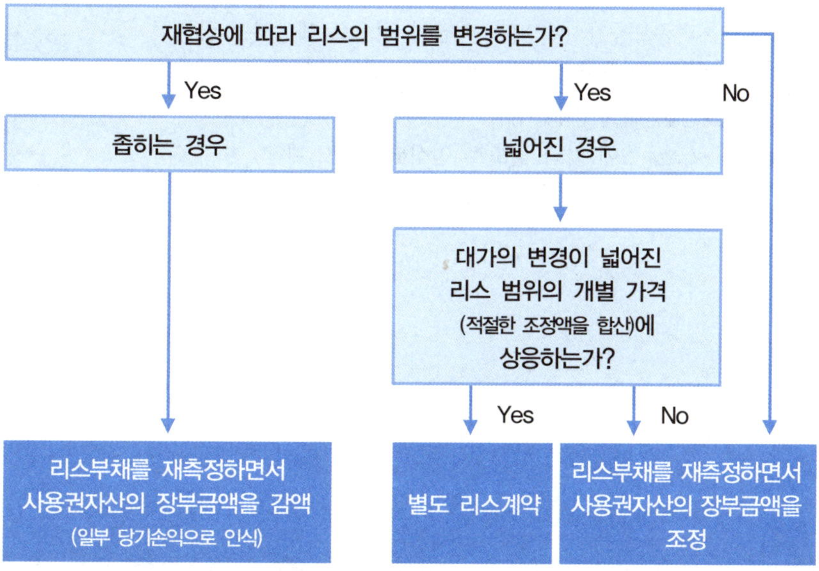

① Case 1. 리스범위의 축소 : 기초자산의 일부가 감소되는 변경인데, 예를 들어 3개층을 임차하다가 2개층으로 감소시키는 변경입니다.

② Case 2. 별도 리스 계약으로 분류 : 1개층을 임차하다가 1개층이 증가하는 경우입니다.

③ Case 3. Case 2에 해당하지 않는 리스범위의 증가 : 리스대가의 증액이 넓어진 리스범위의 개별가격에 상응하지 않는 경우입니다.

리스변경에 대한 회계처리는 다음과 같습니다.

구분	회계처리
Case 1	• 리스이용자는 리스부채를 재측정하고, 사용권자산은 비율에 따라 감액함. • 차액은 당기손익
Case 2	• 별도의 리스계약에 대해 추가적인 리스 회계처리가 이루어짐.
Case 3	• 리스이용자는 리스부채를 다시 측정하고, 상응하는 사용권자산을 조정함.

한편, 리스범위의 변동 없는 리스대가의 변경은 Case 3에 해당합니다.

(2) 수정할인율

리스 변경 등으로 인한 수정할인율 적용 여부를 정리하면 다음과 같습니다.

구분	세부 내용
종전 할인율	• 잔존보증가치에 따라 지급할 것으로 예상되는 금액 • 지수나 요율에 따라 달라지는 변동리스료
수정할인율	• Case 1과 Case 3 • Case 2에 따라 별도로 인식되는 리스계약 • 매수선택권의 행사가격

제 2 절 확정급여채무

1. 퇴직급여제도

퇴직급여제도는 확정기여제도와 확정급여제도로 구분됩니다.

(1) 확정기여제도

확정기여제도(Defined Contribution, DC)는 회사가 종업원에게 매년 지급할 퇴직금을 별개의 실체(퇴직급여기금 운용기관)에 출연하는 제도로서, 임직원은 퇴직 시점에 운용 기관으로부터 퇴직금을 수령하게 됩니다. 퇴직금으로 운용되는 상품은 임직원이 직접 선택하므로 투자위험도 임직원에게 귀속됩니다.

확정기여제도는 출연한 기여금만큼 비용을 계상하므로 회계처리가 단순합니다. 미지급되거나 선급된 기여금을 제외하고는 회사가 인식할 자산과 부채가 없습니다.

(2) 확정급여제도

확정급여제도(Defined Benefit plans, DB)는 회사가 임직원에게 지급할 퇴직금 재원을 직접 운용하고, 임직원이 퇴직하는 시점에 직접 퇴직금을 지급하는 제도입니다. 따라서 임직원의 사망률, 퇴사율, 미래임금상승률, 할인율과 같은 보험수리적 위험을 회사가 부담하게 됩니다. 기금자산의 운용위험도 모두 회사에 귀속되므로, 회사가 기여할 금액은 매년 달라질 수 있습니다.

일반기업회계기준은 결산일 현재 퇴직급여추계액을 퇴직급여부채로 산정합니다. 반면, K-IFRS는 미래에 지급될 퇴직금을 추정하여 예측단위적립방식에 따라 퇴직급여부채를 계산한다는 점에 차이가 있습니다.

(3) 예측단위적립방식

확정급여채무의 산정 과정을 이해하려면 예측단위적립방식에 대한 이해가 필수입니다. 다음 예제로 설명드리겠습니다.

예제 02

예측단위적립방식

- A氏는 2001년 초에 입사하였으며, 과거 경험에 따를 경우 2005년 말에 퇴직이 예상됨.
- 2001년 연봉은 50,000,000원이며, 매년 10%씩 상승할 것으로 예상됨.
- 회사의 정책에 따른 퇴직금=퇴직한 연도에 수령한 월 급여×근무연수
- 적용될 할인율은 5%임.

요구사항 ▼ 예측단위적립방식에 따라 계상될 퇴직급여부채를 계산하시오.

확정급여부채의 계산 과정은 다음과 같습니다.

① 예상 퇴직금의 산정

② 예측단위적립방식에 따른 할당급여 계산

③ 당기근무원가 계산

구체적인 계산과정을 살펴봅시다.

① 예상 퇴직금

- 2005년 예상 월 급여 = 50,000,000 ÷ 12월 × $(1+10\%)^5$ = 6,100,417원
- 2005년 말 예상 퇴직금 = 6,100,417 × 5년 = 30,502,085원

② 예측단위적립방식에 따른 할당급여 = 예상 퇴직금 ÷ 예상 근무기간 = 6,100,417원

③ 당기근무원가 = 할당급여 ÷ $(1+\text{할인율})^{\text{잔여기간}}$

- 2001년 당기근무원가 = 6,100,417 ÷ $(1+5\%)^4$ = 5,018,828원
- 2002년 당기근무원가 = 6,100,417 ÷ $(1+5\%)^3$ = 5,269,770원
- 2003년 당기근무원가 = 6,100,417 ÷ $(1+5\%)^2$ = 5,533,258원
- 2004년 당기근무원가 = 6,100,417 ÷ $(1+5\%)^1$ = 5,809,921원
- 2005년 당기근무원가 = 6,100,417원

이를 그림으로 표현하면 다음과 같습니다.

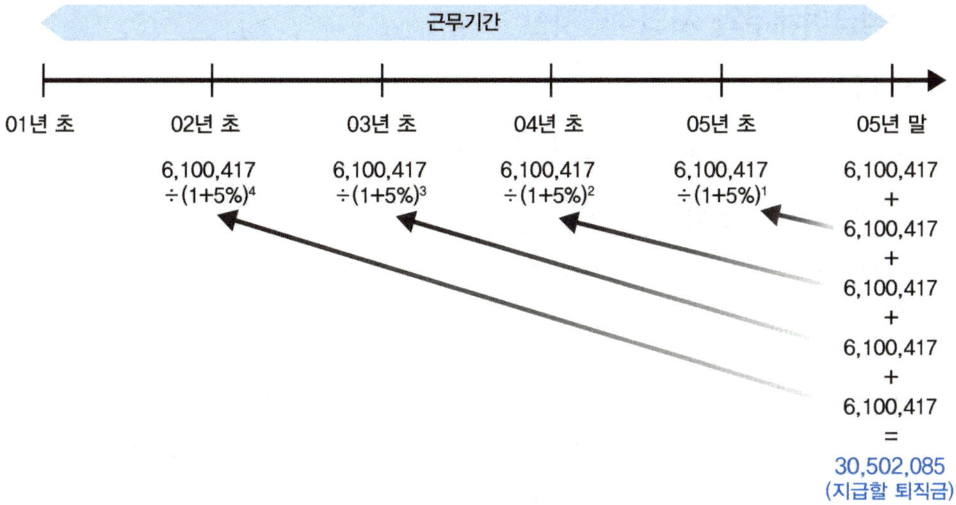

확정급여채무에 대한 스케줄은 다음과 같습니다.

	2001년	2002년	2003년	2004년	2005년
귀속 급여(급여 할당)					
전기와 그 이전	–	6,100,417	12,200,834	18,301,251	24,401,668
당기	6,100,417	6,100,417	6,100,417	6,100,417	6,100,417
당기와 그 이전	6,100,417	12,200,834	18,301,251	24,401,668	30,502,085
기초 확정급여부채	–	5,018,828	10,539,539	16,599,774	23,239,684
이자비용(할인율 5%)(PL)	–	250,947	526,977	829,989	1,161,984
당기근무원가(PL)	5,018,828	5,269,770	5,533,258	5,809,921	6,100,417
기말 확정급여부채(BS)	5,018,828	10,539,539	16,599,774	23,239,684	30,502,085

상기 표에서 당기근무원가는 5,018,828원에서 6,100,417원으로 증가하는데, 이는 A 氏의 급여가 상승했기 때문이 아닙니다. 퇴사일이 다가옴에 따라 (할인기간이 축소되어) 현재 가치가 커진 것입니다.

만일 회사의 퇴직제도, 퇴사일, 할인율이 예측한 바와 동일하다면 상기 Table에 따라 퇴직급여가 계상되고, 보험수리적손익은 발생하지 않습니다. 그러나 퇴직급여 추정 시 이용했던 요소가 변경되면 추정된 퇴직급여채무의 규모에 영향을 미칩니다.

① **퇴직급여 제도 변경** : 당기근무원가(당기손익)로 반영

② **가정**(할인율, 임금상승률, 근무 연수 등)**의 변경** : 보험수리적손익(기타포괄손익)으로 반영

2. 확정급여채무와 사외적립자산

(1) 확정급여채무

확정급여부채의 변동내역은 다음과 같습니다.

구분	금 액	비 고
기초금액	×××	전기이월금액
당기근무원가	×××	종업원이 1년 더 근무함에 따라 증가하는 퇴직급여
과거근무원가	×××	퇴직급여제도의 개정 또는 축소로 발생하는 기초 퇴직급여부채의 변동 금액
이자비용	×××	현재가치로 표시된 확정급여부채가 시간에 따라 증가할 것으로 예상되는 금액
보험수리적손익(OCI)	×××	퇴직률, 임금상승률, 할인율, 퇴직기간 등에 대한 가정의 변경으로 발생되는 금액
퇴직급여지급액	×××	회계기간 중 지급된 금액(현금흐름표에 반영될 금액)
기말금액	×××	

확정급여부채에서 차감되는 퇴직급여 지급액이 실제 종업원에게 귀속되는 퇴직급여입니다. 회사가 사외적립자산뿐만 아니라 보유한 자금으로 종업원에게 지급한 퇴직금까지 포함됩니다.

한편, 보험수리적 가정의 변경에 따라 발생된 재측정요소인 보험수리적손익은 기타포괄손익으로 분류됩니다. 실무상 보험수리적손익은 결산 시 이익잉여금과 상계되는 경우가 많습니다(그러나 상계하지 않고 보험수리적손익을 별도로 표시하는 회사도 빈번하게 발견됩니다).

퇴직급여부채에 대한 회계처리는 다음과 같습니다.

(차변)	퇴직급여(근무원가)	×××	(대변)	확정급여채무	×××
	퇴직급여(이자비용)	×××		확정급여채무	×××
	확정급여채무	×××		현금(지급)	×××
	확정급여채무	×××		~~보험수리적이익(상계)~~	×××
	~~보험수리적이익(상계)~~	~~×××~~		이익잉여금	×××

(2) 사외적립자산

사외적립자산의 변동내역은 다음과 같습니다.

구분	금 액	비 고
기초금액	×××	전기이월금액
기여금	×××	회계기간 중 회사가 퇴직금 지급을 위해 운용기금 또는 기관에 적립한 기금
이자수익	×××	회계기간 중 사외적립자산에 대하여 기대되는 이자수익
보험수리적손익(OCI)	×××	실제 이자수익－기대이자수익
퇴직급여지급액	×××	회계기간 중 퇴직금 지급을 위해 출금된 금액
기말금액	×××	

사외적립자산에 대한 회계처리는 다음과 같습니다.

(차변)	사외적립자산	×××	(대변)	현금(기여금)	×××
	사외적립자산	×××		퇴직급여(이자수익)	×××
	현금(인출)	×××		사외적립자산	×××
	사외적립자산	×××		~~보험수리적이익(상계)~~	~~×××~~
	~~보험수리적이익(상계)~~	~~×××~~		이익잉여금	×××

재무상태표에는 확정급여부채에서 사외적립자산을 차감한 순액을 확정급여부채로 표시합니다. 만일 초과적립액이 발생한다면, 순확정급여자산으로 인식합니다.

예제 03 확정급여채무 회계처리

• 계리보고서 검토 결과 확정급여채무와 사외적립자산의 변동은 다음과 같음.

구분	확정급여채무	사외적립자산
기초	3,500	2,000
근무원가	600	–
이자원가	140	60
재측정요소	(100)	(50)
기여금	–	430
지급액	(500)	(100)
기말	3,640	2,340

• 계정의 변동

구분	기초	기말
현금	10,000	11,850
확정급여채무	3,500	3,640
사외적립자산	2,000	2,340
이익잉여금	10,000	12,050

요구사항 ▼ 결산 시점의 회계처리를 예시하시오.

손익계산서상 퇴직급여는 680원(=600원+140원-60원)으로 산정됩니다. 퇴직급여채무와 사외적립자산의 변동에 대한 회계처리는 다음과 같습니다.

(차변)	퇴직급여	740	(대변)	퇴직급여부채	140
				현금	500
				보험수리적이익	100
(차변)	사외적립자산	340	(대변)	현금	330
	보험수리적손실	50		퇴직급여	60

계리보고서에 기재된 재측정요소는 기타포괄손익으로 표시되며, 결산 시 이익잉여금과 상계한다면 재무상태표에는 별도로 표시되지 않습니다.

(차변)	보험수리적이익(상계)	100	(대변)	보험수리적손실(상계)	50
				이익잉여금	50

(3) 실무상 주의 사항

확정급여채무와 관련하여 실무상 유의할 사항은 다음과 같습니다.

① 퇴직급여채무의 대상이 되는 퇴직금은 향후 지급될 것으로 추정된 금액입니다. 만일 당기 중에 거액의 성과금이 지급되었다고 가정해봅시다. 이 경우 세무상 퇴직급여추계액은 증가하지만, 지속적으로 거액의 성과금이 지급된다고 보기 어렵습니다. 따라서 정상 수준의 성과금을 반영하여 퇴직급여채무를 추정하는 것이 합리적입니다.

② 퇴직급여제도 개정으로 생기는 확정급여채무 현재가치의 변동은 과거근무원가에 해당합니다. 퇴직급여제도의 변경을 결의한 시점에 비용으로 인식합니다.

③ 임금피크제도 도입이 보험수리적 가정에 영향을 미치는 경우에는 보험수리적손익으로, 해당 제도의 도입으로 변경 전 종업원의 근무용역(급여)에 영향을 미치게 되면 과거근무원가로 인식합니다.

④ 확정급여형에서 확정기여형으로 퇴직급여제도를 변경하면, 확정급여제도의 정산으로 보아 회계처리하고 확정급여채무를 재측정하여 정산손익을 인식합니다. 보험수리적손익을 OCI로 표시하고 있다면, 당기손익을 경유하지 않고 자본 내 적절한 항목으로 대체합니다.

⑤ 1년 미만 근무자에 대해서도 퇴직급여채무를 설정합니다. 당기 중 신규입사자가 발생하여 확정급여채무가 증가할 경우, 이는 당기근무원가에 반영합니다.

⑥ 퇴직연금 가입 후 운용사에서 청구하는 연금운용수수료가 사외적립자산의 운영원가에 해당하면, 사외적립자산의 수익에서 차감합니다.

⑦ 외국인노동자의 경우 출국만기보험에 적립한 금액이 근로자퇴직급여보장법상 퇴직금보다 적어 그 차액을 회사가 보장해야 하거나 그 급여를 지급할 법적의무나 의제의무를 부담한다면 확정급여제도로 회계처리합니다.

제 3 절 충당부채

1. 충당부채와 우발부채

(1) 충당부채

부채가 재무제표에 인식되려면 회계적 사건이 부채의 정의와 인식요건을 충족해야 합니다.

① **부채의 정의** : 과거의 거래 또는 회계사건의 결과로 인하여 미래에 경제적 자원을 유출시키는 현재의무

② **부채의 인식요건** : 경제적 자원이 유출될 가능성이 높아야 하며, 현재의무의 이행에 소요될 금액이 신뢰성 있게 측정되어야 함.

충당부채의 정의는 다음과 같습니다.

① 과거의 사건이나 거래의 결과에 의한 현재의무로서,

② 지출의 시기 또는 금액이 불확실하지만 그 의무를 이행하기 위하여 자원이 유출될 가능성이 높고(또는 매우 높고),

③ 당해 금액을 신뢰성 있게 추정할 수 있는 의무

일반적인 부채와 충당부채의 차이점은 다음과 같습니다.

구분	부채의 정의	부채의 인식요건
일반적인 부채	충족	충족(확정)
충당부채	충족	충족(추정)

충당부채는 최초의 인식시점에서 의도한 목적과 용도에만 사용해야 합니다. 만일 여러 가지 경제적 사건에 대하여 서로 다른 충당부채를 설정했다면, 서로 다른 충당부채를 상계하거나 혼합해 사용하면 안 됩니다. 즉, 충당부채는 다른 충당부채와 독립적으로 설정되어 사용되고 환입됩니다.

(2) 우발부채와 우발자산

충당부채와 우발부채에 대한 식별 절차는 다음과 같습니다.

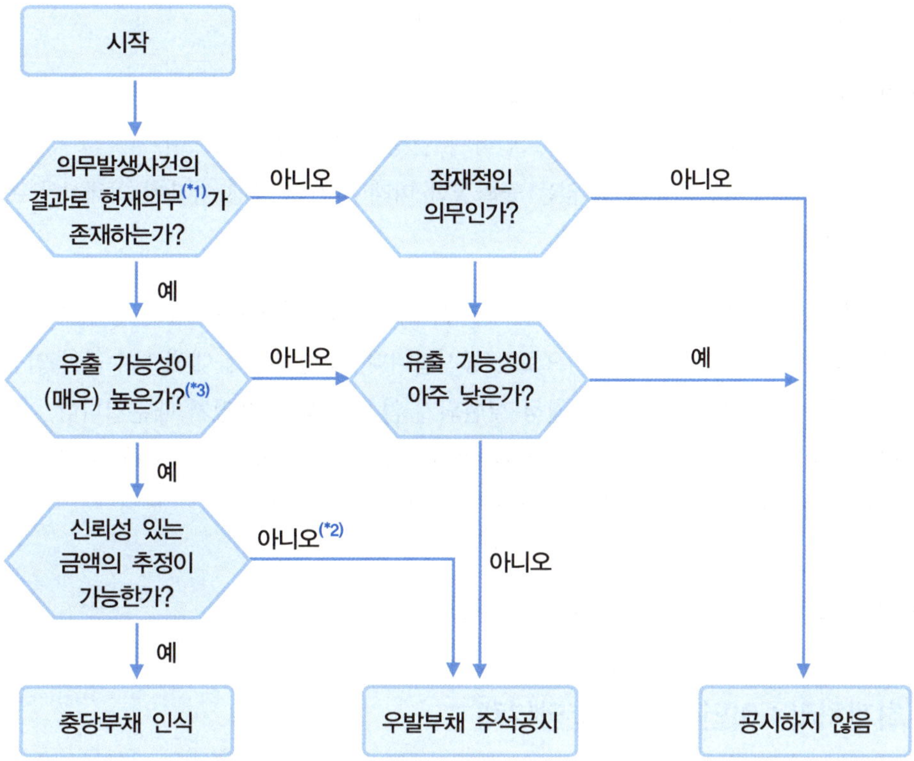

(*1) 현재의무가 발생하였는지의 여부가 명확하지 않은 경우에도 모든 이용 가능한 증거를 통하여 현재의무의 발생 가능성이 매우 높다고 판단되면, 과거의 사건이나 거래의 결과로 현재의무가 발생한 것으로 봅니다.

(*2) 아주 드물게 발생합니다.

(*3) 발생가능성이 5% 미만이면 가능성이 희박하다고 보며, 50%(일반기업 회계기준에서는 80%)를 초과하면 재무제표에 반영합니다.

충당부채와 우발부채는 경제적 자원의 유출 가능성과, 현재의무를 이행하는 데 필요한 금액을 신뢰성 있게 추정할 수 있느냐에 따라 결정됩니다.

자원의 유출 가능성	금액의 추정 가능성	
	신뢰성 있게 추정 가능	추정 불가능
가능성이 높음	충당부채로 인식	우발부채로 주석 공시
가능성이 어느 정도 있음	우발부채로 주석 공시	
가능성이 거의 없음	공시하지 않음	공시하지 않음

우발부채는 발생가능성이 있으나 현재의무로 확인되지 않은 잠재적 의무이거나, 현재의무가 확인되었더라도 발생가능성이 적거나 신뢰성 있는 금액이 추정이 어려운 의무입니다. 따라서 우발부채는 부채의 인식요건을 만족하지 못하므로 재무제표에 반영되지 않고,

발생가능성과 신뢰성의 정도에 따라 주석으로만 공시됩니다.

한편, 우발자산의 정의는 다음과 같습니다.

① 과거 거래나 회계사건의 결과로 인하여 발생할 가능성이 있으며,

② 기업이 전적으로 통제할 수 없는 불확실한 미래 사건의 발생 여부에 의해서만 존재 여부가 확인되는 잠재적 자산

우발자산은 우발채무나 충당부채와 달리 자원의 유입가능성이 매우 높은 경우에만 자산으로 인식하고, 높은 경우에는 주석으로만 공시합니다. 우발자산에 대해 보수적인 입장을 취하는 이유는 우발자산은 미래에 전혀 실현되지 않을 가능성이 있기 때문입니다. 다만, 수익의 실현이 거의 확실하게 된다면 관련 자산은 더 이상 우발자산이 아닌 '자산'이므로 재무제표에 인식합니다. 우발자산의 예로는 다음과 같습니다.

① 결과가 불확실한 손해배상 청구소송

② 세금분쟁에서 정부로부터 환급받을 가능성이 있는 세금

2. 회계처리 : 이연수익과 충당부채

(1) 판단기준

충당부채 및 고객충성제도 등의 거래에 관한 관점은 크게 이연수익과 충당부채로 구분됩니다.

① 이연수익

- 이연수익은 먼저 현금을 수령하였으나 미처 제공하지 못한 제품이나 용역에 대한 대가(수익)가 남아 있는 경우에 실시하는 회계처리
- 예를 들어 10,000원을 수령하고 제품을 판매하였으나, 향후 용역을 제공할 의무가 있으며 동 의무에 대한 수익이 1,000원이라고 가정해 봅시다. 이러한 경우 판매 시점에 10,000원의 현금을 수령하였다고 하더라도 거래 시점에는 9,000원만 매출로 인식하고, 1,000원은 추후 용역을 제공하는 시점에 매출을 인식합니다.

② 충당부채

- 충당부채는 향후 비용이 지출될 것으로 예상되지만, 그로 인한 수익이 없거나 추정할 수 없는 경우에 실시하는 회계처리
- 예를 들어 보증서비스를 제공하기로 하고 제품을 판매하였으나 보증서비스에 대한 수익을 추정할 수 없다면, 예상되는 비용(원가)만 판매 시점에 충당부채로 인식합니다.

'수익비용 대응의 원칙'에 따라 이연수익과 충당부채를 설명하면 다음과 같습니다. 만일 미래에 제공해야 할 서비스에 대한 원가를 추정할 수 있다고 하더라도, 동 서비스에 대한 수익을 추정할 수 없다면 미래에 비용을 인식할 수 없습니다. 따라서 수익과 추정되는 비용(원가)을 전액 현재 시점에 인식하고, 미래에 지급할 원가에 해당하는 금액을 충당부채로 계상합니다.

결국, 이연수익과 충당부채 중 어떠한 회계처리를 선택할 것이냐는 추후에 제공하는 기업의 제품과 용역에 대한 수익금액을 합리적으로 추정할 수 있는지 여부에 따라 결정됩니다.

(2) 제품보증에 대한 회계처리

제품보증에 대한 회계처리 방법은 이연수익법과 충당부채 설정법이 있는데, 그 판단기준은 보증용역에 대한 대가(수익)가 거래에서 별도로 식별 가능한지 여부입니다.

① 제품 판매가격에 제공할 용역에 대한 식별 가능한 대가가 포함되어 있는 경우 : 보증용역을 식별할 수 있으므로 총 판매대가를 제품매출과 용역매출로 구분하고 각각에 대하여 수익인식 기준을 적용

② 용역의 제공여부가 총 거래가격에 영향을 미치지 않고 부수적으로 제공되는 경우 : 총 판매대가를 재화의 대가로 보아 판매금액 전체를 수익으로 처리하고, 향후 발생할 보증용역에 대한 비용은 즉시 계상하고 충당부채를 인식

다음 예제를 통하여 보증서비스에 대한 회계처리를 살펴봅시다.

예제 04 보증서비스

- 3년의 보증서비스를 제공하는 제품의 판매가격은 100,000원임.
- 보증서비스를 제공하지 않는 동일한 제품의 판매가격은 70,000원(원가 : 50,000원)임.
- 보증용역이 별도로 30,000원(원가 : 18,000원)에 판매되고 있음.
- 보증서비스는 3년 동안 균등하게 발생할 것으로 예상됨.

요구사항 ▼

1. 제품 판매 시점과 서비스 제공시점의 회계처리를 제시하시오.
2. 모든 제품은 보증서비스를 제공하고 있으며 무상서비스에 대한 대가를 별도로 식별할 수 없는 경우의 회계처리를 예시하시오(단, 무상서비스에 대한 향후 지출액은 18,000원으로 추정됨).

▶▶ 보증용역에 대한 대가가 별도로 식별 가능한 경우

보증용역에 대가가 별도로 식별 가능하므로 총 거래금액 중 30,000원은 보증용역으로 배분하고, 보증용역이 실제로 이루어지는 시점에 수익을 인식합니다. 보증용역에 대한 매출은 판매 시점에 인식하지 않기 때문에 매출원가는 제품에 대응하는 50,000원만 인식합니다.

(차변)	현금	100,000	(대변)	매출(제품)	70,000
				이연수익(용역)	30,000

(*) 수익을 제품에 대한 대가(매출)와 용역에 대한 대가(이연수익)로 구분

(차변)	매출원가(제품)	50,000	(대변)	재고자산	50,000

(*) 제품에 대한 매출원가 인식

보증용역이 이루어지는 시점에 이연수익을 매출로 대체하게 되는데, 첫째 회계연도 중에 인식할 회계처리는 같습니다.

(차변)	이연수익(*1)	10,000	(대변)	매출	10,000
	매출원가(*2)	6,000		현금 등	6,000

(*1) 30,000원×1년÷3년=10,000원
(*2) 18,000원×1년÷3년=6,000원

▶▶ 보증용역에 대한 대가가 별도로 식별 가능하지 않는 경우

제품에 부가되는 보증서비스에 대한 대가를 별도로 식별하는 것이 불가능할 경우에는 총 거래금액 100,000원을 매출로 인식하고, 향후 지출될 제품보증비를 추정하여 충당부채로 인식합니다. 충당부채를 통하여 인식되는 제품보증비는 일반적으로 판매비와관리비로 분류되나, 거래의 성격에 비추어 매출원가로 분류할 것인지를 검토해야 합니다.

(차변)	현금	100,000	(대변)	매출	100,000
	제품보증비	18,000		제품보증충당부채	18,000

(*) 보증서비스로 지출된 원가만을 충당부채로 계상

(차변)	매출원가(제품)	50,000	(대변)	재고자산	50,000

보증용역이 제공되는 시점의 회계처리는 다음과 같습니다.

(차변)	제품보증충당부채	6,000	(대변)	현금 등	6,000

만일 당초 추정한 금액보다 더 많은 금액이 보증서비스로 지출될 경우에는 그 초과액을 제품보증비로 인식합니다. 추정한 금액보다 적은 금액이 지출되는 경우에는 잔여 충당부채를 환입하고 제품보증비를 감소시킵니다.

일반적으로 제품에 대한 일정기간 동안의 서비스는 판매가격에 포함되므로 이연수익보다는 충당부채로 계상되는 경우가 많습니다. 그리고 무상보증기간이 만료된 이후부터 보증기간을 연장할 수 있는 보증용역이 별도로 판매된다면, 동 용역대가는 이연수익으로 분류하게 됩니다.

예제 05 이연수익과 충당부채

- 판매되는 컴퓨터에 대하여 1년의 보증용역을 제공하고 있었음.
- 판매를 촉진하기 위하여 기존 정책 대신에, 판매 후 3년의 보증용역을 제공하기로 하는 조건으로 10,000원을 더 지급받음.

요구사항 ▼ 새로운 판매 정책이 이연수익 대상인지 판단하시오.

새로운 정책은 정상적인 판매조건에 포함된 제품보증을 초과하는 보증의무를 제공하고 있으며, 이에 대하여 10,000원을 추가로 수령하고 있습니다. 따라서 새로운 판매 정책은 식별 가능한 보증서비스를 포함하고 있으므로, 이연하여 수익으로 인식합니다.

(3) 경험률 추정

제품보증비의 추정 방법은 과거 경험률을 들 수 있는데, 사용할 수 있는 경험률은 다음과 같습니다.

① 동일 제품의 경험률
② 유사 제품의 경험률
③ 동종 산업의 경험률

만일 새로운 제품을 개발하여 판매할 경우에는 동 제품에 대한 경험률 자료가 없을 수 있습니다. 이러한 경우에는 미국 등 선진 시장의 경험률 자료를 Search하여 사용할 수도 있을 것이며, 관련 산업 전문가의 평가를 통하여 경험률을 추정할 수도 있습니다.

경험률 자료의 활용과 관련하여 유의할 점은 다음과 같습니다.

① 신기술을 도입하여 개발한 제품의 경우 생산량이 증가함에 따라 품질 개선이 급속하게 이루어지므로 제품보증비는 현저하게 하락하는 현상을 보이는 경향이 있습니다. 이러한 상황에는 생산 기술의 발전을 고려하여 과거 경험률을 조정하는 것이 바람직합니다.

② 제품 생산이 안정화되어 있는 경우에는 향후 제품보증비가 과거의 경험률과 유사하게 발생할 것으로 추정합니다.

③ 동일 제품이더라도 고객의 연령별 특성, 지역별 특성 및 제품이 사용되는 용도 등에 따라 제품보증비는 상당한 차이를 보일 수 있습니다. 따라서 보다 정확한 경험률을 추정하기 위해 자료를 상세하게 분석하는 것이 바람직합니다.[15]

다음 예제를 통하여 경험률을 산출할 수 있는 방안을 생각해 봅시다(본 예제는 Excel 자료를 통해 제공되고 있으므로 산식을 직접 확인하기를 바랍니다).

예제 06 **경험률 분석**

- 매출 후 2년 동안 무상보증서비스를 제공함.
- 매출액과 보증서비스는 연중 균등하게 발생함.
- 경험률 추세를 분석하고 직전 3년간의 총 경험률을 근거로 충당부채를 설정함.
- 매출액과 보증비용은 다음과 같음.

회계연도	매출액	수선비용
2001년	2,000	210
2002년	3,000	620
2003년	3,500	530
2004년	4,000	645
2005년	4,200	720

요구사항 ▼ 2005년 재무제표에 계상될 제품보증충당부채를 계산하시오.

매출 이후 2년 동안 보증을 실시하고 있으므로, 보증비용이 발생할 경험률을 계산하면 다음과 같습니다.

15) 해외에 진출한 많은 기업들이 지역적 특색을 고려하지 못하고 자국의 제품보증비나 반품 비율을 근거로 가격을 책정했다가 예상보다 높은 비용으로 인하여 어려움을 겪는 경우가 많습니다. 따라서 상세 Sector별로 구분하여 자료를 분석해야 함은 아무리 강조해도 지나침이 없습니다.

구분	2001년	2002년	2003년	2004년	2005년	2006년	2007년
2001년 매출	1,000	2,000	1,000				
2002년 매출		1,500	3,000	1,500			
2003년 매출			1,750	3,500	1,750		
2004년 매출				2,000	4,000	2,000	
2005년 매출					2,100	4,200	2,100
매출액 합계	1,000	3,500	5,750	7,000	7,850	6,200	2,100
수선비용	210	620	530	645	720		
경험률	21.0%	17.7%	9.2%	9.2%	9.2%		

충당부채를 계산하는 과정은 다음과 같습니다.

① **보증서비스 대상 매출액** : 판매된 제품에 대하여 2년 동안 무상으로 보증서비스를 제공하고 있으므로, 보증대상 매출액은 직전 2년 동안의 금액으로 산정됩니다. 만일 매출액이 계절적 요인에 따라 변동이 심한 경우에는 월 매출액을 세부적으로 분석하여 보증서비스 대상 매출액을 산정하는 것이 적절합니다.

② **경험률**=보증으로 인한 지출액÷보증서비스 대상 매출액

③ **경험률 추세 검토** : 본 예제의 경우 경험률은 감소하는 추세를 보이고 있는데 이는 생산라인의 안정화 등에 따른 것으로 볼 수 있습니다. 따라서 2005년에 계상될 충당부채 계산 시 경험률은 2001년과 2002년의 경험률은 제외하고 산정하는 것이 바람직합니다.

④ **2005년 충당부채 계산 시 적용될 경험률**

=(530원+645원+720원)÷(5,750원+7,000원+7,850원)=9.2%

⑤ **2005년 충당부채 대상 매출액**=6,200원+2,100원=8,300원

⑥ **2005년 충당부채**=8,300원×9.2%=734원

본 예제에서는 직전 3년간 보증대상 매출액 대비 보증비용을 경험률로 사용하였으나, 상황에 따라 2003년부터 2005년까지 산출된 보증비율을 가중평균하여 구할 수도 있을 것입니다. 경험률의 산정은 충당부채 금액에 큰 영향을 미치므로 과거 경험률 추세를 면밀하게 검토하고 미래에 발생할 경험률에 대한 추정이 이루어져야 합니다.

3. 복구충당부채

(1) 복구충당부채의 추정과 변동

유형자산과 관련하여 회피할 수 없는 복구 관련 지출에 대해서는 복구충당부채를 인식하고, 이를 유형자산의 원가에 가산합니다. 예를 들어 어떠한 시설을 구축하였으나 동 시설을 제거하는 과정에서 지출이 발생한다면, 복구충당부채 대상이 됩니다.

이렇게 설정된 복구충당부채는 다음의 경우 금액이 변동하게 됩니다.

① 의무를 이행하기 위하여 필요한 복구비용의 추정치 변경

② 현재가치 평가 시 적용하는 현행 할인율의 변경

③ 시간의 경과에 따른 부채의 증가

복구충당부채가 증가하면 해당 유형자산의 원가도 증가하게 됩니다. 이러한 경우에는 자산의 새로운 장부금액이 회수가능한지를 고려하고, 만약 회수가능성이 의심된다면 자산 손상 여부를 검토해야 합니다. 유형자산의 원가가 변동된다면, 변동 후 순장부금액에 근거하여 잔여 내용연수 동안 감가상각비를 인식합니다.

예제 07 복구충당부채

- 국가 소유의 땅을 임차하여 5년간 영업에 사용할 목적으로 발전소를 설치함.
- 5년 후 영업을 종료할 예정이며, 동 시점에 토지를 복구시켜야 함.
- 2001년 초 3,000원에 발전소를 준공하였으며, 원상회복 관련 지출은 500원으로 추정됨.
- 할인율은 10%임.

요구사항 ▼

1. 2001년의 회계처리를 제시하시오(현가계수는 0.62를 적용함).
2. 2001년 말 복구비용은 600원이고, 할인율은 12%로 추정되었을 경우 회계처리를 제시하시오(현가계수는 0.64를 적용함).
3. 2002년 감가상각비를 계산하시오.

실무상 미래에 지출될 현금흐름을 추정하고 적정한 할인율을 산정하여 현재가치를 계산하기는 매우 어렵습니다. 따라서 다음과 같이 복구충당부채를 계산하는 것도 하나의 방법일 것입니다.

① 유형자산 취득시점에 복구비용을 지출한다면 예상되는 금액을 먼저 결정

② 해당 부채의 고유 위험을 고려한 이자율의 대용치로 복구비용이 지출되는 산업의 물가상승률을 사용하여 미래에 지급될 복구비를 측정

발전소를 취득하는 시점에 유형자산의 장부금액은 현금 지급액뿐만 아니라, 5년 후에 지급할 복구비용까지 고려하여 산정됩니다.

(차변)	유형자산	3,310	(대변)	현금	3,000
				복구충당부채(*)	310

(*) 500원×0.62=310원

유형자산 금액은 3,310원이며 내용연수가 5년이므로, 상각비는 662원으로 계산됩니다.

(차변)	감가상각비	662	(대변)	감가상각누계액	662

복구충당부채가 증가하는 시점의 회계처리는 다음과 같습니다.

(차변)	이자비용	31	(대변)	충당부채	31

(*) 310원×10%=31원

한편 2001년 말에 복구비용과 할인율이 변동되면, 충당부채는 384원(=600원×0.64)으로 계산됩니다.

충당부채가 384원이 되도록 충당부채와 유형자산 금액을 조정합니다.

(차변)	유형자산	43	(대변)	충당부채	43

(*) 384원-(310원+31원)=43원

본 예제에 대한 주석공시 사항은 다음과 같습니다.

구분	기초	현재가치 변동	추정의 변경	기말
복구충당부채	310	31	43	384

유형자산의 순장부금액이 2,691원(=3,310원+43원-662원)으로 조정되었으므로, 2002년 감가상각비는 673원(=2,691원÷4년)으로 계산됩니다.

(2) 자본화 대상

유형자산과 관련하여 회피할 수 없는 복구 관련 지출만 복구충당부채로 계상하고 유형자산의 원가에 가산합니다. 반면, 정상적인 영업활동 과정에서 발생하게 되는 회피 가능한 복구충당부채는 유형자산으로 처리하지 않고, 당기비용으로 처리하거나 제조원가로 처리합니다.

예를 들어 석탄을 채취하는 조광활동을 종료하고 나면, 관련 토지나 산의 훼손을 복구해야 합니다. 이러한 조광활동은 회사의 생산활동과 관련이 있으며, 생산활동을 하지 않는 경우에는 발생하지 않으므로 (회피할 수 있으므로), 생산 원가로 처리하는 것이 타당합니다.

실제 공시된 사례들을 살펴보면 생산원가로 처리하지 않고 유형자산으로 처리하다가 추후 유형자산손상차손으로 처리하는 경우가 있습니다. 그러나 이러한 회계처리는 기간손익의 왜곡뿐만 아니라 영업비용을 영업외비용으로 처리한다는 문제점이 발생합니다.

회계처리를 비교하면 다음과 같습니다.

구분	유형자산 처리	생산원가 처리
복구비용 설정(2001년)	(차변) 유형자산 100 (대변) 충당부채 100	(차변) 매출원가 100 (대변) 충당부채 100
손상차손 인식(2003년)	(차변) 손상차손 100 (대변) 유형자산 100	회계처리 없음
비용 인식 시점과 분류	2003년 영업외비용으로 인식	2001년 영업비용으로 인식

이와 유사한 사례로 기름탱크를 설치하고 영업활동을 수행하여 발생할 것으로 예상되는 토지복구비용의 경우에도, 복구비용을 제조원가로 처리하는 것이 바람직합니다. 오염된 토지를 복구하기 위한 지출액을 토지의 원가로 처리한다면, 오염된 토지가 오염되지 않은 토지보다 더 높은 가격으로 계상되는데 이 결과는 경제적 실질에 적합하지 않습니다.

제4절 고객충성제도

고객충성제도(Customer Loyalty Program)란 재화 또는 용역을 구입하는 고객에게 마일리지, 포인트 및 쿠폰 등을 부여하고, 고객은 동 마일리지, 포인트 및 쿠폰 등을 이용하여 재화나 용역을 무상 또는 할인된 가격으로 제공받는 제도를 말합니다. 시장경쟁이 치열해지고 네트워크를 통한 협력 관계가 발달함에 따라 고객충성제도는 매우 다양한 형태로 진화하고 있습니다.

고객충성제도의 형태는 크게 다음과 같이 구분됩니다.

① 포인트를 제공하는 기업과 보상을 제공하는 기업이 동일한 경우

② 포인트를 제공하는 기업과 보상을 제공하는 기업이 다른 경우

- 포인트를 제공하는 기업이 거래의 주체가 되는 경우
- 포인트를 제공하는 기업이 거래의 대리인이 되는 경우

고객충성제도에 대한 K-IFRS 규정은 다음과 같습니다.

구분	부여기업과 보상기업이 동일한 경우	부여기업과 보상기업이 상이한 경우	
		거래의 주체	거래의 대리인
포인트 행사비율	예상비율을 고려함.	고려하지 아니함.	고려하지 아니함.
판매 시점	이연수익	매출 인식(총액)	매출 인식(순액)
보상 시점	이연수익 → 매출 대체	해당사항 없음.	해당사항 없음.
포인트 원가	재고자산	타 기업에게 지급할 포인트 구입대금	해당사항 없음.

반면, 일반기업회계기준에서는 판매촉진을 위하여 시행하는 환불정책, 경품, 포인트 적립 및 마일리지 제도의 시행 등과 관련된 부채를 충당부채로 계상합니다.

1. 포인트 부여 기업=보상 제공 기업

고객에게 향후 기업이 제공하는 다른 제품이나 서비스를 무상 또는 낮은 가격으로 구매할 수 있는 포인트를 제공하는 경우 회계처리는 다음과 같습니다.

① **판매 시점** : 포인트의 공정가치를 계산하고 동 금액은 이연수익으로 처리

② **포인트 행사 시점** : 포인트를 행사하는 시점에 이연수익을 매출로 대체(여기서 예상되는 전체 포인트 중 일부가 행사되었다면, 진행기준을 적용하여 수익 인식)

이연수익은 예상 행사율 대비 실제 행사비율을 기준으로 하여 수익으로 대체하는데, 여기서 진행률은 건설계약에서 활용되는 진행기준과 동일한 논리로 계산됩니다. 그리고 포인트 행사로 수령할 금액보다 비용이 더 클 것으로 예상되면, 초과액은 충당부채로 처리합니다.

예제 08 포인트 부여 기업=보상 제공 기업

- 고객에게 100포인트를 부여하였으며, 예상 행사율은 80%임.
- 1포인트당 공정가치는 10원임.
- 1포인트당 원가는 5원이었으나, 2002년 중 급격하게 15원으로 상승함.
- 포인트와 포인트에 대한 원가는 다음과 같음.

구분	사용 예상 포인트	사용한 포인트	누적 사용 포인트	총 예상 원가(*)	발생 원가	총 누적 원가
2001년	80	30	30	400	150	150
2002년	90	33	63	1,050	495	645
2003년	90	27	90	1,050	405	1,050

(*) 총 예상원가=과거에 발생한 원가+미래에 발생할 것으로 예상되는 원가

요구사항 ▼

1. 포인트로 발생될 수익과 비용을 계산하시오.
2. K-IFRS에 따른 회계처리를 예시하시오.
3. 일반기업회계기준을 적용하는 경우의 회계처리를 제시하시오.

▶▶ 수익과 비용

포인트에 관한 누적 행사율은 다음과 같습니다.

구분	2001년	2002년	2003년
누적 사용 포인트	30개	63개	90개
사용 예상 포인트	80개	90개	90개
누적 행사율	37.5%	70%	100%

실무적으로 과거 경험률을 기초로 사용 예상 포인트를 추정한 후, 실제 행사된 포인트를 토대로 진행률을 계산하는 것이 일반적입니다. 진행기준에 따라 인식할 수익을 계산하면 다음과 같습니다.

구분	2001년	2002년	2003년
총 예상수익(*)	800	800	800
누적 행사율	37.5%	70%	100%
당기말까지 누적수익	300	560	800
전기말까지 누적수익	–	(300)	(560)
당기수익	300	260	240

(*) 총 예상수익은 사용이 예상되는 포인트의 변동에 연동되지 아니함.

2002년 중에 재화나 서비스 가격이 상승하여 손실이 예상된다면, 2002년 결산 시 예상되는 손실에 대한 충당금을 설정합니다. 진행기준에 따라 인식할 비용은 다음과 같습니다.

구분	2001년	2002년	2003년
총 예상원가	400	1,050	1,050
누적 행사율	37.5%	70%	100%
당기말까지 누적원가	150	645	1,050
전기말까지 누적원가	–	(150)	(810)
충당부채 전입액(*)	–	165	–
당기원가	150	660	240

(*) 충당부채=2003년 예상원가−2003년 예상수익=(1,050원−645원)−240원=165원

지금까지 살펴본 내용을 요약하면 다음과 같습니다.

구분	2001년	2002년	2003년
충당부채	–	165	–
수익	300	260	240
원가	(150)	(660)	(240)
손익	150	(400)	–

▶▶ K-IFRS 회계처리

회계처리를 예시하면 다음과 같습니다.

① 2001년 판매시점

(차변)	매출채권	800	(대변) 이연수익	800

② 2001년 결산

(차변)	이연수익	300	(대변) 매출	300
	매출원가	150	현금 등	150

③ 2002년 결산

(차변)	이연수익	260	(대변) 매출	260
	매출원가(*)	660	현금 등	495
			충당부채	165

(*) 2002년 매출원가+2003년 발생 추정 손실

④ 2003년 포인트 행사 시점

(차변)	이연수익	240	(대변) 현금 등	405
	충당부채	165		
	매출원가	240	매출	240

▶▶ 일반기업회계기준 회계처리

일반기업회계기준은 고객충성제도를 충당부채로 처리할 것을 요구하고 있습니다.

① 2001년 판매시점

(차변)	비용	800	(대변) 충당부채	800

② 2001년 결산

(차변)	충당부채	300	(대변) 현금 등	300

③ 2002년 결산

(차변) 충당부채	260	(대변) 현금 등	260
비용	165	충당부채(*)	165

(*) 추가로 비용이 예상되는 금액에 대하여 충당부채를 추가로 설정

④ 2003년 포인트 행사 시점

(차변) 충당부채	405	(대변) 현금 등	405

2. 포인트 부여 기업≠보상 제공 기업

(1) 거래의 주체인 경우

포인트를 제공한 기업과 보상을 제공한 기업이 상이할 경우, 포인트를 제공한 회사는 직접적으로 수행할 의무가 없다는 점에 유의해야 합니다.

예를 들어 식당이 손님들에게 주점을 이용할 수 있는 포인트를 제공할 수 있습니다. 이때 식당은 포인트를 제공하는 주체지만, 주점이 보상을 제공하게 됩니다. 식당은 부여한 포인트에 비례하여 주점에게 대가를 지불할 것이나, 여기서 대가는 향후 고객들이 포인트를 행사할 비율을 고려하여 결정하게 됩니다.

1마일리지의 공정가치는 10원이고 행사율이 50%라면, 식당은 주점에게 1마일리지당 5원만 지불하게 됩니다. 이렇게 포인트를 부여한 기업과 보상을 제공하는 기업이 다르다면 포인트의 공정가치는 행사비율을 반영하게 되므로, 회계처리 시에는 행사비율을 고려하지 않습니다.

① **회계 사상** : 포인트를 부여한 기업이 보상을 제공한 기업으로부터 포인트를 구매하여 고객에게 다시 판매한다고 보아 회계처리

② **판매 시점** : 총 판매대가를 재화와 포인트로 배분하고 포인트에 배분된 판매대가 전액을 판매시점에 전액 수익으로 인식하고, 포인트에 대한 매출원가를 인식

③ **포인트 행사 시점** : 포인트를 부여한 기업은 회계처리가 발생하지 아니함.

(2) 대리인인 경우

만일 포인트 부여 기업이 거래의 대리인으로 포인트를 부여하면 다음과 같이 회계처리합니다.

① **회계 사상** : 포인트를 부여한 기업(대리인)과 보상제공기업(위임자) 간에 '위임자-대리인' 관계가 성립

② **판매 시점** : 총 판매대가를 재화와 포인트로 배분하고, 포인트를 부여한 기업은 포인트에 배분된 대가 중에서 수수료만 수익으로 인식

③ **포인트 행사 시점** : 포인트를 부여한 기업은 회계처리가 발생하지 아니함.

예제 09 **포인트 부여 기업 ≠ 보상 제공 기업**

- MDQ 치킨은 치킨 한 마리 판매 시 1점의 포인트를 제공함.
- 치킨 한 마리와 포인트 제공 시 MDQ 치킨은 10,000원을 수령함.
- 치킨 한 마리의 원가는 5,000원임.
- 고객은 포인트를 이용하여 옆 주점의 맥주 1잔을 무료로 이용할 수 있음.
- MDQ 치킨은 포인트 단위당 주점에게 900원을 지급하며, 포인트 단위당 공정가치는 1,000원임.

요구사항 ▼

1. MDQ 치킨이 거래의 주체일 경우 회계처리를 제시하시오.
2. MDQ 치킨이 거래의 대리인일 경우 회계처리를 제시하시오.
3. 일반기업회계기준을 준용하여 회계처리를 제시하시오.

포인트의 공정가치는 1,000원이므로, 치킨에 대한 대가는 9,000원(=10,000원－1,000원)입니다. MDQ 치킨이 거래의 주체일 경우 MDQ 치킨은 치킨과 포인트에 대가를 모두 매출로 인식하게 되므로 회계처리는 다음과 같습니다.

(차변)	매출채권	10,000	(대변)	매출(치킨＋포인트)	10,000
	매출원가(치킨＋포인트)	5,900		매입채무	900
				재고자산	5,000

반면, MDQ 치킨이 대리인이라면, 치킨에 대한 대가만 인식하고 포인트는 수수료만 인식하게 됩니다.

(차변)	매출채권	10,000	(대변)	매출(*1)	9,000
	매출원가(재화)	5,000		수수료수익(순액매출)(*2)	100
				매입채무	900
				재고자산	5,000

(*1) 10,000원－1,000원＝9,000원
(*2) 1,000원－900원＝100원

일반회계기준에서는 포인트를 부여하는 기업과 보상을 제공하는 기업이 상이할 경우에 대한 회계처리를 언급하고 있지 않지만, K-IFRS 규정과 차이가 없을 것으로 판단됩니다.

3. 다양한 고객충성제도

(1) 포인트를 현금으로 보상하는 경우

고객에게 재화가 아닌 현금으로 보상한다면, Volume rebate로 간주합니다. 따라서 매출을 차감하고 충당부채를 계상합니다. 동 Case는 K-IFRS와 일반기업회계기준의 내용이 동일합니다.

예제 10 현금보상

- MDQ는 치킨 한 마리 판매 시 다음에 이용할 수 있는 1장의 쿠폰을 제공함.
- 치킨 한 마리와 쿠폰 제공하며 10,000원을 수령함.
- 치킨 한 마리의 원가는 5,000원임.
- 쿠폰을 행사하여 치킨을 재구매할 경우 1,000원을 지급하거나 할인함.
- 고객에게 제공된 쿠폰은 모두 10장이며 모두 행사될 것으로 예상됨.

요구사항 ▼ 회계처리를 제시하시오.

현금 인센티브 방식을 취한 경우에는 1,000원만큼의 가격할인을 하였다고 보아, 매출액을 9,000원만 인식합니다.

(차변)	매출채권	10,000	(대변)	매출	9,000
				충당부채	1,000
	매출원가	5,000		재고자산	5,000

(2) 사용액과 비례하지 않는 포인트 제공

회사는 재화를 판매하는 시점에 포인트를 부여할 수도 있으나, 고객의 생일이나 크리스마스 등 비정기적으로 포인트를 부여하는 경우가 있습니다. 이는 매출과 관련이 없는 판촉활동에 대한 것이므로, 발생될 것으로 추정되는 원가를 충당부채로 계상합니다.

예제 11 생일 쿠폰

- MDQ 치킨은 고객의 생일과 어린이날에 쿠폰 1장을 부여하고 있음.
- 발행된 쿠폰은 총 100장임.
- 고객은 쿠폰 7장을 모아 후라이드 치킨을 무료로 제공받을 수 있음.
- 후라이드 치킨의 단위당 판매금액은 49,000원이며, 원가는 28,000원임.
- 과거 경험률을 고려하면 쿠폰의 행사 가능성은 70%임.

요구사항 ▼ 회계처리를 제시하시오.

쿠폰 발생 시점의 회계처리는 다음과 같습니다.

(차변)	광고선전비	280,000	(대변)	충당부채	280,000

(*1) 행사 예상 쿠폰=100장×70%=70장
(*2) 예상원가=70장÷7장×2,800원=280,000원

(3) 무상으로 교부된 경품권

회사는 판매를 촉진시키기 위하여 고객들에게 무료로 경품권을 배포하고, 선물을 주거나 할인된 가격에 판매하는 경우가 있습니다.

경품권에 대한 정책이 기존 제품 거래의 일부라고 판단되면, 경품권 제도를 고객충성제도로 분류하고 이연수익법을 적용합니다. 그러나 경품권이 기존의 거래와 무관하게(독립적으로) 이루어졌다면 충당부채에 해당합니다. 따라서 고객이 경품권을 행사하여 할인된 가격으로 재화를 구입하더라도, 여전히 이익을 얻는다면 충당부채로 계상할 금액은 발생하지 않습니다.

예제 12 무상 경품권

- 경품권 100장을 무료로 발행하였으며 30%가 행사될 것으로 예상됨.
- 경품권 5장을 가져오면 소비자 가격이 500원짜리 빵을 200원에 제공함.
- 경품권 기간 만료 이전에 40장의 경품권이 행사됨.
- 빵의 원가는 단위당 150원임.

요구사항 ▼
1. 재무제표에 계상될 충당부채를 계산하시오.
2. 만일, 빵을 무료로 제공할 경우 충당부채를 계산하시오.

▶▶ 150원에 판매하는 경우

빵 원가는 150원이므로 할인된 200원에 판매하더라도 여전히 단위당 50원의 이익이 발생합니다. 따라서 계상할 충당부채는 없습니다.

▶▶ 무료로 제공하는 경우

무료로 빵을 제공한다면 단위당 150원의 손실이 예상되므로 충당부채를 계상합니다.

① 경품권 발행 시점

(차변)	경품비(*)	900	(대변)	충당부채	900

(*) (100장×30%)÷5장×150원=900원

② 경품권 행사 시점

(차변)	충당부채	900	(대변)	현금 등	1,200
	경품비(*)	300			

(*) 예상 비율을 초과한 수량에 대한 비용=10장÷5장×150원=300원

저자 약력

박길동

학력 및 자격증

- 서강대학교 경영학과
- 한국 및 미국 공인회계사, 세무사

경력

- 전) 삼일회계법인
- 현) 우리회계법인

저서

- K-IFRS 연결회계 이론과 실무(2025)
- 현금흐름 분석과 현금흐름표 작성(2024)

재무회계 실무

저 자 **박길동**

발 행 인 **서원진**

발 행 처 **㈜조세통람**

펴 낸 날 2026년 1월 8일 제1판 발행

주 소 서울특별시 중구 동호로 14길 5-6(신당동)

등 록 1976. 11. 5. 제9-81호

대표전화 02) 2231-7027

F A X 02) 2234-1754

구입문의 02) 2231-7027

I S B N 979-11-6064-369-5 13320

정 가 **36,000원**

저자와의 협의하에 인지생략

(주)조세통람은 좋은 책을 만들기 위해 독자 여러분의 의견을 기다립니다.

• 독자 의견 및 도서 문의 메일 josetop@inaus.co.kr